Johannes Leunclavius

Neue musulmanischer Historie türkischer Nation

Johannes Leunclavius

Neue musulmanischer Historie türkischer Nation

ISBN/EAN: 9783743499096

Hergestellt in Europa, USA, Kanada, Australien, Japan

Cover: Foto ©ninafisch / pixelio.de

Manufactured and distributed by brebook publishing software (www.brebook.com)

Johannes Leunclavius

Neue musulmanischer Historie türkischer Nation

Neuwer
Musulmanischer
Histori/ Türckischer Nation/ von
jhrem Herkommen/ Geschichten/
vnd Thaten/

Drey Bücher die ersten/ vnter dreyssigen:

Dermassen auß jhren selbs eigenen
Historien gezogen vnd beschrieben/ daß dergleichen
von jhren Sachen vnnd Geschichten bißhero
nichts an Tag kommen.

Gestellt durch Hansen Lewenklaw von Amelbeurn.

1 5 9 0.

Mit Röm. Keys. Maiest. Gnad vnd Freyheit.

Gedruckt zu Franckfurt am Meyn/ bey Andres
Wechels seligen Erben/ nemlich/ Claudi de Marne
vnd Johan Aubri.

Discurs vnd Vorred / vom jetzigen Stand
Türckischer Sachen / An den

Durchleuchtigsten Hochgebornen Fürsten vn̄ Herrn / Herrn CHRISTIAN,

Hertzogen zu Sachsen / deß Heiligen Römischen Reichs Ertzmarschall vnd Churfürsten / Landgraffen in Thüringen / Marggraffen zu Meissen / Burggraffen zu Magdeburg / ec. meinen gnädigsten Herrn.

 Ch hab vnlangst / Gnädigster Churfürst vnd Herr / E. Churf. G. die Türckisch Chronic / theils auß jhren Schrifften in Teutsch gebracht / vnnd auch theils durch mich gestellt / sampt dem Pandectę oder vollkommen Bericht Türckischer Sachen / vnderthänigst dedicirt: Vnd da ich je melden wölt / es were in solcher Materi zuvor nichts so fleissig / noch so gründtlich / noch außführ- *Türckisch Chronic ein vorläuffer der Histori.*

lich beschrieben / an tag kommen / würde ich nichts sagen / so der Warheit nicht gemäß / oder billich zu straffen. Jetzt laß ich mir an derselben Arbeit nicht genügen / sonder hab mir fürgenom̄en zu der Türckischen Histori fortzuschreiten / welches Werck die Griechen vnnd andere zu fertigen sich vnterwunden / aber doch bißhero von niemandt außgeführt worden / dessen Arbeit publicirt. Ich muß zwar bekennen / daß ich anfänglich ab einer so schweren Bürd mich entsetzt / aber endtlich hat die betrachtung gemeines Nutzes wider mein willen mich dahin getrieben. Es hat bißher nicht gemangelt an subtillistigen Leuten / die ein Traum gehabt von einer newen Monarchei auff Erden / so jnen von wenig Jaren her / in jhren spitzfündigen Kopff vnd Sinn gefallen / als ob auß den Schlacken eines eysinen grellen Regiments noch ein güldins Reich entstehen solt / dessen gleichwol alle Hoffnung von tag zu tag je lenger je mehr thut verschwinden. Vor einer solchen Windsgeburt haben wir vns in dieser enderung der gantzen Welt nichts zu befahren / noch die Trennungen vnd Krieg / so von jhnen erweckt / zu beförderung jhres Vorhabens / in einigem weg zu fürchten / sonder sollen vnauffhörlich der Türcken Macht vor augen haben / so der andern Völcker Christlichs Namens nicht hoch achten / tragen nur für vnnd für vnser Teutschlandt im Sinn / stellen desselben Freyheit nach / die von den sieghafften Römern auch vnbezwungen blieben / woltens gern vnter jhr Joch bringen / weil sie auß dessen fall ein erhebung jhrer Monarchey auffs höchst / vnd ein leichte eroberung der

Der Türcken Histori bißher nicht vollkom̄en.

Für welchen Teutschlande sich nit zu befahren.

Türcken zu fürchten.

)(ij vberigen

Discurs vnd Vorrede/

Nutz Türckischer Histori. vbrigen Christlichen Königreich verhoffen. Desto mehr dann jhr Histori zu wündschen/ dardurch jhr art gantz lebhafft möcht abgebildt werden/ vnnd was von diesem Barbarischen Volck/ welches doch so vieler Reich vnnd Fürstenthumb mächtig worden/ verricht vnnd geschehen/ nicht schlechter liederlicher weiß/ sonder außführlich vnd fleissig würd angezeigt. *Was für die Türcken/ was für vns zu hoffen.* Vnd damit wir den Nutz einer solchen Histori desto besser zu erachten/ wöllen wir allhie sehen/ was wir vorm Türcken/ wegen dessen verfassung mit allerley Waffen vnd Macht/ vns zu besorgen: Vnd was auch dagegen wir nicht allein vnsers Heyls/ Wolfahrt/ Haab vnd Guts halben/ zum schutz vnd schirm derselben/ vns zu getrösten/ sonder auch von schwechung jhrer Anschläg/ so fern wir anders vns durch ein recht heyliges/ getreuwes/ vnnd auffrichtigs Band zusammen verknüpffen/ zu versehen haben. Dan also werden wir vns verhalten/ wie ein guter Oberst/ der so wol sein eygen/ als deß Feinds Macht thut erwegen/ vnd nicht allein zum Krieg vnd schlahen gefasset ist/ sonder auch durch Munterkeyt/ Sorg/ Rath/ KriegsHilff vnd zubereytung/ sich auffs ehist dermassen sterckt/ daß er auch mit schlechtem/ vn dem Feind an zahl vngleichem Volck/ einem gar grossem Heer darff vnter augen ziehen vnd begegnen.

Türcken gestärckt/ erstlich/ durch einerley Religion. Ist also auff der Musulmanischen seiten (diesen Namen geben sie jhnen selbs) das Band einerley Religion/ vñ ein einiger Glaub/ durch keine Secten zertrent/ auch einerley Gottsdienst vnd Ceremonien in einem so weit sich erstreckendem Königreich. Item/ ist daran nicht wenig gelegen/ daß von jhnen/ so fast begierig jhren Aberglauben außzubreyten/ gleichwol keine mit jhnen hierinn nicht zustimmende privat vnd ruhesame Leut gestrafft werden: keine herfür gezogen/ noch inquirirt/ wil geschweigen/ daß sie durch jmmerwehrende Gefängnussen/ auch mit Köpffen/ Hencken/ Ertrencken/ vnd Brennen/ einige Grellheit wider Personen/ so mit keinen Lastern behafft/ allein wegen eins andächtigen Gewissens/ solten vben. Solche der Türcken Bescheidenheit pflegt dermassen vieler Leut Augen vnd Gemüter zu verblenden/ dz sie ein so groß abscheuwen nicht tragen/ sich vnter jhr Joch zu begeben/ weil jhnen bekandt/ wie es dißfalls anderswo zugehet.

2. Kein Inquisition noch straff vber die Gewissen.

3. Türcken Witz. Auch ist in diesen Barbarischen Leuten nicht ein Barbarische Witz vnd Fürsichtigkeit/ die sie theils auß der Erfahrung/ theils auß den alten Geschichten erlangen. Die Veziren geben jhrer Witz grosse anzeigung in der Gubernation deß Reichs/ so deß Fürsten geheymne Räth seind. Daß auch diß Volck an der Histori kein mangel hab/ spürt man auß diesen Büchern/ so auß jhren Monumenten beschrieben/ welche nicht nach Gunst gestellt/ sonder dem gemeinen Nutz zu gut: weil auch der Sultanlar Vntugend nicht verschwiegen/ noch ein freyes Vrtheil von vbel begangenen Thaten jemals außbleibt. Sie studiren auch/ aber nur der Lehr zu brauchen/ Dann sie nicht jhre Sachen lehrnen

4. Erfahrung.

5. Historien.

6. Jhr studiren.

wegen

vom Türckischen Wesen.

wegen der Schulen/ sonder dem Menschlichen Leben zu nutz: Vnd hassen faule nichtswerthige Leut/so vil künstlichs plaudern wissen. Jre Dernislar oder Münch selbst lassen sich brauchen/ Halten auch jhre Sachen desto fester vnd bestendiger/weil sie nur ein Königlichs Regiment/ da einer allein den Sachen vorstehet/ bey jhnen für vnd für gehabt. Daher sie dann pflegen offt zu widerholen: Ein Gott im Himel/ vnd ein Fürst auff Erden. Sie kommen auch der Vneinigkeit in der Wahl zuvor/ durch deß Osmanischen Geschlechts jmmerwehrendes Recht: weil zu der succession im Reich allein die gefordert vnnd zugelassen werden/ so vom selben Stammen geborn. Treffen wol zum Zweck der Fürstlichen Regierung/ in dem sie gemeinen Nutz für augen haben/vnd nicht jren eygen Vortheil. Die Exempel/so die Fürsten vnd grosse Herrn den Vnderthanen geben/ betreffen allein Kriegsstugendt vnd Mannheit/ darauff sie sich allein begeben/ vnd dieselb hoch schätzen. Sie halten auch mehr auff strenge scharpffe Gerechtigkeit/ dann auff Gnad/ als Barbarische Leut/ beydes Vnderthanen vnd Fürsten. Sie administrirn die Gerechtigkeit jhren Vnderthanen durchauß gleich/ haben nicht viel Satzungen/vnd lassen langwehrige Rechtfertigungen nicht passiren. Dann wie die Gericht in Europa dadurch in grundt verderbt vnd corrumpirt/ daß die Fürsprechen vnd Aduocaten viel cautelichen vnnd plauderns brauchen/ dadurch die Sachen auff den langen Banck geschoben werden/ also schafft bey jhnen das kurtz fürbringen vnd procedirn viel guts. So hilfft auch nicht wenig zur Beständigkeit jhres Reichs/ daß sie schier gewisse Belohnung jhnen selbs zusagen können/ im fall sie sich recht verhalten: Vnd an der Straff nicht sollen zweiffeln/ da sie nicht recht handlen/ oder der gebür nicht gnug thun. Straffen seind bey jhnen mancherley/ vnd gemeiniglich fast grell vnd grausam. Der Belohnungen seind so viel/als deß Wassers im Meer/vnd vnter andern/stattliche nutzbare Empter/ so wol in Sarai deß Sultans/ als auch ausser desselben in allen gemeinen Gubernamenten/ als da sind die Vezirat oder Rahtsdienst/ Cadilescherat/ Beglerbegat/ Santzacat/ Cadilicat/ sampt andern vnzalbarn Befelchen/ als in einem so grossen Reich/ auch vnterschiedlichen vielfältigen Würden/ Timarn/ Reichthumb/ Schänckungen/ Gnaden vñ Prouision. So läßt sich auch ansehen/ daß die Grundfest jhres Reichs noch bestehen/ insonderheit den Gewalt betreffendt: als da seyn/ Kriegßvolck/ Schlösser vñ Festungen. Der Vnderthanen Lieb achten sie nicht. Nemmen sich einer strengen scharpffen Autoritet vnd Ansehens an/ vnd begeren nicht allein bey den Vnderthanen/ sonder auch bey den Frembden hoch angesehen zu seyn. Erlangen daselb durch jhren Gewalt/ vnnd durch ein ernste Manier deß Regiments/ voller dräuwens. So mangelts jhnen auch nicht an Autoritet wegen jhres Glücks/ daß jhnen bißhero wol gewölt/ vnd alles jhrem wündsch

7. Türcken Monarchey.

8. Ist ein erblichs Reich/ vñ nicht durch die wahl.

9. Lieben gemeinen Nutz.

10. Kriegßtugend.

11. Scharpffe Gerechtigkeit.

12. Administrirũg derselben.

13. Straff deren/ so was verwircken.

14. Belohnung deren/ so recht handeln.

15. Grundtfest jhres Reichs noch beständig.

16. Ansehen auß vilen vrsachen.

)(iij   nach

Discurs vnd Vorrede/

<small>17.
Listig Betrieg-
ligkeit.</small>

nach geschickt. Auch verlassen sie sich nicht wenig auff jhre geschwinde Betrieglichkeit/ Vnd sol man zwar daran nicht zweiffeln/ daß sie allen andern Barbarischen Völckern mit allerley Betrug/ Meyneyd/ Vntrew vnd Vngerechtigkeit weit vberlegen/ dadurch sie sich vnnd jhre Sachen wider Recht vnnd Billigkeit fast herfür bringen. Die letzt

<small>18.
Das gantz
Kriegßwesen.</small>

vnd gröst Seul jhres Reichs/ darauff sie am meysten bochen/ ist das Kriegßwesen/ darvnter begrieffen dreyerley Sachen Vorrath/ zum Krieg von nöten/ nemlich/ Gelts/ Proviants/ vnd allerley Munition vnd Rüstungen. Sie haben ein vberfluß an Kriegßleuten/ zu Roß

<small>19.
Zweyerley
Kriegßvolck.
20.
Musterung
vnd Kriegß-
regiment.
21.
Einheimisch
Kriegßvolck.</small>

vnd zu Fuß/ zu Wasser vnnd zu Land/ Dieselben richten sie ab/ vnd machens gut/ durch Musterungen vnd ernstes Kriegßregiment/ welches ein Zier vnd erhaltung aller Regiment. Bedürffen keines frembden Volcks/ weil sie mit dem jrigen vberflüssig gefaßt/ vnd auch etlich Tatern zu den jrigen stossen können/ so dem Osmanischen Hauß sich vntergeben.

<small>Was im Tür-
ckischen Reich
bawfällig.</small>

Diß seind nun die fürnembsten Stück im Türckischen Reich/ die jhnen beyfällig zu seyn/ vnd vns etwas gefahr scheinen an zu dräuwen. Jetzt wöllen wir auch erzehlen/ was in dem bißher blühenden/ frischen vnd starcken/ aber allgemach abnemmenden/ vnd zu seinem end streichenden Leib Türckischer Macht/ für Mängel vnnd Schwachheiten vberhand nemmen/ dadurch jhnen/ wo nicht jhr gäntzlichs verderben vnd vntergang zum wenigsten ein mercklich Veränderung wirdt angedeut. Ich bekenn/ daß bey jhnen nur ein Religion/ aber weyß daneben wie weit auch bey jnen die Sephiner Trennung eyngewurtzlet:

<small>1.
Daß die Mu-
hämetaner nit
eins in der Re-
ligion.</small>

dadurch die jüngst verschienen Jar/ als sie wider angefangen auffzureissen/ der Krieg erregt worden/ welcher der Osmanier Gewalt biß

<small>2.
Langwehrend
Superstition/
nahet am end.</small>

hero sehr geschwecht. Daneben auch zu betrachten/ daß je lenger der Musulmanischen Völcker Gottsläsierlichs Wesen wider Gott im Himmel gewehrt/ nemlich biß in die 1000. Jar/ wie sie selbs bekennen: je schleuniger wirdts jetzo/ durch Gottes gerecht Vrtheil/ seinem ende zu eylen. Die Bezirlar oder geheyme Räth/ so das Reich regiern/ seind

<small>3.
Der Bezirlar
Mängel.</small>

nicht mehr den alten vorigen Räthen an Tugend/ Dapfferkeit/ Rath vnd Ansehen gleich noch gemäß/ als durch deß halb blinden Sultans Lust/ vnd hochtrabendes wüten vnd rasen deß Bezirazems oder obersten Raths Sinan/ newlich mehr zusammen gerafft/ dann auß be-

<small>4.
Mehr Bezirn/
dann seyn solt.</small>

stendigem guten Bedencken erwehlet. So hat auch dieser Sultan mehr Personen in diesen seinen geheymen Rath gezogen/ dann zuvor seine Vorfahren im brauch gehabt zu thun: darauß dann ein neuwer Samen wunderbarlicher Confusion aller ding im Reich angefangen auffzugehen. Vnd hat wol diesem Vbel gemelter Sinan Bassa/

<small>5.
Dem Vbel nit
abgeholffen/
wegs Kriegß-
leut Meucerey.</small>

nach dem er wider in seinen vorigen Ehren vnd Würden standt eyngesetzt/ abhelffen vnd rathen wöllen/ durch etlicher Bezirlar entsetzung: aber weil er im Tumult vnd Meuten der Ispahilar vnd Genitscharn

vom Türckischen Wesen.

zu Constantinopel gespürt/ wie sein Ansehen dermassen geringert vnd geschmählert/ daß ihm allein dieselben zu stillen vnmüglich: ward er gezwungen/ widerumb etliche zu sich zu nemmen/ dazu dann noch allgemach andere mehr komen/ vnd die Sachen widerumb zum vorigen Wesen gerahten werden. Mitlerweil wirdt die faction vnnd Rottierung der entsetzten Vezirlar nicht nachlassen heymlich allerley Practicken wider den Sinan vnnd seinen Anhang zu führen/ denselben zu stürtzen: vnd eben dasselb mit desto grösserer gefahr deß Türckischen Wesen/ weil ires Sultans stumpffer vnd bleihiner Kopff zu abstillung dieser Rumorn keine gnugsame taugliche Mittel wird finden können. Es seind auch wol bißher durch eines Haupts Regierung die Osmanischen Sachen bestendig blieben/ aber alle ding seind jetzo dermassen verändert/ daß der einig Fürst etlicher vieler schlaue muß seyn/ nicht allein so Mannspersonen/ sonder auch der Weibsbilder. Was sol ich von Treuw vnd Glauben/ so das herrlich vnd heylig Band Menschlicher Sachen ist/ sagen? Wird bey ihnen nicht gefunden/ bevorab gegen Frembden/ es sey dann/ daß sie spüren/ wie sie mit ihrem grossen Nutz vnd Vortheil/ Treuw vnd Glauben möchten halten. Etwa geben sie durch Glauben halten ein betriegliche Prob/ damit sie die Leut desto mehr vberlisten/ ihnen gleich als ein Luder legen/ vnd desto leichter ein grössern Betrug erzeigen können. So stecken auch gar viel Deckmäntel in denen subtilen/ vnd Barbarisch arglistigen Köpffen/ sich dadurch zu beschönen/ wenn sie Treuw vnd Glauben nicht halten. Dann vntreuwen Leuten/ wie ein alter weiser Mann spricht/ mangelts nimer am schein/ warumb sie beym auffgerichten Vertrag nicht bleiben. Stimmen also durchauß mit dem neuwen Doctor alles Meyneyds vnd Vntreuw/ dem Macchiauel/ hierin vberein: gleich als hettens die Türcken von ihm/ oder der Macchiauel von Türcken gelehrnt. Eynzogenheit im thun vnd lassen/ Scham/ Bescheydenheit/ Zucht vnd Keuschheit/ hat bey den Türcken kein platz. Dann solche Tugend bey andern Völckern zu suchen/ Türcken thun alles nach irem Lust vnd Mutwillen. So find man auch bey ihnen kein Gnad/ dadurch man sonst Lieb erlangt/ Vn auß der Lieb entspringende Sicherheit/ vnd bestendigs Regiment. Man würde diese Barbarische Leut auß der Lehr der Alten vergeblich erinnern/ wie grellheit mehr Forcht bring/ dañ Macht. Item/ Forcht vnd Schrecken seyen schlechte Band der Lieb. Die Verachtung der Gnad vnd Miltigkeit/ pflegen sie mit dem schein einer Maiestet vnd Ansehens bemänteln. Enteussern sich hiemit aller Bescheydenheit dermassen/ daß sie zu gleich ihr Vnderthanen/ vnd ihre Lehenleut/ so järlich Tribut erlegen/ vnd die Bundsverwandten/ mit denen ein Vertrag oder Friedstandt getroffen/ schier ohn vnterscheid für schlauen halten. Daher sie dann auch die Lehenleut/ so in Sibenbürgen/ Walachey/ vnd der Moldaw regieren/ vnd

6. Zusamen Rottierung der entsetzten Vezir.
7. Der Fürst den Sachen nicht gnugsam.
8. Ein Fürst vieler andern schlaue.
9. Türcken halten weder Treuw noch Glauben.
10. Mancherley Deckel der Vntrew.
11. Türcken rechte Macchiauellisten.
12. Eyngezogenheit/ Scham/ Keuschheit/ weit von Türcken.
13. Kein Gnad.
14. Alles nur Maiestetisch.
15. Mutwillen gegen alle.

Discurs und Vorrede/

Durchleuchtigste genennt wöllen seyn/ wenn sie bey der Pforten erscheinen/ vnd dem Sultan die Hand küssen sollen/ nötigen vnd zwingen/ ein Hut der Volucbassilar/ so schlechte Hauptleut vber hundert Genitscharn/ zu führen vnd auffzusetzen/ daran ein Federbusch mitten an der Stirn vber sich gehet. Bey den Bundsverwandten pflegen sie anfänglich/ wenn die Verträg vnd Bündnüssen auffgericht werden/ etlich Verehrungen vnd Present/ auff bestimmte gewisse zeit zu offerirn/ anzudingen: weil sie fürgeben/ es gebüre sich nicht/ daß man jhrem Sultan/ vñ desselben Vezirlar/ mit leeren Händen sich erzeig. Solche Present vnd Verehrungen werden von jnen Doslue genañt/ dadurch eins Freunds Gab vñ Verehrung bedeut. Aber wenn sie die Sachen/ vnter diesem Titul jhnen gereicht/empfangen: machen sie alsbald ein Haratsch oder Tribut durch heimliche Deutung darauß: warten nicht bescheydenlich/ biß solches jhnen/ als von Freunden/ zugeschickt werd/ sonder forderns trutziglich/ als von denen/ die Tribut schuldig. So gar vnverschampt seind die meyneydig vntreuwe Leut. Vnd pflegen solche falsche Sachen/ wol ein zeitlang zu wehren vñ hinzugehen/ neben verachtung der Göttlichen Maiestet selbs/ Aber zu letzt kompt die Straff heimlich herbey geschlichen. Auch seyn die Sachen in gemeltem Reich dahin gerathen/ daß wegen ihres Geitzes vnd Vortheils die Vezirlar selbs/ vnd all andere gemeine Befelchs vnd Amptleut/ höhers/ mitlers vnd deß nidrigen Stands sich corrumpirn vnd erkauffen lassen/ darauß leichtlich abzunemen/ wie es endlich jhnen werde ergehen/ wo anderst war/ daß die Alten gesprochen/ Geitz lehrt alles feyl bieten: Item noch ein ander Spruch/ Es ist eygner Nutz allzeit schädlich gewest/ wirdt auch noch hinführo schädlich seyn gemeinen Anschlägen/ vnd gemeiner Wolfahrt. Ich darff auch noch wol ein grössers sagen/ es würde das Türckisch Wesen ein andern Herrn annemen/ da jemand vorhanden/ der es mit Gelt vnd Gaben an sich ziehen wölt/ vnd bezahlen köndt. Zweiffel auch nicht/ es werden hierinn mir alle beyfallen/ so mit diesem Volck zu handlen gehabt. In Räthen dürffen sie nit frey/ rund/ vnd keck lich sagen/ was jhnen vmbs Hertz/ Richten sich alle nach dessen Kopff vnd Willen/ der zur zeit im höchsten Ansehen ist/ vñ den meisten Gewalt hat/ wie es dann jetziger zeit nach deß einigen Sinans Mutwillen alles durch einander gehen muß. Das vertrauwen auff eygne Macht/ ist diesem Volck von Natur angeborn. So seind auch jre Anschläg hitzig vñ frech/ welche dañ anfänglich ein schein haben/ als seyen sie lustig: werden aber schwerlich verricht/ vñ haben ein betrübten außgang. Vnd daß dem also/ haben sie es im jetzigen Persischen Krieg vielfältig/ mit jrem sondern schaden/ gelernt. Begierd hat an jnen kein ziel noch maß/ dadurch wenig Recht verricht/ wie durch auffachtung gar viel. Sie heben auch an/ die jrigen durch scharpffe Tyrañische Stewr vnd Aufflagen zu erzürnen/ in dem sie vnerhörte Beschwerden erdencken/

15.
Vntrew in Verträgen.

Doslue.

Haratsch.

16.
Gottes verachtung.

17.
Bey den Türcken alles feyl.

18.
Dürffen nicht frey rahten.

19.
Vertrauwen auff eygene Macht.
20.
Hitzig Anschläg.
21.
Begierd ohn maß.
22.
Vnmässige Stewr.

vom Türckischen Wesen.

cken/ vnd zu erlegung derselben auch die/ so vor diser zeit wegen etlicher Priuilegien exempt vnd befreyet/ zwingen vnd tringen. Daher komen der Jspahilar/ Genitscharn/ vñ anderer Kriegßleut/ auch der Musulmauischen Pfaffen Verfluchung vnd Meutereyen wider den Sultan selbs/ vnd seine Rädlinführer/ so noch jetzo nicht gestillt. Item ist hierauß allerley Samen der Feindtschafft vnd Hasses starck auffgangen/ vnd schon erwachsen: so neben der hohen Obrigkeit verachtung dahin die Sachen richt/ daß man endtlich wider die Tyrannen anfahet sich auffzuleynen/ vnd daß frembde Potentaten darauß vrsach schöpffen/ hinwider etwas zu jrem Vortheil wider sie fürzunemen. So mangelts auch jetzo nicht an andern vrsachen dieser Verachtung der Obrigkeit/ als da seyn/ die gestalt jetzigs Regiments/ liederlicher dañ zuvor/ wegen deß Sultau Murats forcht vnd verzagten Muts/ der so wol sein Obersten/ als auch das Kriegßvolck thut fürchten. Item sein widerwertigs Glück im Persischen Krieg. Item sein art vnd sitten/ daß er fast im Frauwenzimmer steckt/ vnd gemeiner Sachen wenig acht/ in meynung/ er thue sein Ampt gnug/ weñ er nur deß gegenwertigen könne geniessen/ vnd nicht weit sich dürff berathschlagen vnd bekümern vmb das/ so noch lang nicht vorhanden. Item vnbedachtsame mittheilung grosser Würden vnd hoher Befelch/ ohn verstandt vnd gutem bedencken: als da er vnlangst den Sinan Bassicha wider zu sich gefordert/ vnd zum Vezirazem oder öberste Rath mit so hohem Gewalt verordnet: als kein Vezir sonst niemals erlangt/ so lang das Türckenthumb stehet: vnangesehen/ daß mans zuvor darfür gehalten/ ehe dañ er Masul/ oder seiner Ehren entsetzt ward/ er sey wider den Vatter auff deß Sons Muhamets seiten gewest/ vnd hab wider deß Vatters Regiment heimlich etwas practicirt. Item/ Murats langsame Resolution/ blöder Kopff vnd hinfallend Sucht/ damit er beladen: vnd ist deßhalben ein vnnatürliche bleiche Mißgestalt an jhm/ vnd schlechte Gesundheit. Dann solche Mängel pflegen in den Gemütern der Vnderthanen gemeiniglich ein verachtung deß Fürsten erwecken/ wie sie dañ auch darumb sich wenden zu einer verhofften Sonn/ welche bald herfür brechen vnd auffgehen sol. Daß auch der Vatter Murat/ wegen seines Sohns Muhamet/ sich nicht wenig zu befahren: können Menschlicher Sachen erfahrne Leut fast leichtlich erachten vnd abnemmen.

Hierauß sihet man/ daß wir wol vrsach haben vns zu fürchten/ weil etliche Sachen im Türckischen Reich bestendig vnd fest/ vnd noch vom alten Wesen vorhanden: vnd daß wir hinwider auch etwas zu hoffen/ wegen angefangener vmstossung deren Seulen vñ Stützen/ darauff bißher das Türckisch Regiment beruhet vnd bestanden. Es ist aber besser/ man sey forchtsam vnd sorgfeltig/ dann daß man wölt jm selbs liederlicher weiß ein eytel vnd leere Hoffnung machen/ wie etliche der

23. Verfluchung deß Sultans.
24. Haß vnd verachtung deß Sultans.
25. Ander vrsachen der verachtung.
Murats Forcht.
Vnglücklich verrichtung.
Liederlichkeit.
Vnbedachtsam außtheilung hoher Befelch.
Blöder Verstandt deß Sultans.
Groß Kranckheit.
Der Vatter in gefahr wegen deß Sons.
Man sol hüt vnd forchtsam seyn.

vnsern

Discurs vnd Vorrede/

vnsern thun/ welche sich auff frembde vnd vngewisse sachen verlassen/ vnd auff den vnglückhafften Krieg der Türcken wider die Persianer jhr datum stellen/ Dann Forcht ist ein guter Lehrmeister/ der vns erinnert/ wie wir bey zeiten vns sollen mit notturfftiger Hilff gefaßt machen. Dagegen ist die betriegliche eynbildung eyteler vnd vergeblicher Hoffnung ein Mutter der Sicherheit/ dadurch vorzeiten viel Reich vnd Regiment zu trümern vnd zu boden gangen/ wie auch noch. Vnd ist vnter andern rathsamen Sachen/ sich zu hüten vnnd vorzusehen/ nichts besser/ daū alle deß Feinds Gelegenheiten wol außzuspehen: darzu dañ die Histori ein guten fürschub vñ vortheil gibt/ bevorab wenn sie vom Feind selbs frey vnd vnverfelscht gefasset vñ beschrieben. Sollen derwegen wir/ so gegenwertig gesehen/ wie die Sachen im Reich deß Erbfeinds beschaffen/ vnd jre Geschicht zu wegen bracht/ vns der Türckischen Histori vnterwinden: die Fürsten aber dieselbig lesen/ darauff sich rüsten/ zun Waffen greiffen/ wenñ die Noth erfordert (wie es zwar jetziger zeit hoch von nöten) das Vatterland retten/ vorhin betrachten was andern Völckern widerfahren/ die grosse gefahr von jren Vnderthanen abwenden/ deren Vorhaben gnädig befordern/ so der Türcken Geheymnuß dem Vatterlandt zu gut jhnen zu offenbarn/ vnd durch eygentliche abbildung der Art vnd Eygenschafft diß Volcks jedermenniglich heylsam zu dienen/ vnd nutz zu seyn/ sich befleissen. Insonderheit aber wil sich solches eben deß Heyligen Römischen Reichs Fürsten gebüren/ vnd bevorab den Churfürsten/ wegen der Gefahr/ so dem geliebten Vatterlandt schon vor der Thür/ vnd dero sich andere Fürsten der Christenheit nicht annemen/ als die dem Feind weit entsessen/ Geben für/ sie wöllen die Ketzer dempffen/ vñ beschirmen die Christenheit nicht vor diesen Barbarischen Wölffen/ so doch mitlerweil in gemein allen Christen nicht allein gefährlich nachstellen/ sonder auch augenscheinlich das eusserst verderben thun dräuwen. Man hat vnlangst/ in dieser Freckeit vnd Mutwillen der jetzigen zeit/ etlich auffrührische böse Clamanten gefunden/ welche sich nicht gescheucht/ in jren offnen Predigten/ den sanfftmütigen/ fromen vnd bescheydenen Fürsten zu dräuwen: sie würden Gott schwere Rechnung müssen geben/ darumb/ daß sie mitler weil die Türcken mit dem Persischen Krieg beladen/ sich mit andern Königen wider die Ketzer nicht in Krieg eyngelassen. Welches nun von diesen nicht recht/ ja mit augenscheinlicher Gefahr deß gemeinen Vatterlands/ versäumbt vnd veracht wirdt: dasselb wil andern Fürsten/ als Vättern deß Vatterlands/ in all weg zuthun gebüren. Dañ sie Gott eben darumb in den hohen Fürstlichen Standt gesetzt. Der Röm. Key. Mai. rc. den Churfürsten/ den Ertzhertzogē zu Osterreich ist am meysten daran gelegen/ welche sich billich der Sachen anzunemen/ weil andere König schläfferig dazu thun. Euwer Churf. G. belangend/ Gnädigster Herr/ seind dieselb deß Heyligen Reichs Ertzmarschall

Sicherheit schädlich.

Deß Türcken Krieghsforg gebürt den Teutschen Fürsten.

vom Türckischen Wesen.

marschall. Derhalben ihr fürnemlich alle Sorg vnd Last der Krieg/ so dem Vatterlandt zu heyl vnd wolfahrt geführt sollen werden/ als deß heyligen Reichs/ nechst der Keyf. Mai. obersten Feldthauptmann/ befohlen vnd aufferlegt. Welche Stell der Churfürst Pfaltzgraff (wie es der alten Bräuch vnnd Gewonheiten erfahrne dafür halten) als ein Vicari deß Reichs/auff friedsamen Reichstägen/vnd bey Politischer Sachen Administrirung/nemlich die höchst nach der Key.Mai. inhat vnd besitzt: dieselbig höchst Stell gebürt E. C. F. G. als dem obersten Præfecto prætoriorum, vnd gleichfalls deß Reichs Vicarien/in Feldzügen/vnd im Läger/als offt die Keyf. Mai. gegenwertig/ vnd die Fürsten deß Reichs derwegen in der Person zu erscheinen schüldig. So haben E. C. F. G. auch jres Geschlechts Exempel/ weil dero Vetter/ Churfürst Moritz zu zweyen maln wider diesen Feind Kriegßvolck in Vngarn geführt/ vnd im ersten Zug gleichwol fast jung/sich zum dapffersten verhalten: Derselben Herr Vatter Churfürst Augustus im letzten grossen Türckenzug/ sonst verhindert durch innerlich Empörungen/ nit allein ein ansehenliche Hülff an Reysigen/neben berühmten Reuter Obersten Johan von der Aschenburg/ Heinrich von Gleitzental/ Jacob von der Schulenburg/ der Keyf. Mai. zugeschickt/ sonder auch dieselben durch ein eygnen Pfenningmeister abzahlen lassen. So werden E. C. F. G. auch hiezu erfordert/ sampt jhren zweyen Mitchurfürsten/ Pfaltz vnd Brandenburg/ durch vhralte Weissagungen/ vnd insonderheit daß der Türck am Rein von dreyen Königen erlegt sol werden. Vn dürffen wir zwar hierin nicht auff abgestorbener König Hülff warten/ von denen gantz zweiffelhafftig/ ob jrer drey/ vnd ob sie König gewesen. Eben E. C. F. G. seind diese drey König/als wegen jrer Churfürstliche Hochheit sehr wol Königmässig. Dieselben seind auch zu solchen wichtigen imprese notturfftiglich versehen/ mit Vorraht an allerley Kriegß notturfft/ mit Land vnd Leuten/ mit Dapfferkeit/ mit Festungen/ mit ansehenlichen Zeug vnd Rüsthäusern: haben für vnd für jhre bestelte Obersten/ können jhr Kriegßvolck haben/ als offt es die notturfft erfordert. So vermögen E. C. F. G. gar viel zu erweckung der vbrigen Teutschen Fürsten/ wegen jres hohen Ansehens bey jedermeniglich. Darumb dann E. C. F. G. billich diese sachen zu gemüt werden führen/ vnd sich dadurch nicht allein vmbs gemein Vatterland zu jmerwehrende zeiten verdient mache/ sonder auch ein hoch rhümlichen Namen bey den Nachkomen erlangen. Ich für mein Person hab diese Prob der Musulmanischen Histori fürnemlich E. C. F. G. auß angedeuten/vn noch einer sondern Vrsach/ vnderthänigst wöllen dediciren/ damit/ im fall E. C. F. G. vn derselben trefflichen hochweisen Räthen/ mit denen sie für andern Fürsten insonderheit versehen/ dieser anfang gnädigst würd gefalle: auch endlich das gantz Corpus der Türckischen Histori/in E. C. F. G. hochlöblichen Namen in Truck werd verfertigt.

E. C. F. G.   Vnderthänigster/
                Hans Lewenklaw von Amelbeurn.

Marginalia:
- Ampt deß Ertzmarschalln.
- Churf. Moritz.
- Churf. Augustus.
- Weissagung von dreyen Königen.
- Wie die Churfürsten zum Türcken Krieg versehen.

Ordnung vnd kurtzer Inhalt
der Bücher dieser Musulmantschen Histori.

I. Die Ersten drey Reich der Musulmanlar/ nemlich/ der Agarener/ der Togramer/ vnd der Aladinier.
II. Vom Ertogrul/ oder vrsprung der Osmanier.
III. Vom Osman Chan.
IIII. Vom Vrchan.
V. Vom Murat Chan.
VI. Vom Gilderun Baiasit Chan.
VII. Vom Temur Chan.
VIII. Das Interregnum, als der Gilderun Baiasit gefangen.
IX. Vom Isa Beg.
X. Vom Emir Suleiman.
XI. Vom Musa Zelebi.
XII. Vom Sultan Muhamet Chan.
XIII. Vom Mustapha/ mit dem Zunamen Dusme/ oder der vermeynter: das ist/ der sich außgeben/ vnd fälschlich angemaßt/ als ob er Baiasits Sohn Mustapha wer.
XIIII. Vom Sultan Murat Chan/ dem andern diß Namens.
XV. Vom Sultan Muhamet Chan/ dem andern.
XVI. Vom Sultan Baiasit Chan/ dem andern.
XVII. Vom Sultan Selim Chan.
XVIII. Vom Sultan Suleiman Chan/ dem andern.
XIX. Vom Sultan Selim Chan/ dem andern.
XX. Vom Sultan Murat Chan/ dem dritten.
XXI. Vom Persianer Krieg/ das erst Buch.
XXII. Vom Persianer Krieg/ das ander.
XXIII. Vom Persianer Krieg/ das dritt/ sampt den vbrigen Büchern vom selbigen Krieg/ so auff einander ordentlich folgen.

CHRO-

Das erste Buch
HISTORIAE MVSVLMANAE
Türckischer Nation/ auß ihren eygnen Monumentis vnd Schrifften gezogen/ durch Hansen Leuwenklauw.

Die ersten drey Reich der Musulmanlar/ Nemlich der Agarener/ der Trogauer/ vnd der Aladinier.

JCH hab mir fürgenommen/ im Namen deß Allmechtigen/ der Türcken Geschicht/ in dieser Histori auß jren selbs eygnen vhralten Monumenten vnd Büchern ordenlich zu fassen/ gleich vom anfang deß gewaltigen Reichs/ so nicht allein vnser Christlichen Religion/ vnd dero verwandten Königreichen vnd Landen/ sonder auch schier der gantzen Welt/ wie solches die Erfahrung selbs gibt/ auß sonderbarer verhengknuß Gottes allerley merckliche veränderung bracht/ vnd den vberigen Völckern/ so sich Christen nennen/ entweder ein erbärmliche Dienstbarkeit/ oder betrüblichen Vntergang vnd Verwüstung thut andröwen: Welches dann an jhm selbs ein trefflichs vnd zu lesen wol würdigs Werck seyn wirdt/ wegen deß grossen Gewalts diß Tyrannischen Regimentes/ vnd daß die Geschicht weitleuffig vnd manigfaltig/ auch voller schrecklicher Exempel vnerhörter Betrieglichkeit/ Meineyds/ vnd grausamkeit von je Welten her/ dadurch die Türckisch Nation/ gleich als zum verderben der Welt erwecket/ das meist theil Menschlichs Geschlechts jämerlich vndertruckt vñ geplagt: neben denen gleichwol auch schöne Beyspiel strenger Gerechtigkeit/ vnd anderer Tugenden mit vnderlauffen: darauß ein jeglicher so wol für sich/ als auch dem gemeinem Wesen zum besten/ vilfaltigen nutz/ vñ heylsame Erinnerungen wirdt können schöpffen: auch mit der That befinden vnd erkennen/ so fern man anderst on Affecten/ vñ der billichkeit nach/ vrtheiln wil/ daß ich in beschreibung solcher Histori mir nicht ein geringen Last vñ Bürde aufferlegt. Dañ auff Erden zu dieser vnserer zeit nichts höhers noch prächtigers ist/ dann eben diß Türckisch Reich: nichts mehr zu verwundern/ dann desselben vrsprung/ auff vnd zunemmen/ auch so lang an einander wehrendes Glück vnd Wolfahrt/ von etlich hundert Jahren her: wie gleichsfalls nichts vnrichtigers/ noch mehr mangelhafft/ dañ dieser Nation Histori/ so wir bißhero von Griechen/ vnd auch von vnsern Scribenten/ in Lateinischer vnd andern Spraachen/ sehr jrrig/ vnvollkommen/ vnd schlecht empfangen. Den grossen vnd weit sich erstreckenden Gewalt diß Reichs/ mag man erachten auß der stattlichen anzahl so viel Edler Provintzen vnd Landtschafften/ welche demselben im grossen vñ kleinern Asia/ in Africa/ vnd in Europa vnderworffen: den Barbarischen Pracht vñ Hochmut kennen alle die/ welche nit allein hinein gereyset/ jhr Landt vnd Stett beschauwet/ sondern auch auff jhren Humor/ thun vnd lassen/ acht geben: vnd jnen etwas mehr/ dann der gemein Mann/ ins Spiel gesehen haben. Dann ob sie wol sonst/ nach jhres Propheten Muhamets Lehr vnd Gesatz/ sich meist theils nüchtern verhalten/ vnd mit keiner Truncken heit vberladen: so seind sie doch wegen süsses Weins deß willfährigen Glücks/ so jhnen einen Becher gewündschter Wolfahrt vber den andern/ mit gantz lieblicher vnd freundtlicher erzeigung/ einscheinckt vnd darreycht/ dermassen voll vnd toll: daß sie nicht mehr sich als bescheidene nüchtern Leut verhalten vnd erzeigen können/ sondern fahren auß hochtrabenden Muth biß vber die Wolcken hinauß/ wie das Sprichwort laut: halten nur jr eygne Sachen hoch/ schauwen andere Leut vber die Achsel an/ wie man pflegt zu sagen/ vnd schätzens gegen jhnen gar schlecht vnd gering: lassen der Vernunfft keinen raum noch platz/ schnarchen vnd pochen nur auff jhren Gewalt: fahen nichts mehr an

Titel der Histori.

Nutz diß Wercks.

Warumb es schwer/ von diesen Sachen zu schreiben.

Der Türcken Gewalt.

Pracht vnd Hochmut.

Das erste Buch

mit bescheidnen rechtmessigen Anschlegen vnnd Rath/ sonder haben nur jhr großmächtigs Reich stets im Maul/ stellen auff desselben Gewalt fast ein gewisse hoff-
nung/ die gantze Welt vnter jhr Joch vnd Dienstbarkeit zubringen. Vnd seind zwar
viel sachen in dieser Nation/ da mans recht betrachten vnd erwegen wil/ gantz seltzam/
Der Türcken ungewohnlich/ vnd zu verwundern. Erstlich das arm liederlich Wesen vnd Herkom-
Herkommen. men diß Volcks / so anfenglich jenseit deß grossen Wassers Don/ vorzeiten Tanais
genannt/ on bleibender Stell/ on gewissen vn bestendigen Wohnungen vn Gebäwen/
hin vn her in den weiten vnd breyten Feldern daselbst/ mit dem Gesindlin vnd Vihe in
brauch gehabt herumb zu schweiffen: vnd ist endtlich/ zum schwartzen Meer/ Pontus
Euxinus genañt/ vñ zu denen Völckern/ so bey den Alten Iberes/ jetzo Kurki oder Georgianer heissen/ auch daselbst noch heutigs tags wohnen/ etwas näher hinzu geruckt:
Türcken vom da dann der Keyser Flauius Heraclius/ als er zu der zeit wider die Persianer vber ge-
Keyser Heraclio meldtes schwartze Meer schiffete/ jrer ein theil in seine Bestallung auff vnd angenom-
bestellt. men/ vnd zu seinem Kriegsvolck gestossen/ wie der Alt Historicus/ Symeon Magister
Officiorum/ das ist/ Oberster vber die Keyserlich Hofguardi/ der noch nicht in Truck
kommen/ thut melden. Von dannen seind sie / die Türcken/ weiter fortgeruckt in
Armenierland/ zum Wasser genannt Araxes/ haben sich daselbst nidergelassen/ vnnd
gleichwol jre alte Sitten vnd Gewonheiten nit abgelegt/ sonder seind als vnschweif-
fende Nomades mit jhrem Gesind vnd Vihe hin vnd her der Weyd nachgezogen: biß
sie zuletzt / als zu Constantinopol der Keyser Constantinus Monomachus regiert/
Türcken ziehen wie der Griechisch Historicus Cedrinus schreibt / oder wie die Türcken selbst raiten/
in Persien. ein wenig davor/ vnterm Keyser/ Romanus Argyrus genannt/ so vor dem Monoma-
cho gewesen/ von einem König in Persia / Saracenischen herkommens/ welchen die
Türcken Machmut Sebietegin nennen/ die Griechen/ Cedrinus/ Curopalates/ vnd
andere/ König Machumet/ durch Geschenck vñ stattliche Besoldungen/ bewegt seind
worden/ sich wider die Indianer/ vnd wider den Chalipha von Bagdat/ brauchen zu
lassen. Haben also jhren Zug vber gemeldtes Wasser Araxes genommen/ in der Per-
Togra der Tür- sier Land sich begebñ/ vnter einem Obersten/ genañt Togra/ Selzuckier Geschlechts/
cken Oberst. den die Griechen Tagrolipix nennen: vnd demnach der König in der Schlacht
vmbkommen/ welchen sie bestellt/ vnd folgends wider sich selbs gereytzt/ erstlich das
Türcken nemen Land Chorasan/ darnach die vbrigen Prouintzen deß Persischen Königreichs/ sampt
Persien vnd A- dem grössern theil deß Asierlands erobert vnd eingenommen. Lang hernacher ist ein
siam ein. grosse veränderung gefolgt/ als der Tatarisch Fürst Zengismit einer mechtig grossen
Zengis Chan. anzahl Kriegsvolcks in Aicmiam/ das ist/ in der Persier Land eingefallen/ vnd die
Türcken zum theil vbel geplagt/ zum theil gezwungē/ das Aiemier Land zu verlassen.
Aber ob wol damals die Türckisch Nation von den Tatarn hat können verfolgt/ vn-
tergedruckt/ auß Persien vertrieben werden/ so hat mans gleichwol nicht gar können
außreuten. Dann sie ein neuwes Königreich im kleinern Asia/ durch den Sultan
Sultan Aladin. Aladin/ Selzuckier Geschlechts/ auffgericht: welches man gemeiniglich das Iconier Königreich/ nach dem Hofläger vñ Hauptstatt Iconio pflegt zu nennen: bey mir
aber heist es/ das Aladinier Königreich/ vom Sultan Aladin/ der es angefangen: Als
aber dasselb hernach durch stetigen vberfall der Tatarn geschwecht/ vnd Sultan Aladins deß ersten Nachkommen im Reich zum theil vertrieben worden/ vnd auch zum
theil ohn Leibserben abgangen: hat sich den Oguziern/ so eins Herkommens mit den
Oguzier Tür- Selzuckiern/ ein gar gute gelegenheit zugetragen/ jr schlechts Vermögen zu mehren/
cken. vnd eines neuwen Fürstenthumbs grundfeste zu legen. Dann weil sie den Aladinischen Fürsten in jren Kriegen wider die Tatarn von vielen Jaren her/ dapffern Beystandt vnd Hülff geleystet/ auch derwegen etliche Landgüter in Bithynia/ vñ in Phry-
gia/ so gleich an Bithynia stosset/ erlangt: hatten sie allgemach angefangen der Christen Land vnd Leut anzugreiffen/ vnd von tag zu tag/ je lenger je mehr jrer Herrschafft
Grenitzen zu erweitern/ auch dessen sich dest kecker vnterwunde/ weil die Aladinier mit
jhren Kriegen wider die Tatarn beladen/ vnd derhalben frembder sachen sich nicht vil
kündten annemmen: zu dem/ daß sie die Oguzier/ so jnen wegen einerley Herkom̃ens
vñ wegen der Musulmanischen superstition oder Aberglaubens näher verwand/ auch
noch

Histori. Vorred.

noch schwach an Gewalt waren / lieber zu Nachbarn wolten haben / dann die Christen. Haben also die Oguzier / insonderheit nach dem sie den Osman zu einem Haupt bekommen / den großmütigen / listigen / dapffern / vnverdrossenen Mann / durch stetigs rauben vnd plündern daheim jhr Haab vnd Gut vermehrt / vnd außwendig jhr Grenitzen vnd Landtschafft weiter erstrecket: den Feinden einen schrecken eingejagt / die jhrigen gesterckt: vnd weil sie ohn vnterlaß zum Krieg geübt / haben sie nicht lang hernach / als die Aladinier abgangen / etwas mehr Hoffnung geschöpfft / denselben im Reich zu succedirn. Daß wie sichs gemeiniglich pflegt zu zutragen / weñ grosse Fürstenthumb Erbloß werden / daß als denn jedermenniglich zugreifft / raubt / vnd zwackt / so viel er jmmer kan vnd mag: also ists insonderheit nach Sultan Aladins deß andern / oder letsten / tödtlichen Abgang / im Aladinier Reich auch zugangen. Dann ob wol einer / Sahib genannt / so bey Lebzeiten deß Sultan Aladins / sein Oberster Rath war gewesen / welchen die Türcken damals / wie auch noch heutigs Tags / Vezir-Azem pflegen zu nennen / nach seins Herrn todt das Reich / so er fürnemblich regirt hatte / da der Sultan noch bey Leben / an sich zohe: so hat er doch weder selbst deß Königlichen Gewalts vnd Würden lang können geniessen / noch dieselb auff seine Nachkommen bringen. Dann es waren im Aladinier Reich noch andere Leut / auß fürnehmen Geschlechtern geborn / vnnd hohes Ansehens / vorhanden: so die Königliche Würde auß Neidt jhres gleichen nicht günneten / noch leiden kundten / daß einer vber sie herrschen solt / dem sie am Herkommen vnd Stand gemäß. Derhalben ward endtlich das schön vnnd gewaltig Königreich in vilerley Herrschafften getrennt / vnnd bekam Cilicia das Land / einen besondern Fürsten / Caraman genannt: das Jonierland am Meer / den Saru -- Chan: Lydia / den Carasi: Pontus vnd Paphlagonia / die Jßfendiar -- Begen / deß Omers Söhne: das Land Troas / sampt Mysia / biß ans Carierland / den Aidin: vnd hat in summa einer diese / der ander jene Prouintz angriffen / vnnd ein jeglicher / nach dem er an Kriegßleuten vnnd sonst vermöglich / entweder grosse / oder schlechte Herrschafften an sich bracht. Vnderzehlen zwar die Griechischen Scribenten / Gregoras vnd Chalcocondyles / siben Fürsten oder Hertzoge nach einander: vnd melden vnter andern / daß der Osman / Ertogruls Sohn / das Land Bithynia / mit der Gegnet / welche sich vñ den Berg erstreckt / Olympus genannt / vnd mit dem Land Tekie / bey den Türcken Teke geheissen / vnd im grössern Phrygia / ab dem Meer / zum Land hinein gelegen / für sein Theil erlangt vnd eingenommen hab. Vnd daß dieselb Prouintz vnd Landtschafft / durch jetzt gemeldte Grenitzen beschlossen / hernach von jhme den Namen bekommen / daß mans genannt Osmanis / oder deß Osmans Land / solches ist auß den Historien offenbar. Nun waren die andere newe Fürsten dieser Völcker von denen Türcke herkomē / von welchen droben gemeldt / daß sie mit den Selzuckischen vnd Aladinischen Sultanen der Musulmanlar von Tatarn auß Persien vertrieben / vnd ins nider Asien gewichen. Allein war der Osman / ob er wol eins Herkommens mit jnen / gleichwol den andern nit lieb / noch angenem: weil sie vermeynten / er hette zu denen Landen nicht so viel Gerechtigkeit noch Anspruch / als sie / so besser dazu befügt / vnd einer lengern Zeit præscription fürlegen kündten. Trugen daneben Neid auff den Osman / wegen seiner Mannheit / Tugent / vnd stattlichen auff vnd zunemmens / liessen sich düncken / auß sonderbarn vermuhtungen / es möcht dieses Manns / vnd deß Oguzischen Volcks Macht / welche für vnnd für so glücklich thet zunemmen / etwa jhnen vnd jhren Nachkommen zu endtlichem Verderben vnd Vntergang gereychen. Daher wirdt von Türcken in jren Historien vilfältig gemeldet / daß dieselbe Fürsten vñ Herrn allzeit dem Osman / vnd seinen Nachfahrn / auffsetzig gewesen: vnd insonderheit die Caramanogli / vnd die Germeanogli / welche gleichßfalls grosse mächtige Landtherrn / vnd jhre Lehen von den Selzuckischen Königen empfangen vnd getragen / ob wol die Germeanogli nicht vnter obgedachten siben Fürsten begriffen waren: wie auch an seinem Ort / auß dieser vnser Histori / gnugsam wirdt erscheinen. Es hat aber jhnen solcher Neid vnd Haß nichts genützt / noch die stets wehrenden Anschläg / dadurch sie jhnen fürgenommen / die Osmanier bey zeiten vnter zu trucken / oder auch (wo möglich) gar auß zu tilgen / jechtes geholffen.

Das erste Buch Musulmanischer

geholffen. Haben vielmehr grössere Veränderungen/ vnd so wol jhr eygne/ als ander
Leut vrplötzliche stürtzung verursacht: wie die tägliche erfahrung gibt/ daß je mehr
etwa die Menschen sich vnterwinden/ ander Leut Auffnemen vnd Wolfart zu verhindern: welche die Göttlich fürsichtigkeit zu hohen nichtigen/Königreichē vñ Regimenten verordnet/je leichter sie jnen den Weg vnnd Bahn machen/ das Ziel zu erreychen/
welches jnen von Gott gesteckt. Dañ als gemeldte Musulmanische Fürsten nit nach-

Die Osmanier wider die Musulmanlar. liessen/die Osmanier/so mit eusserlichen Kriegen wider die Christen beladen/ auch in-
wendig durch erweckung allerley Trübel vnd vnbefügter Vorhaben/ zu reytzen vnnd
anzufechten: haben sie jnen rechtmässige billiche Vrsachen geben/ die Christen auff
ein zeitlang fahren zu lassen/ welche sie als jhrer Religion nicht verwandt/ Gaur pflegen zu nennen/ als Heyden vnd vom Volck Gottes abgesondert: vnd all jhre Kriegsmacht wider jhrer eygnen Nation/ auch jhrer Superstition zugethane Leut zu wenden. Haben dieselben glücklich zum theil jhnen vnterthenig gemacht/ zum theil gar
außgereut/ vnd jhre Macht weit vnd breyt durch Asien erstreckt. Also seind vnter

Türckisch Herrn von Osmaniern hingericht. jhr Joch kommen/ vnd zu letst gar auffgeraumt worden/ so viel vnd mächtige Landts-
herr:n Begen von Türcken genannt/ nemlich die Carasiner/ Saruchaner/ Aidino-
glier/ Germeaner/ Techretiner/ Ismproglier/ Menteseher/ Caramanoglier/ Burcha-
nadiner/ Ispendiarler. Also sehen wir auch vor vnsern Augen/ daß von jhnen die
großmächtigen Sultanen der Mamelucken in Egypten/ sampt den Aladeulischen/
auch etlichen Affricanischen vnd Tatarischen Fürsten/ entweder außgetilgt/ oder in
dienstbarkeit gebracht: welche sich alle für Musulmanlar/ oder Muhametaner außgeben. Also wolten sie gern jetziger zeit die Königreich der Persier vnter sich bringen/
von welchen sie wol pflegen zu laugnen/ sie seyen nicht Musulmanlar/weil sie einer
besondern Sect: können aber nicht verneynen/ daß sie nicht den Muhametischen
Glauben halten. Belangend die großmächtigen Königreich/ vnd gewaltige Landt-

Der Christen Königreich/von Türcken eingenommen. schafften der Christen/so von Türcken vns genommen vnd abgestrickt/ da man dieselben erzehlen wil/ wirdt man finden zwey Keyserthumb der Griechen/ das ein zu
Constantinopol/ das ander zu Trabisonda: deßgleichen folgende Königreich/ in
Thessalien/ Macedonien/ Peloponeso oder Morea/ Epiro oder Albanien/ Bulga-
rien/ Seruien oder Zirfenland/ Boßna/ Walachey/ Kurfistan oder Georgianerland/
Armenierland/ Cypern/ vnd Vngarn. Solches Auffnemen der Türcken ist zwar
hoch zu verwundern/ vnd eben dest mehr/ weil eins in kurtzer zeit auffs ander gefolgt.

Vrsachen Türckischer Wolfarth. Vnd da man die Vrsachen recht wil erwegen vnd besehen/ wirdt man zweyerley finden: nemlich zum theil eusserliche/ zum theil innerliche. Vnter den eusserlichen seynd

Eusserliche Vrsachen. zu erzehlen/ die Straffen der Laster/ damit die Rach vnd zorn deß Allmächtigen Gottes die Völcker pflegt heim zu suchē/ so zu grob vñ vber die massen mit allerley schand-
flecken behafft: vnd eben solchs durch andere gar vnbarmhertzige gleich als Scharpff-
richter/ vnd seiner Göttlichen Maiestet willens vnnd Gerechtigkeit Executorn/ im
brauch hat zu verrichten. Daneben auch Menschlicher Sachen vnbestendigkeit/ so
mannigfaltigen ändrungen vnterworffen/ vnd in einerley Wesen vnd Stand nimmer
bleiben können: sonder wie das Meer von vngestümmen Winden/also werden sie auch
durch stäts wehrende Wellen vielfaltiger bewegnussen vnd veränderligkeiten getrieben vnd verkehrt. Hiezu ist auch kommen/ vnserer Leut/ das ist der Christen Nach-
lässigkeit in gemeinen Sachen/ vnd Liederligkeit in beschützung vnnd erhaltung deß
Vatterlands: sampt stetiger zwitracht der Gemühter/ innerlichem Neidt/ Haß/ vnd
Krieg: dadurch sie sich lassen trennen/ vnd jhre gantze Macht nie wider den gemeinen
Feind einhelliglich gebraucht: auch durch schwechung jhrer selbst/ den Türcken Thür
vnnd Thor eröffnet/ einen nach dem andern vnter zu trucken: welche/ da sie nur jhre
Macht vnd Wafen zusamen gestossen/ nit allein hetten samentlich jnen können wider-
standt thun/ sondern auch die vnrechtmässigen Inhaber vnd Besitzer/ auß denen mit
Gewalt eroberten Prouintzen vnd Landen/ schier ohn einige mühe vñ Arbeyt vertrei-

Der Griechen Vntergang durch innerliche Trennung. ben. Also ist die Edle Griechisch Nation/ durch jr eygne trennungen erschöpfft/ gentzlich vntergangen: da nach erregten schweren Feindschafften/ eben von Eltern wider jre
Söhn/ von Schwehern wider jre Ayden vñ Tochtermänner/ von Sönen vnd Ayden
gleichßfalls wid die Eltern/ von Brüdern wider jre leibliche Brüd/ die schädlich Hülff

der

Histori. Vorred.

der Türcken/ so beyder theil Wolfart auffsetzig waren/ vnd auff vntertruckung derselben laurten/ vnfürsichtiglich begert/ vn̄ zu gemeinem verderben auffgemahnt worden. Also seynd die Albaneser/ Bulgarer/ Zirfen/ Walachen/ Boßnacken/ Rhodiser/ durch vnachtsamkeit benachbarter König/ vnd Christlicher Potentaten/ verlassen worden/ vnd vnder das Türckisch Joch gerahten. Also sicht man Augenscheinlich/ wie das trefflich/ vn̄ vor dieser Zeit für andern Landen blühend Königreich Ungarn/ zum theil durch verfluchten Ehrgeitz/ vnd innerliche trennung/ in dem der Schwächer zu gäntzlichem Vntergang deß Vatterlands vnd seiner selbst/ auch der gemeinen Christenheit nicht zu geringem Nachtheil/ bey den Türcken Hülff gesucht: zum theil durch vnser
10 schläfferigs zuthun/ in dem wir nit zu löschung der Brunst an. deß Nachbarn Wand/ mit solchem fleiß/ trew/ vnd eyfer der Gemühter zulauffen/ wie billich von allen geschehen solt/ gantz vnd gar zu trümmern gehet. Wil nicht andere mehr Vrsachen vnsers Verderbens nach der leng erzehlen/ vnder welchen wol zu melden were der Eigennutz/ vnd daß man gemeiner Wolfart schier nichts acht: Item vbermässige Freyheit/ welche zu zeiten verursachet/ daß man der hohen Oberkeit vngehorsam: Item die verbitterung der Gemühter/ vnd das Mißtrauwen gegen einander/ so vor diesen zeiten zwischen den Griechen vnd der Römischen Kirch verwandten/ hernacher auch vnter vns selbst/ auß zwispaltigen Meynungen in der Religion entstanden: in dem das ein theil sich/ als viel es jmmer mag/ mit allerley Hülff sterckt/ dem antröwenden Gewalt zu begegnen:
20 das ander nicht die rechte Mittel suchet/ noch brauchen wil/ zu stillung der Gemühter: sondern verläßt sich nur auff frembde Rahtschläg vnd Hülff/ vnd verursachet dadurch/ daß die gefaßten Argwohn in den Hertzen deß Widerparts/ von tag zu tag/ je lenger je mehr zunemmen. Wil nicht sagen vom schändtlichen vberfluß/ mit/ fressen/ mit sauffen/ vnnd vbrigem Pracht/ in allen Ständen: dadurch der Priuatpersonen vermögen erschöpfft wirdt/ daß sie dem Vatterland gemeinen beschwernussen vnnd nöten nicht können zu hülff kommen: laß auch bleiben die erlesung deß heylsamen vnd ernsten Kriegßregiments/ so bey vnsern Voreltern ist gehalten worden/ dadurch wir bey vnsern Feinden in verachtung gerahten. Wil nur fortschreiten zu erklärung deren Vrsachen glücklicher Wolfart der Türcken/ die ich derhalben hab
30 innerliche Vrsachen wöllen nennen/ weil sie auß der Türcken selbst eygner geschicklichkeit herfliessen/ vnnd nicht auß ander Leut Vnfürsichtigkeit/ Vnuerstandt/ oder Saumseligkeit. Solche seynd nun/ erstlich ihr vnersättigs Ehrgeitziges Gemüth/ dadurch sie ohn vnterlaß getrieben werden/ vnnd schon vorlangst jhnen selbst gewisse Hoffnung gemacht haben/ die gantze Welt vnder jhren Gewalt zu bringen. Item jhr Einigkeit/ so bey andern Völckern gar selten gefunden wirdt/ dadurch sie jhre Sachen je lenger je mehr bestendig machen/ vnnd ander Leut Regiment zerstören. Deß wegen sie dann jhnen selbst den Namen Islami pflegen zu geben/ das durch anzuzeigen/ daß sie einig vnd friedsam vnder einander: bitten auch Gott für vnd für/ er wölle schicken/ daß die Gauri stäts wider einander seyen. Hiezu
40 man auch setzen soll/ einen Trutz vnd kecken Muth/ den sie auß jren so lange zeit wehrenden glücklichen Siegen vnd Wolfart schöpffen: Item die höchst Munterkeit vnnd fleiß/ welchen sie anwenden/ auff jhre Schantz zu stechen/ vnd in warnemmung aller Gelegenheit/ jhr Reich zu erweitern: Item Nüchterkeit/ vnd Maß/ im essen vnd trincken: Item auffachtung/ damit das Kriegßregiment erhalte werd: Item der willig vn̄ vnglaublich grosser gehorsam/ damit sie dermassen sich jren Fürsten bißhero vnderthenig erzeigt: daß auch kein Nation auff Erden diesfalls mit jhnen einigs Wegs zu vergleichen gewesen. Vnd seynd eben diß dieselben Vrsachen/ darum jr Reich gleicher massen so lang bestendig blieben: aber man muß dazu setzen/ daß Tugendt bey den Türcken treffliche Belohnung thut finden/ vnnd daß wegen derselben allerley Leut/
50 ob sie gleich gerings Herkommens/ auch die Verschnittenen/ zu den höchsten Ehren/ Würden/ vnnd Befelchen in Politischen vnnd Kriegßsachen/ zu Fürstlichem vnnd schier Königlichem Reichthum̄/ ja endtlich auch zur Verwandtnuß durch Heurat mit den Sultanen selbst die Sclauen/ etwa schlechter vn̄ verächtlicher Geburt/ ein zugang haben können. Dagegen auch in acht zu nemmen jr Ernst vnd Schärpffe/ vnd die grausamen

Fall der Cron Vngarn.

Zwispalt in Religions Sachen.

Innerliche Vrsachen.

Türcken nennen sich Islami.

Tugent bey den Türcken belohnt.

Das erste Buch Musulmanischer

Zagheit gestrafft.
santen Straffen/ so von jhnen je vnd allweg wider die gebraucht worden/ so der gebür sich nit verhalten/ oder wegen gemeiner Wolfarth vnd Heyls sich gefōrcht in Todt zu begeben. Daher man wol weiß/ daß vor dieser Zeit gefangene Türcken kein Hoffnung mehr gehabt/ wider in jhr Vatterland/ zu Weib vnd Kindern zukommen: dadurch sie dann gereytzt wurden/ daß sie viel lieber in Schlachten begert vorm Feind Ritterlich zu bleiben/ dann sich ergeben/ vnnd dadurch verschulden/ daß sie müsten jhr gantzes vbrigs Leben hernacher im Elend/ weit vom Vatterland/ von Weib vñ Kind/ vnd von allem/ so jhnen Lieb/ zu bringen. Also schreibt einer/ genannt Gregorius Duzan von Orzeck/ in seiner Histori/ die doch nit getruckt/ daß die Türcken/ so auß Befelch Sul-

Gefangne dörffen nicht wider heim.

* Im Jahr Christi 1481.
tan Muhamets deß andern/* Otranto die Statt in Italien hatten eingenommen/ als sie von etlichen Potentaten der Christen belägert/ nach Absterben gedachts Sultan Muhamets/ kein Hoffnung mehr hatten einiger Entsatzung/ wegen deß innerlichen Kriegs zwischen Sultan Baiasit vnd Sultan Zem/ vnd derwegen sich endtlich ergeben musten: entweder deß Römischen Bapsts Obersten vnd Befelchsleuten/ oder dem König von Napoli/ oder den Frantzosen/ oder den Spaniern/ meist theils aber den Vngarn gutwillig sich eingestellet/ gleich als in ein immerwehrende Dienstbarkeit: auß Vrsachen/ weil bey jhnen damals breuchlich/ daß die Türcken/ so man etwa verordnet in Besatzung der Stett vnd Schlösser/ da sie dieselb Vestungen nicht biß auff den letsten Atem vertheidigt/ sonder etwa mit vorbehaltung jrer Person/ oder Haab vñ Güter/ dem Feind gewichen/ vnd vbergeben/ nimmermehr einige Verzeihung solches Vbersehens vnd Missethat erlangen kundten/ noch daß jnen erlaubt würde/ mit gutem Glimpff vnd Ehren wider heim zu kommen. Darum er weiter meldt/ daß diese Türcken die vbrige Zeit jhres Lebens in Vngarn zugebracht: vnd daß gleichwol König Matthias/ so damals in Vngarn regiert/ auß sondern Gnaden/ weil er mit denen dapffern Kriegsleuten ein Mitleiden trug/ jhnen etwas Vnterhaltung/ sampt notturfftigen Behausungen/ in Vngarn verordnet. Zu dieser Erklärung der Vrsachen/

Zwey Paradoxa.
warumb diß Barbarisch Reich so lang gewehrt/ wöllen wir noch zwey Paradoxa der Türcken selbs hinzu setzen: das ist/ wunderbarliche Meynungen/ so vns andern seltzam fürkommen. Dann erstlich sagen sie selbst/ daß durch Meineyde jhr Reich zugenommen/ weil sie auffgerichte Verträg etwa zu jhrem Vortheil/ vnnd jres gefallens nicht gehalten/ vnd dadurch gar offt jren Nutz geschafft/ auch zu zeiten durch diß Mittel jren Feinden mercliche Land vnd Leut entzogen: welches dann eben deß Muhamets Meynung zu wider/ so deß Saracenischen Königs Abdulmelech Feldtobersten gewest/ vnnd als der Keyser Justinianus deß Namens der ander/ wider die auffgerichte Verträg gehandelt/ in vnzweifflicher einbildung vnd vertröstung/ Gott würde gewißlich deß Keysers Meineydt straffen/ die Siegel vnd Brieff/ darinn der Fried begriffen/ vnd die darüber den Saracenern vom Keyser geben waren/ oben an ein hohe Stang oder Spieß hat stecken lassen/ vnd vor jm her tragen/ an das Ort/ da man schlagen solt/ vnd im wehrendem Treffen dem Feind gezeigt/ vnd also wider den

1. Türcken zugenommen durch Meineyd.

Verträg soll man halten.
Meineydigen Keyser den Sieg erlangt: welche Geschicht vnd Histori der Griechisch Scribent/ so noch nicht getruckt/ mit folgendem merclichem Spruch schleußt: Alle
,, die grossen Vnfäll/ vnd schwere Betrübnussen/ so wir nach der Zeit an/ biß auff den
,, heutigen Tag gehabt vnd erlitten/ lehren vns/ daß man wider auffgerichte Bündtnus-
,, sen vnd Verträg nicht soll handlen: wenn sie gleich mit denen getroffen vnd bestetigt/
,, so nicht vnsers Glaubens vnd Religion. Aber die Osmanier wöllen/ es sey durch jhr

Meineyd in zweyen fällen den Türcken erlaubt.
Muhametisch Gesatz/ Alcaron genañt/ jnen erlaubt/ in Sachen/ so Land vnd Leut betreffen/ nach jhrem Vortheil zu erwegen/ ob man dem Feind Trew vnd Glauben halten soll: vnd daß sie wider das/ so den Gaurn versprochen/ jhres gefallens handlen mögen. Das ander Paradoxum ist vns auch etwas seltzamer/ vñ vngewohnlicher/ daß das erst: dadurch sie vns begeren zu bereden/ jr Osmanisch Reich würde bißher nit so lang gewehrt haben/ da nicht durch vnerhörte Mordt bey andern Völckern/ allweg einer deß Osmanier Geschlechts/ auff daß er allein köndt regieren/ seine Brüder vnd Brüder Kinder nach einander/ eben zu Eingang seiner Regierung hett vmbbracht. Diß halten sie für das Fundament vnd Grundtfest jrer Herrschung/ vnd für das einig Ex-

2. Türckisch Reich durch Mordt bestetigt.

empel

Histori. Vorred.

tempel Göttlicher Regierung auff Erden: daß/ wie Gott im Himmel alles allein regiert/ also auch der Erdenkreiß nur einem einigen Osmanier zum Herrn hab. Auß dieser Erzehlung so vielfältiger Sachen/ welche sonst in grossen gewaltigen Königreichen und Fürstenthumen ungewohnlich/ kan man nun gnugsam spüren/ welcher massen in dieser Nation viel zu verwundern/ auch wol würdig/ auß vielen Vrsachen/ daß mans vollkömlicher fasse/ dañ bißhero geschehen/ vnd vnserm gemeinen Wesen zu nutz vnd frommen an Tag bring. Mein Person belangend/ ob ich wol je bekennen soll/ daß etwa diß falls durch mich in verfertigung einer solchen Histori mehr möcht verricht werden/ dann vielleicht sonst durch keinen andern/ der nur auß denen bißhero getruckten Büchern ein Erfahrung Türckischer Sachen erlangt zu haben vermeint: weil ich zu jnen hinein gereyst/ vnd nicht allein gesehen/ was in dem gewaltigen Reich vns Frembden vnd Außländischen verwunderlich fürkompt/ sonder auch mir fürgenommen/ fleissige Nachforschung in allen denen Sachen zu haben/ so der Türcken Histori betreffen: Dazu dann nicht ein geringer Vortheil vnd Hülff mir auch zugestanden auß jren eygnen Schrifften vnd Büchern/ welche deß Laonici Chalcocondylis/ vnd anderer Scribenten Historien/ von Türckischen Geschichten/ weit vbertreffen: so häts doch wenig gefehlt/ daß ich mich nicht lassen abschrecken/ weil das Werck an jm selbst fast schwer/ vnd ich gleich anfengklich gespürt/ was für ein rauhen vngebahnten Weg ich mir in verfertigung desselben für die Hand nemmen müste. Dann ich für Augen sahe/ wie das meist theil der Histori müst auß den Türckischen Monumenten genommen vnnd geschöpfft werden/ in welchen fast alles/ nach jhrem Brauch/ kurtz verfasst/ vnd mehr verzeichnet/ dann beschrieben wirdt: darumb alles dest tunckler/ vnd schwerer zu verstehen. So kam mir auch in dem nicht weniger vnlust vnd mühe vor/ daß die Türcken jre Geschicht viel anderst erzehlen/ dann die Griechen/ vnd vnsere Scribenten: auch dermassen strittig seynd/ daß mans entweder gar nicht/ oder je schwerlich zusammen reimen vnd vergleichen kan. Wil geschweigen/ daß sampt der veränderung der Herrschafft/ auch die Namen der Provintzen/ Stett/ Schlösser/ Berg/ Wasser/ so wol im Asiatischen/ als auch Europeischen Griechenland/ vnd in andern Landtschafften/ gar sehr verwechßlet vnd verkehrt: welche da mans nicht erklärt/ vnd mit den Alten Namen vergleicht/ verhindern pflegen/ daß die Leser nicht ein solchen Lust einnemmen/ dessen sie gemeiniglich auß den Historien gewertig. Wie schwer aber dieselb erklärung einen ankompt/ laß ich die mit der That erfahren/ so es begeren zu versuchen. Jedoch hab ich zuletst/ in vertrauwen auff dessen Hülff/ der ein Stiffter aller grossen Reich auff Erden/ nicht allein in deren/ so dem Menschlichen Geschlecht zu Heyl vnd Wolfart/ sondern auch zur Straff verordnet: vnd der da wil/ daß man seine Herrliche Göttliche Werck/ Meynung vnd Rath/ in erweckung/ im auffnemmen/ in bestetigung/ vnd auch in zerstörung derselben Herrschafften zu seiner bestimpten zeit/ wol zu gemüth führen vnd erwegen soll: alle diese fürfallende Verhinderungen hindan gesetzt/ vnd mich einer so mühesamen Arbeyt/ seiner hohen vnendtlichen Weißheit zu thuen/ vnnd vnsers geliebten Vatterlands gemeinem Wesen zu nutz/ nicht gescheuhet zu vnterwinden: auch zu das neben demütig gebetten/ er wolt zu vorhaben dem Werck/ dasselb glücklich zu vollenden/ sein Göttlich Gnad verleihen.

Ob nun wol kein zweiffel/ es sey der Türckischen Nation Namen/ auch ehe/ dann der Alcoran vom Muhamet herfür bracht/ bekandt gewest/ wie solches droben auß dem Cedrino beweisen: so hab ich doch der Türcken Histori von der zeit an/ wöllen anfahen/ da sie durch die Muhametisch Schwermerey neuwlich eingenommen/ sich* Musulmanlar genennt/ das ist Rechtglaubige/ mit einem scheinbarn/ aber doch mit vnwarheit angemasten Namen. Darum ich dan auch diesem meinem Werck den Titul Historiæ Musulmanæ Türckischer Nation/ hab geben wöllen: damit nicht jemand etwa von mir noch ältere Geschicht diß Volcks gedenck zu erfahren/ so meins erachtens auch den Türcken selbst vnbekandt. Es kan aber die Musulmanisch Historia nicht gefasst werden/ ohn vorgehende meldung deß Muhamets/ so deß Musulmanischen Gesatzes vnd Cerimonien ein Anfaher vnd Stiffter gewest/ vnd auch seiner Nachfahrn/ so man die Chaliphen nennet/ wie dann die Türcken selbst jhren Historien solches nicht vmbgangen

Der Autor hat Persönlich das Türckisch Wesen besichtiget.

Ziel deß Autors.

Anfang der Histori.

Pandect. Turc. im 22. vnd 59. Capit.

Vrsach deß Tituls Historiæ Musulmanæ.

Das erste Buch Musulmattischer

gangen zu inseriren: denen wir vmb so viel hierinn nachfolgen wöllen/ daß wir mit auffs kürtzest von diesen anzeigen/was bey jhnen gefunden wirdt: damit der fürnembsten Vertretter vnd Patronen deß Muhametischen Aberglaubens ordenliche Succession auff einander/bekandt sey/ vnd man daneben sehen könne/ wie auff die Arabischen vñ Abbasiler Chaliphen/ im Musulmanischen Reich/die Selzuckier vom Togra geborn: auff die Tograner/ die Aladinier/ so mit denselben eins Stammens gewesen:auff die Aladinier/die Oguzier/oder die Häupter derselben/ nemblich die Osmanier/gefolgt. Vnd diß alles wöllen wir von den Chaliphen/wie viel andere mehr seltzame Sachen in gegenwertiger Histori/ erzehlen/ vnd fürnemlich ziehen auß zweyen Büchern/an welchen ich guttwillig vnd frey bekenne/daß sie mir in Verrichtung fürgenommener Arbeit/gar ersprießlich gewesen. Das eine hat mir Herr Faustus Verantius/ Römisch. Keyser.auch zu Vngarn/ :c. König. Maiest.:c. Vngarischer Secretari/zu brauchen vergünt: der es vnder andern Sachen gefunden/ so sein Herr Vetter/ Herr Antonius Verantius/ erstlich Bischoff zu Agria oder Erla in Vngarn/vnd folgends Ertzbischoff zu Gran/ ein wolverdienter Mann vmb die gemeine Christenheit/ wegen etlicher Legation vnd Verschickungen an die Osmanisch Porten/löblich von jm verricht/nach sich verlassen. Das ander hab ich bekommen vom Herrn Philips Hauiwald von Eckerstorff/Fürstlich.Durchl.Ertzhertzog Ernsten zu Österreich/:c. fürnehmen Hofdiener/ der mirs auß sondern freundtlichem Brüderlichem vertrawen geliehen. Dann er zu Constantinopol/ da er etlich Jar ansehenlich gelebt/den Murat Begen/seiner Nation ein Vngarn/vor Jarn d' Osmanischẽ Porten Oberstẽ Dragoman oder Dolmetschen/den ich in meiner Reyß gekent hab/ein erfahrnen Mann in vielen Sprachen/als nemlich der Arabischen/Persianischen/ Türckischen/Lateinischen/(jedoch der groben/ weil er in der Jugend gefangen/vnnd bey den Türcken ein hohes Alter erreycht)der Vngarischen vnd Crabatischen/ mittäglichen Geschencken dahin beweget: daß er jm zu gefallen außerlesene Sachen auß der Türcken Historien abgeschrieben/vertiert/vnd mitgetheilt. Vñ hab ich zwar mit der That befunden/daß er wol etwas guts verricht/obs gleich Barbarisch gestellt: vnd daß mir solche sein Arbeit zu meinem Vorhaben/vnd zu erklärung vnd vollkomner fassung der Türckischen Histori/sehr wol gedient/vnd vielfaltig zu nutz kommen.

Damit wir nun zur Sachen schreiten/ ist zu wissen/ daß die Türcken in jren Historien melden/ vñ mit Namen auch jre Autores anziehen/den Zeineli Arcb/den Tirmedi/vnd den Curtubi:wie Muhamet jhr Prophet erschienen bey wehrender Regierung deß Keysers Flauij Heraclij/so von jhnen Herchil wirdt genannt/vnd als ein gerechter/ gütiger/ milter vnd freyer Fürst gelobt. Vnd ward gesagter Muhamet (wie sie selbst schreiben)bey der Nacht geborn/so zum Montag gehörig/welcher damals der zwölffte deß Monats † Rebiul -- Euel. Diefelb Nacht ist die Cuba/das ist/ das runde Dach im Königlichen Pallast Hosireuans (Chorsoes in den Griechischen Historien genannt) Königs der Aiemier oder Persier/in der Statt Mudain eingefallen/ vnd vom Erdrich verschlunden. Auch ist im gemeldten Aiemier Land das jmerwehrend heilig Fewr/ welches die Persier in jrer Sprach Orimasda genannt/vnd gar vhraltem Brauche nach/an statt der Sonnen pflegen anzubetten/ von jm selbst dermassen erloschen: daß es nach der zeit niemals mehr sich angezündt/ noch gebrunnen. Jedoch melden der Christen Historien von diesem Fewer/ wie es zwar zu derselben zeit von gedachtem Keyser Heraclio/in seiner Kriegs Expedition wider den Persischen König Chosroes/ erlescht vnd außgetilgt worden. Gleichßfalls schreibt Cedrinus/es hab damals auch derselb Keyser Heraclius gemeldts Königs Chosrois Bildtnuß einreissen vnd erniderwerffen lassen/welches auff dem runden Dach oder Cuba deß Königlichen Pallasts/ gleich als auff einem Hümmel saß: vnd waren rings vmb das Bildtnuß herumb gemacht/ die Sonn/der Mon/die Sternen: vnnd stunden auch Engel herumb: Item waren etlich kunstreiche Werck zugericht/dadurch man kund tröpfflen/oder ein Regen machen/sampt dem Donder. Vnd läßt sich ansehen/ daß diese Fabeln der Saracener/ jren Vrsprung gehabt auß der zerstörung diß Wercks. Item sol der See/ genannt Saua/ so weit vnd breyt sich erstreckt/ (andere wöllen/ Zaua sey ein fliessendes Wasser) jn

Marginalia:
- Wie die Musulmanischen Reich auff einander gefolgt.
- Faustus Verantius.
- Herr Antonius Verantius Ertzbischoff :c.
- Philips Hauiwald von Eckersdorff.
- Murat beg Dragoman Zcini.
- Muhamet vnderm Keyser Heraclio.
- Muhamets Geburt.
- Paudect. im 11. Cap.
- Das heilig Fewer in Persia erloschen.
- König Chosrois Bildtnuß.

Histori. Der Agarener Chaliphen.

ser) in demselben Persierlandt gantz vnd gar außgetrucknet seyn. Daneben ist auch (wie sie melden) die stattliche Cuba der hochberühmbten Kirchen Sant Sophien/ das ist Christi der Göttlichen Weißheit/ von Türcken Aia Sophia/ von Griechen Hagia Sophia genannt/ zu Constantinopol eingefallen: vnnd gleichermassen in vnterschiedlichen Landen vnnd Orten seind dieselb Nacht/ als Muhamet geborn/ biß in die tausendt vnd einer Kirchen runde Dächer oder Cubæ/on Menschen Hand/ herab gestürtzt worden/ vnd von sich selbs eingefallen. Vnd setzen die Saracener auch ein greiffliche Fabel dazu/ als wann die Christen folgends nicht haben können gedachte tausendt vnd eine Kirchen wider auffbauwen / außgenommen das einig Gebäw zu
10 Santa Sophia: welches sie vielfältig sich vnterwunden zu ernewern/ vnd da es nicht wöllen gerahten/ nach eingenommener Vrsach/ jr Abgesandten zum Muhamet abgefertigt/ von jm erlaubnuß/gemeldts Werck zu ernewern/ zu begeren. Dawider sey Muhamet nicht gewest/ auß Vrsachen/ daß solche Kirchen zu Sant Sophia/ endtlich einem Volck/ welches seinem Gesatz würd folgen/ zu theil solte werden. Auch geben die Türcken für gewiß auß/ Keyser Heraclius sey ein Musulman gewest: aber hab auß forcht der Christen auffsatzes/ die Muhametisch Religion nicht dürffen bekennen. Solches ist/ meins erachtens/daher geflossen/ daß der Keyser Heraclius der Monotheliter Sect vñ Ketzerey anhengig war: dero entweder Anfänger/oder vertheydiger gewest Sergius/ der Abt im Kloster Callistrati zu Constantinopol: (wel-
20 chen die Griechen Pseudabbas/ das ist/ den verneynten Geistlichen Vatter vnd Abt/ vnd auch den verfluchten Münch in jhren Historien nennen) vnd als er eben gedachter Ketzerey halben auß der Statt vertrieben vnd verwiesen/ in Palæstinam vnd Arabiam geflohen: soll er dem Muhamet bekast vnd vertrawt worden seyn/ vnd jm also viel Gottsläsrerliche Sachen eingebildt haben/ darauß der Muhamet die grewlich Chimæram vñ Wunderthier seiner Schwermerey geschöpfft vnd erdicht. Von deß Keysers Heraclij Son vnd Nachfahr im Reich/ schreiben sie: er hab die Jmania/ oder die Lehr vñ Religion deß Muhamets nicht angenommen: welches mit der Christen Historien vberein stimpt/ so da melden/ Heraclius der Jünger/ mit dem Zunamen Constantinus/ sey der rechten meynung in Religionssachen/ vnd deß Vatters Erb vnd
30 Nachfolger allein im Reich/ aber nit in der verkehrten Lehr gewesen. Beschließlich melden sie vom Muhamet/ er hab das Propheten Ampt biß in die 23. Jar geführt/ vnd in alles 63. Jahr gelebt.   Nach dem er nuhn auß dieser Welt verschieden/ hat er vier Nachfolger im Regiment/ vñ außbreytung seins Gesatzs/ nach jm verlassen/ deren ein jeglicher auff den andern kommen. Dieselben haben sie genannt Chaliphe oder Helise/ das ist/ seine Vicarien/ oder Statthalter auff Erden.

Der erst Bapst oder Vorsteher vber Religions sachen vnd Cerimonien / Mumini bey jnen genannt/ ist vnter diesen gewest Ebubekir/ mit dem Zunamen Sidik/ welches so viel heist/ als jnniglich glaubig/ wie sie es selbst außlegen.   Der Christen Historischreiber geben jm ein corrumpirten Namen Abubachar/ oder Eubocara/ oder Beber-
40 ce: desgleichen ein Zunammen Abdalla/ welches so viel heist/ als Gottsschalck oder Gotts knecht. Hat das Ampt zwey Jar/ vñ vier Monat lang verwalt/ vnd da er 63. Jar gelebt/ ist er in sein Hauß/ eins Natürlichen tods verschieden/ vñ nit vmbbracht worden.

An seine Stell ist kommen Omer/ in der Christen Historien Aomar/ vnd Vmar/ vnd Haumar genannt: ein Son Hatab/ der auch entweder Al--Hata/ oder ohn den Arabischen Articul/ Chata nicht recht geschrieben wirdt. Hat 10. Jar/ vnd 6. Monat regiert/ 65. Jar gelebt: vnd ward mit einem Tolchen/ Hantzer auff Türckisch genannt/ durch einen vmbbracht/ den die Türcken Ebuluili/ der Christen Historien Almagra nennen. Auch wöllen die vnsern/er sey deß Omers knecht gewesen/ oder sein Leibeygner: die Agarener aber/ sein Trabant. Melden auch/ er sey durch desselben Bößwichts
50 Mord/ ein Sehid geworden/ wie sie pflegen zu reden: oder wie die vnsern/ ein Seliger/ oder Heiliger/ oder Martyrer.   Item sagen/ es sey der Omer neben dem Monument deß Muhamets selbs/ begraben worden.   Nach dem Omer/ ist Osman Chalipha worden/ deß Vatter wirdt von etlichen Saracenern Accan/ von andern Affan: von der Christen Scribenten zum theil Alphen/ (gleich als Al--Aphen) zum theil Tuphan genennt. Ich halt/ Aphan sey recht/ oder Affan/ wie der Murat-

Marginalia: Keyser Heraclius ein Musulman. Sergius/ deß Muhamets Præceptor. Die Muhametischen Vicarien oder Statthalter auff Erden. Der erst Musulmanisch Bapst. Sidik. Abdalla. Der ander wirdt erstochen. Was Sehid heisse.

Das erste Buch Musulmanischer

beg schreibt. Ist 22. Jar/ vnd 10. Monat/ dem Regiment vorgestanden: hat sechs vnd achtzig Jar gelebt. Ward in seinem eygnen Hauß vmbbracht/ vnd volgends durch die Musulmaner vnter jre Schid/ oder Heiligen/ angenommen vnd geehret.

Der dritt auch vmbbracht.

Nach dem der Osman erschlagen/ ist auff in gefolgt Ali/ ein Son Abitalib oder Ebutalib/ der in Griechischen Historien Alim wirdt genennt. Die Muhametaner heissen jhn gemeinglich Imam/ welches wort so viel heist/ als ein Lehrer oder Præceptor, dem man gehorsam schuldig: vnd läßt sichs ansehen/ als ob der Nam der Imamier Sect bey den Muhametischen/ zu deren sich die Persianer vñ Sophiner noch heutigs Tags bekennen/ vñ den Ali in grossen Ehren halten/ eben daher seinen Vrsprung genommen. Jedoch halt ich/ diß wort bedeut in gemein so viel/ als eine Lehr. Dieser Ali hat den 25. Tag deß Monats Silchidze sein Regiment angefangen/ im 35. Jar/ nach dem Muhamet verschieden: vnd als er 4. Jar/ 9. Monat dasselb versehen/ ist er im 65. Jar seines Alters vmbkommen. Dann da er an einem Freytag/ welcher damals war der Tag einer Fasten/ so bey den Musulmanlar Vrug genannt/ in die Statt Giose oder Kiose/ (so schreibens die Türcken/ vnnd verstehen Joppe die Statt in Palæstina. Sonst melden andere Basra/ welches ist die Statt Bostra in Arabien) das MorgenGebet daselbst zuhalten/ kömmen war: ist er von einem/ Ibni--Mulzem vom Murat Beg/ von andern nur Melzum genannt/ vnwerschenlich erschlagen/ vnd also in der Schid oder der Heiligen Canon (wie vnsere Leut pflegen zu reden) kommen. War am 8. Tag deß Monats Zumasiul--Euel geborn/ vnd kam vmb/ den 15. Tag deß Monats Ramasan. Soll ein trefflicher Kriegsmann gewest seyn/ vnd auch mit eygner Hand vnzählich viel Christen in vielen Treffen erlegt haben. Daher dann der Muhametaner Fablen von seinem Sulficar jren Vrsprung gewonnen/ (also nennen sie deß Ali Säbel) von dem sie sagen/ wenn er jhn außgezogen/ hab er sich von einander gethan/ sey 18. Eln lang gewest. Als dann hab in der Ali wider die Gaur oder Christen braucht/ vnd sie zu beyden seiten nicht anderst hinweg gemähet/ dann wie die Mäder das Treyd mit der Senssen hinweg hauwen/ vnd nider stürtzen. Item/ er hab auch † Berg vnd Felsen mit demselben seinem Sulficar von einander gehauwen. Daher dann bey jhnen breuchlich/ daß in der Musulmanlar Fendlin dieser Sulficar oder Säbel deß Ali gemacht wirdt/ als der jhnen alle Wolfarth vnnd Glück/ den Christen aber nur Vnfall vnd Schaden bedeut vnd bringe. Auch pflegen sie durch jre Pfaffen/ Hozzalar vnd Talismanlar genannt/ sowol für sich/ a's jhre Roß/ geweichte oder gesegnete Sachen zurichten lassen/ vnd dieselben jren Pferden an Halß hencken/ wenn sie wider die Feind außziehen wöllen/ vnd halten für gewiß/ sie seyen dadurch Stich vñ Schußfrey/ auch sonst schadloß vorm Feind. Diß seind lange Zettel/ die man gleich wie die Rolen in einander wiglet: vnd halten in sich etliche Zauberische vnd Abergläubische Gebet/ vnd wirdt allzeit deß Ali drinnen gedacht. Die Türcken nennens Hamaili vnd Nusca/ Ludwig Bassan von Zara schreibets Chamalic. Ein solchen Musulmanischen Segen/ hab ich gesehen bey dem Edlen Gestrengen Herrn Hieronymus Beck von Leopoldstorff/ Röm. Keys. Maiest. zc. Hoffkammer Rath/ in dem auch folgende wort in jhrer Spraach geschrieben waren: Jaseta/ iaseta/ illa Ali ia seife illa sulficar: das ist/ Thue dich auff/ thue dich auff/ du bist deß Ali Sulficar oder Säbel. So viel halten sie auff jren Ali/ wegen seines dapffern verhaltens in Kriegs Sachen.

Imam Ali.

Imamier Sect/ der Sophiner.

Ali wirdt auch erschlagen.

Deß Ali Sulficar.

† *Besihe das 155. Capit. Pauli decijs zu End der Reyß auff Mecca.*

Der Türcken Hamaili.

Nach deß Vatters tödtlichen Abgang/ ist das Chaliphat kommen auff den Imam † Chasan od' Hasan/ welcher deß Ali Son gewesen/ geborn auß deß Muhamets Tochter/ Fatime genannt: vnd hat dieser Hasan bey andern den Namen Al--Haten/ durch zusetzung deß Arabischen Articuls Al/ vnd veränderung deß Hasen oder Hasan in Haten/ nach dem brauch deß gemeinen Manns/ wie derselb auch pflegt Otman zu sagen/ an statt deß Osman. Hat das Vicariat--Ampt nur 9. Monat/ vnd 11. Tag lang verwalt/ vnd ward in der Statt Medina/ dero deß Muhamets Grab ein grossen Namen geben/ durch Gifft hingericht/ seins Alters im 45. Jar/ vnd in die Zal der Schid angenommen.

† *Dessen Meßsit zu Alcair. Pandect. im 213. Cap.*

Imam Chusem.

Nach dem todt deß Bruders Chasan/ hat der Imam Chusein oder Husein/

Histori. Der Agarener Chaliphen.

der auch deß Ali Sohn/ Muhamets Enickel gewest/ das Chaliphat erlangt: von den vnsern genannt Al-Huacin/ durch zusetzung deß Arabischen Articuls/ vnd verkehrung deß rechten Namens. Jedoch gedencken der Christen Historici seiner gar nicht in erzehlung der Chaliphen: Vnd ist gleichwol gewiß/ auß der Muhametaner Historien/ er sey 4. Jahr lang Vorsteher der Mumini/ oder der Musulmanischen Religion Sachen/ gewesen: vnd als er 51. Jahr seines Lebens erreychet/ hab man jhn vmbbracht im Feld Gerbela/ oder Kerbela/ wie der Murat schreibet. Vnd sey nach seinem Todt den Ehren gewürdigt worden/ daß man jhn nach der Agarener brauch Canonisirt. Auch thun sie meldung in deß Tatarischen Fürsten/ Temur Chans Histori/ wie ein Agarenischer Emir oder Fürst/ Jezid genannt/ deß Muhamets Enickel/ von seiner Tochter geborn/ Hasan vnd Husein/ (die Griechen vnd andere schreiben vnd pronunciren Chasan vnd Chusein) deß Ali Söhn/ hab vmb jhr Leben bracht. Aber nach dem der Temur Chan die Statt Damasco eingenommen/ vnd vernommen/ wie gedachts Jezid Grab daselbst vorhanden/ hab er solche schmach vnd Iniurien wöllen rechen. Dan er befohlen/ man solt seinem Grab nachfragen/ vnd demnach man sein Cörpel gefunden/ sein Gebeyn verbrennen/ vñ das Grab mit Menschen kaat anfüllen lassen. Nun möcht villeicht einer meynen/ dieser Jezid sey gewest ein Son deß Muauia/ welcher im Chaliphat auff den Chusein gefolgt/ wie dañ auch deß Muauia Nachfahr von etlichen der vnsern Jezid wirdt genennt: gleich als wenn derselb auß Befelch seines Vatters/ so nach deß Osmans Chalipha todt/ eben so wol deß Ali/ als auch seiner Söhne Feind gewest soll seyn/ den Chasan vnd Chusein hingerichtet hett. Aber man spürt auß der Historia selbs/ so wol der Saracenischen/ als auch der vnsern/ daß gemeldtes Muauia Sohn vnnd Nachfahr nicht Jezid/ sonder Aziz hab geheissen/ darauß der Cedrinus Ezid gemacht/ durch verwechslung der Buchstaben D vnd Z/ welche bey den Arabern breuchlich: vnd daß neben dem auch dieser Jezid von den Agarenern/ wegen der bösen Tück/ wie gesagt/ so er deß Muhamets Enicklen bewiesen/ für ein Mörder vnd Ketzer gehalten worden.

Auff diese Chaliphen ist im Vicariat oder Statthalter Ampt gefolgt Muauia/ damals vnter deß Propheten Nachfolger der fürnembst/ im 43. Jar nach absterben deß Muhamets. Derselb hat ein Armata zu Wasser zugericht/ vnd ist auff Rhodi zugefahren: hat die Statt belägert/ gestürmt/ vnd endlich in die noth bracht/ daß sie an erhaltung derselben/ auch frembder Hülff vnd Entsatzung verzagt/ vñ sich ergeben/ mit dem gediug/ sie solten järlich jhren Tribut reychen/ Harai bey den Agarenern genannt. Es hat dieser Muauia zu seinem Hoflager jm die Statt in Soria/ Schant genannt/ vnd vorzeiten Damascus/ erwehlet.

Im nechstfolgendem Jahr/ nemblich im 44. nach deß Muhamets todt/ hat er seinen Vezir oder Rath/ (also nennens die Araber/ die Griechen Protosymbulos/ das ist Vezir-azem oder Oberster Rath) Artali genant/ mit einer Armata von 200. Schiffen/ vnd einem Kriegßvolck von 40. tausent Mann/ die Christen mit Krieg anzugreiffen/ auff Constantinopol abgefertigt. Die Griechischen Historici melden/ solches hab sich zugetragen im 13. Jahr der Regierung Keysers Constantis/ so deß Keysers Heraclij Enickel gewest/ vnd nennen den Obersten vber die Armata/ Abu-Lauar: machen also auß dem Namen Artal/ ein anderi Namen Lauar/ als Griechen/ vnnd der Arabischen Spraach nicht kündig. Dann belangend das erst wort Abu/ oder in Saracenischer Spraach/ Ebu/ daselb gehört nicht zu seinem rechten Namen/ sondern soll gleich als für einen Ehrentitul gehalten werden. Dann es heisst so viel als Vatter. Vnd ward der Artali also genannt/ weil er deß Chaliphen Rath war/ zu einer sondern Ehr erzeigung. Dieser Artal hat das Land vmb Constantinopol herumb/ gantz vnd gar mit Feuwer vnnd dem Schwerdt verherget/ auch viel Volcks ohn zahl/ mit einer stattlichen Beut/ hinweg gefüh̊rt. Als er im Abzug war/ seind jhm die Francken nachgezogen/ (also pflegen die Türcken eben die Occidentalischen Völcker zu nennen/ vnnd innsonderheit die Italianer: welche damals meist theils/ sampt der Statt Rom/ den Keysern zu Constantinopol noch vnderthenig waren) vnd auch das Griechisch Kriegßvolck. Als nun dieser Feind Armata an die Agarener kommen/ ist

Jezid hat deß Muhamets Enickel vmbbracht.

Die erst Expedition der Saracener wider Constantinopol.

Was Abu oder Ebu.

Was Franck bey den Türcken.

auch

Das erste Buch Musulmanischer

auch der Artal Vezir auß dem Port gefahren/hat die Giafir oder Christen angriffen/ ein Schlacht auffm Meer mit jhnen gehalten/ sie oberwunden/ erlegt/ ins Meer gestürtzt. Die obrigen Christen haben die Flucht auff Constantinopol genommen/ vnd als der Artal gesehen/daß er jhm zu der zeit kein gewisse hoffnung machen köndt/ derselben Statt etwas abzugewinnen: hat er jnt/an eroberter Schlacht zu Wasser/gnůgen lassen/vnd ist mit einer stattlichen vnd reichen Beut wider auff Damasco zugezogen. Die Griechen schreiben/diß hab sich zugetragen bey einem Port deß Meers im Land Lycia/Phoenix genannt/ dem noch heutigs Tags vnsere Marinari den Namen Porto Finicho geben: nicht ohn groß Blutvergiessen vñ Niderlag der Christen/durch deren Blut das Meer geferbt/ vnd rot worden sey.   Der Keyser Constans hat die Nacht zuvor/ehe dann die Schlacht geschehen/ein Traum gehabt/ in welchem jhme fürkommen/er wer zu Thessaloniki gewesen. Als nun der Außleger der Träum/ das wort Thessalonikin (welches sonst einer Statt Namen im Griechenland) gehört: hat ers als bald von einander zertheilt/ vnd auff Griechisch gesprochen/Thes alko nikin/ das ist/ Laß ein andern den Sieg. Derwegen als deß andern Tags sein Volck oberwunden ward/ hat der Keyser einen andern an seiner Stell mit seinem Keyserlichem Kleyd zieren lassen/vnd ist er in schlechter Kleydung kaum durch ein Rennschifflein der gefahr entrunnen/ vnd mit wenig Leuten ghen Constantinopol kommen. Im neundten Jar hernach/welches war das 52. nach deß Muhametstodt/ ist der Nachfolger deß Propheten (die Saracener heissens ein Jünger) Ebu--Ezubi--Ensar/ oder Jnui-- Ensar/ (ist einerley Namen/daß daß nur das wort Ebu/ auß ohnlangst erklärter Vrsach hinzu gesetzt) mit fünfftzig tausendt Mañ/ vnd einer Armata von 500. Schiffen/ zu Constantinopol ankommen/ vnd hat die Statt sampt seinen Leuten belägert. Er bracht zween Spießgesellen mit sich in dieser Expedition/ ansehenlichs Herkommens vnd Standts bey den Arabern. Der ein hieß Abdulla/ ein Sohn deß Abbas/welcher von den vnsern Habbus wirdt genannt/ vnd war deß Muhamets Vetter/ deß Chaliphen Ebubekir Sohn/ der Aischa Bruder/so deß Muhamets ander Weib gewesen/ von derer er seine Tochter Fatime gezeuget/ Ali deß Chaliphen Eheweib. Der ander hieß auch Abdulla/ein Sohn deß Zubeir/ welchen doch der Murat--beg ein Son deß Zeid nennet. Daß aber diese Belägerung der Statt Constantinopol im 22. oder 23. Jar der Regierung Keysers Constantis angefangen worden/kan man lauter vnd klar durch die zeit selbst beweisen: ob gleich die Griechen allererst im fünfften Jar deß Keysers Constantini Pogonati/ so deß Constantis Son gewesen/derselben meldung thun. Dann sie hat sieben gantzer Jar gewehrt/ wie sie selbst bekennen. Vnnd da die Araber vergeblich sich vnterwunden/ Constantinopol einzunemmen/ vnd nun wider nach Hauß abziehen wolten: haben sie gleich im Anfang deß Abzugs/ die Stat Kyzico sampt derselben Haffen oder Port am Meer eingenommen: seind alle Jahr im Früling mit jhrer Armata von dannen außzogen/ haben die gantze Sommer zeit mit der Statt Belägerung zubracht:vnd als offt der Herbst vorhanden war/ ghen Kyzico sich ins Winterläger begeben: biß zuletzt jr Volck durch so vielfaltige Schlachten/Stürme/Scharmützel/ ober die maß abgenommen: auch jre Schiff durch ein künstlich zugericht feucht vnd Meer Fewr (gemeinglich das Griechisch Fewr genannt) vom Bawmeister Callinico angezündt/ verbrennt/vnd zu grundt gericht worden:vnd also endtlich im fünfften oder sechsten Jar deß Keysers Constantini Pogonati sie selbst ein anfang deß Vertrags vnnd Friedens gemacht/ vor der Statt abgezogen/mit schimpff vnd spott wider heimkehrt. Jedoch hat man erst hernacher den rechten Frieden/ als die Agarener durch die Mardaiten auffm Berg Libano ober die massen geplagt vnd angefochten/mit einem Rhum vnd Preiß deß Römischen Namens beschlossen vnnd auffgericht. Der Araber Feldtoberst Zuui--Ensar wirdt von den Griechen Suphian/der Son Aph genannt/ welche Namen etwas verkehrt: vnd ist meins erachtens das letst Aph oder Aff/ auß dem Abu gemacht: das erst Suphian/auß Zufi--Ansar gestümmelt. Welches zwar nicht zu verwundern/vnd weils nicht neuw/ daß die Namen in frembden Spraachen von Außländischen verkehrt werden. Der Suphian hat/ wie Cedrinus schreibt/mit den Römischen oder Griechischen dreyen Obersten/ dem Floro/ Petrona/

Geschwinde Außlegung eines Traums.

Die ander Expedition auff Constantinopol.

Der Abbasier Vrsprung.

Sibenjärige Belägerung der Statt.

Griechisch Fewr.

Fried mit den Saracenern.

Petrona/vnd Cypriano/ein Treffen gehalten/ in welchem 30.tausendt Araber erlegt
vnd auffm Platz blieben. Diß melden die Griechen von diser sibenjärigen Expedition
der Araber. Ich aber wil noch mehr hinzu setzen/ auß der Muhametaner Bücher.
Als in der Statt (sagen sie) die belägerten Christen sehr betrangt/ ward von den Ara=   *Constantinopol*
bern endlich an einem Freytag ein Sturm fürgenommen vnd angelauffen: in wel=   *gestürmet.*
chem als das ein theil die Mauren zu ersteigen/vnd mit Gewalt in die Statt zutringen
sich vnterwindt/das ander sich vnd die seinigen mit aller Macht vertheidinge/ schutzt
vnd schirmt/vnd durch eusserste Gegenwehr den Feind abtreibt:ward der Jubi--En=
sar mit einem Pfeil durch die Stirn/ oder (wie andere melden) durch ein Handt ge=
schossen vnnd verwundt. Darumb die Saracener vnverrichter Sach müssen vom
Sturm abziehen/vnd ein jeglicher sich an sein Ort verfügen. Als nun der Jubi--En=
sar gespürt/ daß er daselbst dieser Wunden sterben müste: hat er gleich seinen letzten
Willen dem Kriegsvolck zu verstehen geben/ vnd jhnen befohlen/ sie solten jhre Weh=
ren vnd Säbel wider in jhr Handen nemmen/vnd abermals zur Statt sich wenden/vnd
Sturm anlauffen:vnd also in wehrendem Treffen/ mit solcher Geschwindigkeit sein
Cörpel begraben/daß die Feind nicht kündten wissen noch mercken/ was sie vor hetten/
noch die Stelle der Begräbnuß erkennen. Da nun er gleich auff diese Wort verschieden/
seind die Araber alsbald jhres Obersten Befelch nachkommen. Als aber der Fürst zu
Constantinopol erfahren/daß bey den Jslamis(so nennen sich die Muhametaner/ als
einig vnd friedsam vnter einander) ein Fürtrefflicher vnd Hocherfahrner Mann vn=
kommen:hat er an die Häupter der Araber geschickt/vnd jhnen anzeigen lassen:Er wer
eygentlich in erfahrung kommen/daß einer vnter den hohen Personen in jhrem Läger
erschlagen:vnangesehen/ sie es mit List vnd Geschwindigkeit wölten bedecken vnd ver=
halten. Da die Saracener solches gehört/ vnd gemerckt/ wie die Christen verno=
men/was sich bey jnen zugetragen/haben sie mit dem Feind ein Frieden getroffen. Auch   *Verehrung der*
hat der Griechisch Keyser den fürnehmen Agarenischen Herrn köstliche Kleyder zuge=   *Kleyder bey den*
schickt vnd verehrt. Derhalben sie sich auff die Reyß ghen Damasco theils zu Was=   *Orientischen*
ser/theils zu Land/auffgemacht. Keyser Jurgi (den Namen geben jhme die Sarace=   *gemein.*
ner/als der Griechischen Sachen vnerfahren: vnd meynen doch den Keyser Constans/
Keysers Heraclij deß jüngern Sohn/deß ältern Enickel)hat ein Armata stattlich auß=
gerüst/zween fürnehme Herrn darüber verordnet / (sie nennens seine Söhn/ auß vn=
wissenheit fremd der Historien/ wie gesagt)vnd jhnen befohlen/ mit den Kriegsvolck
dem abziehenden Feind nach zuziehen. Als nun dieselben mit jhrer Schiffahrt in eyl
fortgeruckt/vnd die Armata der Feind erreychet: hat sich ein oberauß schrecklichs Tref=   *Streit zu Was=*
fen erhaben/welches Tag vnd Nacht aneinander gewehrt:vnd ist in demselben ein groß   *ser.*
Volck zu beyden Seiten entweder erschlagen/oder im Meer ersoffen. Einer/genannt
Abdulla/deß Sarcha Sohn/(etliche von vnsern Scribenten nennen diesen Zargar)
welcher Sarcha deß Osman Chalipha naher Vetter/weil er gesagtes Osman Groß=
vattern Bruders Sohn gewesen/hat sich so Ritterlich in diesem Streit mit angreif=
fung der Feind/vnd ermahnung der seinigen verhalten: daß auch oben her das Meer
selbs/wegen deß grossen Blutvergiessens/ein rot Purpurin Farb bekommen. Dann
dieser Abdulla/ deß Sarcha Sohn/ war ein beherzter großmühtiger Mann/ vnd   *Deß Abdulla/*
vberauß dapffer im Streit wider die Feind:ließ so vilmaln eiserne Haken in der Feinds   *Sarcha Sohns*
Schiff werffen/vn wenn die Schiff aneinander ghafft/sprang er alsbald zu jnen hin=   *Mannlichs*
ein/vnd ließ nicht nach zu streitten/biß er alles drinnen/ so wol von Kriegs als Schiffs=   *verhalten.*
leuten erschlagen/vnd die Schiff erobert. Derselb hat zu letzt einen vnter gedachten
beyden Herrn/mit eim Pfeil ein Aug außgeschossen. Als die Christen solches gesehen/
haben sie die Flucht wöllen nemen. Weil aber solches zu Wasser nit kundt geschehen/
auß Vrsachen/ daß jhre Schiff von deß Feinds Armata gar vmbgeben: seind sie an
Land gefahren/alsbald außgestiegen/vn haben hin vnd her/wie dann in der Flucht ge=
schehen pflegt/sich zerstreuwet. Darauff gleichermassen Abdulla/deß Sarcha Son/
auffs Landt sich sampt den seinigen begeben:den fliehenden Christen nachgeeylt/vnd
derselben nit ein geringen Hauffen erlegt:die zween Herrn gefangen/vn auffgehenckt:
die vbrigen Christen zum theil erwürgt/zum theil gefengklich angenommen/ jnen wol jr

b   Leben

Das erste Buch Musulmanischer

Leben gefrist/aber doch sie als Leibeygne davon geführt. Endlich seind sie mit einer vnsäglichen Beut ab vnd davon gefahren/auff Damasco sich zu begeben:vnd haben auff der Reyß 120. Kirchen der Christen / sampt 14. Schlössern zerstört. Als der Christen Keyser die Zeitung von dieser grossen Niderlag/ vnd darauff erfolgtem Schaden bekomen: sol er/wie die Muhametaner schreiben/auß grossem Hertzenleyd vñ Zorn/sich selbst haben vmbracht: wiewol auß der Christen Historien offenbar/ daß solches der Warheit nicht gemäß. Dañ Keyser Constans war zu der zeit in vngnaden/ so er auff die zu Constantinopol gelegt / in Sicilien gefahren: ist auch hernach zu Siragosa/ so eine Statt gemeldter Insul Sicilien/in einem Bad vnversehens vmbbracht/da jm seiner auß allen Krefften ein Badkübel auff den Kopff geschlagen. Er hett aber/ sagen die Türcken/noch ein andern Son/der hieß Constantinus/ vnd ist auff den Vatter im Reich gefolgt. Solches ist war/vnd recht von jnen gesagt. Dañ Keyser Constans hat einen Sohn gehabt/mit Namen Constantin/so der ältist vnter seinen Kindern/vñ nach deß Vattern todt/damit er die Empörung möcht stillen/welche sich in Sicilien erhaben/mit einer Armada zu Constantinopol abgefahren/ da jm der Bart nur einwenig herfür kam/ vnd folgends nach verrichten Sachen gantz Bärtig wider hinkommen. Darumb der gemein Mañ zu Constantinopol jme den Namen geben/Constantinus im Bart/od' in jrer Spraach/Pogonatus. Aber allhie setzen die Agarener ein Fabel/welche wol zu erzehlen/damit man sehe/wie die Leut zu der zeit durch ein krefftigen Irrthumb verblendt/nit allein bey den Griechen/vnd den vnsern/ sonder auch bey den Muhametanern/sich gantz vnd gar auff ertichtung Närrischer Mährlin/ nach der alten Weiber brauch/vnd der Heiligen vermeynte Wunderzeichen/ begeben:daß es schier sich ansehen läst/als ob sie auch in diesem wöllen miteinander streiten/wer dem andern würd obligen. Als der Constantinus/sprechen sie/zum Keyserthumb kommen/hat ein liechter heller Schein beym Grab deß Zubi-- Ensar/welches den Christen vnbekañt war/sich erzeigt. Da nun der Keyser Constantin solches wargenoñen/hat er es für ein wunderlichen vngewohnlichen Schein gehalten:vnd eben an das Ort ein Capellen / mit einer Cuba/oder runden gewelbten Dach/bauwen lassen. Alsbald hat sich ein grosses Wassfahrten der Leut dahin erhabē/solchs Wunder zubesehen: vnd ist auch durch ein newes Miracul deß Allmechtigen gerechtē Gottes/(diß seind der Muhametaner eygne wort) ein Brunnquellen lebendiges / lieblichs/ vnd heylsames Wassers daselbst gefunden worden:welches Brunnwasser die Leut an denen Orten in gläsern Fläschen/vñ andern Geschirrn gefaßt/vñ mit sich in Franckenland/(also nennen die Türcken das W ellischland/wie droben gemeldt) vnd andere Prouintzen der Christen geführt. Dann es war ein durchauß gemeine Artzney zu allen Gebrechen vnd Kranckheiten. Ward also deß Zubi-- Ensar Begräbnuß wegen deß vngewöhnlichen Glantzes/ vund deß krefftigen heylsamen Brunnwassers/in grossen Ehren vnd Würden gehalten. Es ist kein Ey dem andern so gleich/als diese Fabel vielen Legenden der vnsern ähnlich ist. Wir wöllen aber noch ein andern Bericht hören/der doch nur allein von mir in deß Herrn Fausti Verantij gesagtem Buch gefunden worden / welches sich läßt ansehen/ als ob der Dolmetsch ein Griech gewest/ der Türckischē Spraach wol kündig: aber der Italienischen/ so er gebraucht in vbersetzung der Türckischen Historien/ nicht sonders erfahren. Er hat sein Histori in 10. Bücher abgetheilt/vnd zu Eingang deß Wercks selbst verzeichnet/es sey geschrieben worden zu zeiten Sultan Baiasits deß andern/nemlich von 100. Jaren her/vngefährlich. Sonst findt man diesen Bericht in deß Haniwalden Histori gar nit. Wöllen nun sehen/ was dieser Scribent vns vom todt diß Zubi-- Ensar für gibt/so anderst laut/dañ droben erzehlt. Als der Zubi-- Ensar/spricht er/zu Constantinopol ankomen/die Statt theils zu Wasser mit der Armata / theils zu Land mit dem Kriegßvolck belägert/vñ nit in geringe Noth vñ Angst gesetzt: hat sichs zugetragen/ dz zu gleich die Ißlami draussen jr Vngelegenheit vnd vnlust musten einnemen/vnd daß gleichßfalls die Belägerte Giaferi in der Statt/neben an dn Betrübnussen mehr/auch hunger vñ noth an allen nottürfftigen sachen/ musten leiden. In dem halten die Giaferi Rath/ vnd schliessen endtlich/man solte Abgesandten an die Feind/mit folgendem Befelch/abfertigen: Es begerté die Christen zu wissen/warumb sie d'massen hallstarrig in der Belägerung jrer Statt verharreten/welche sie keins wegs bedacht auff zugeben/

ehe

Der Saracener vnwahrer Bericht.

Waher der Nam Pogonatus kommen.

Muhametischer Heiligen Wunderzeichen.

Auß deß H. Verantij Türckischen Histori noch ein ander Bericht.

Der Belägerten Christen Botschafft an die Feind.

Histori. Der Agarener Chaliphen.   15

ehe dann sie alle hingericht/vnd vmbkommen. Versehen sich aber keins wegs/daß man sie/die Belägerten/in solche gefahr/vnd eusserist noth/werd können bringen. Da sie jhnen etwas anders fürgenommen/vnnd begerten zu erlangen: solten sie dasselbig nur denen in der Statt vermelden. Wölten darob Rath halten/vnd jhnen hinwider jhr Bedencken vnd Meynung zu wissen thun. Solten in keinen Weg gedencken/ daß sie/die Belägerten/ nicht wisten/ welcher massen es bey jhnen im Läger vnd auff der Armata diese zeit ein gestalt hab/vnd wie die Sachen beschaffen/auch was für Beschwerlichkeit jnen schon angefangen zu zustehen: da doch bißhero sie der Statt nichts können abgewinnen. Im fall sie vnfürsichtiglich auff jhrem Vorhaben würden bestehen/möchten sie viel weniger die Statt können erobern/wegen täglichs/ ja stündlichs zunehmen der Vngelegenheit. Als der Zubi--Ensar dieser Bottschafft werbung vernommen/hat er seine fürnehme Herrn vnd Befelchsleut zu sich fordern lassen. Da man nun zusammen kommen/vnd die Sach in Rath gezogen: thet jederman bekennen/die Giaferi sagten recht/daß hinfüro der Statt erobrung jnen schwerer fallen würd: weil im Läger grosser mangel an Prouiant/vnd die Kriegßleut durch mancherley mühe vnd arbeit in krefften abgenommen. Jedoch wisse man auch wol / daß gleichermassen die Giaferi sehr geschwecht/vnd schier vnleidliche Sachen dulden müsten. Haben derhalben für gut angesehen/ man solt den Belägerten zu Antwort geben: daß die Musulmaner nichts höhers begerten noch wünschten/ dann daß jhnen erlaubt würd/zween Psalmen in der Kirchen Santa Sophia zu sprechen vnd Gott dadurch an zuruffen. Verhofften auch/ die Christen würden nicht fast diesem jhren Begeren zuwider seyn. Dañ sie wenig Bedenckens haben würden/den Musulmanern zu erlauben/in Constantinopol zween Psalmen zu sprechen/vnnd dadurch sich selbst/ sampt den jhrigen/ einer so schweren Belägerung zu ledigen. Auch ward gemeldt/ man solt jhnen lassen anzeigen/es keine solche begird der Musulmaner daher/ daß sie von jhrem Propheten vernommen/der Paradeiß werd denen geöffnet/so zween Psalmen in S. Sophien Tempel zu Constantinopol sprechen können. Vnd weil jhnen solches eingefallen/hetten sie ein so leichte/ vnd daneben Heilige Sach von jhnen wollen begeren. Als nun den Christen diese Antwort geben/hat jhr Keyser seine Räth zusammen fordern lassen/vnd jhnen aufferlegt:es solt ein jeglicher sein Meynung vnnd Bedencken anzeigen/ob sie für gut ansehen/ daß man die Agarener in die Statt/vnd S.Sophien Kirch/daselbst Gott an zuruffen/einließ. Alsbald haben sie alle einhelliglich geantwort/man solt keins wegs ein gewündschte Gelegenheit/die Statt sampt dem gantzen Reich zu erhalten/auß den Henden lassen. Sey gar ein schlechte Sach/ vnd kündt leichtlich zugelassen werden. Ausser diß mittels/ laß sichs ansehen/als obs mit jhrem gemeinem Vatterland auffs eusserist kommen. Ward derhalben einer an den Zubi--Ensar abgefertigt/ jhm an zuzeigen: wie die Christen verneynten/weil die Agarener in so grosser anzahl vorhanden/ es würd nicht ohn gefahr abgehen/da man sie all in die Statt/jr Gebet zu verrichten/einließ: zu dem/daß auch ein solches ein/ vnd außziehen/kein endt würde haben. Derhalben solten nur die fürnembsten vnter jhnen kommen/so wolten sie denselben erlauben in die Statt zuziehen/vnd jrem gelübd nach/ das Gebet zu halten. Als die Jßlami solches gehört/ haben sie darauff geantwort/es würd jrem Begeren ein guts gnügen geschehen/da man nur einem Außschuß deß gantzen Hauffens/von 1000. Personen/erlauben wölt/die Sachen in der Statt vnnd gemeldter Kirchen zu verrichten. Da der Keyser das vernommen/ hat er gutwillig zugeben/ daß von gesagten tausendt Personen/ auff ein mal 500. mit einander in die Statt eingelassen würden. Hierinn ward zu beyden seiten bewilligt/jedoch auch mit dem geding/daß die Agarener in die Statt zu Wasser kommen solten. Deßwegen ist der Feldtoberst Zubi--Ensar mit 500. seiner Leut/der Ansehenlichsten/ vnd ziemlich betagten/zu Schiff gangen/vber Meer gefahren/vnd zu einem Statt Thor angeländet/welches damals das Pectin Thör ward genannt/ auß Vrsach/daß gerad gegen vber/jenseid deß Wassers/vber den Arm deß Meers/Sinus Ceratinus genannt/ ein kleins † Wasser/bey den Alten Barbyses/vñ noch heutigs Tags Pectin genannt/ † Besihe das neben der Alten Kirchen Sant Mamas/ in gesagten Arm deß Meers/ gegen dieselm 139.Cap. Pau-
bectis/vnd das
Thor

Das erste Buch Musulmanischer

100. vom eylfften Thor der Statt.

Thor vber/thut lauffen:vnd daß die Leut/ so der Ort wohnen/ so wol in S. Mamas marckt/als im nechsten Dorff/deß Namen Pectinochorion/ eben allhie vber gesagten Arm oder Golfo fahren/vnd durch diß Thor in die Statt pflegen zu ziehen. Vnnd gehet man hernach von demselben Thor gerad zu Santa Sophia Kirchen. Als sie nun zu diesem Thor wöllen hinein gehen/hat man jnen all jre Wehren genommen/die sie mit sich bracht:vnd sagten jhnen die in der Statt zu/sie wöltens jnen wider zustellen/wenn sie zur Statt hinauß würden gehen. Die Musulmanlar gaben jre Wehren gutwillig von sich/vñ wurden also gestracks von den Giafferi durch die Statt zu Sant Sophien Kirchen geführt: vnd als sie hinein gangen/seind sie ein kurtze Weil drinnen verblieben/biß sie jhr Gebet verricht/vnd hin vñ her gangen/vnd den Tempel beschauwet. Auff der andern Seiten/hats schon die Christen gerewet/ daß sie die Musulmanlar in die Statt/vnd Sant Sophien Kirch hetten eingelassen: vnd haben endtlich angefangen/ auff Betrug/ vnd wie sie dieselben möchten vbervortheiln vnd hinrichten/ bedacht zu seyn. Es war zu der Zeit in der Statt ein Calogero/ das ist/ ein Griechischer Münch/ trefflichs Ansehens: dem jederman gehorchet/vñ in acht nam/was er auch fürbracht. Derselb hett innerhalb der Statt/gegen der Statt Galata vber/ auff einem erhöchten Platz/sein Münchskloster/ oder Cellen/in deren er pflegte zu wohnen/vnd war das Gebeuw herrlich vnd schön zugericht. Vnd hat Sultan Muhamet/ als er

Besihe das gemeldt 130. Cap. Pandectes.

etlich hundert Jar hernacher/ die Statt Constantinopel eingenommen/vnd das *Esserai/oder den alten Pallast wöllen bauwen/den Genitscharn befohlen/die Kirch diß Klosters einzureissen: vnd in dem dieselben mit dieser Arbeit vmbgiengen/ist das alt Gebeuw der Kirchen so vrplötzlich eingefallen/daß dadurch nicht ein geringe Anzahl gesagter Genitscharn ertruckt/ersteckt/vnd vmbkommen. Da nun dieser Calogero vernommen/was sich zugetragen/ist er wegen der schändlichen Handlung/wie ers dafür hielt/auffs höchst bewegt vnd erzörnet worden/vnd auß seinem Kloster herfür kommen/ den Keyser selbst darum an zureden. Es hett aber der Keyser mit all seinen Kriegsleuten schon sich gerüst vnd bewehrt/vnd sein Volck in ein Schlachtordnung bracht: weils auch jn gerewet hatt/ daß er die Musulmanlar in die Statt gelassen/demnach jederman sich befahrt/sie möchte vnvorsehener weiß ein Lermen anfahen. Da der Calogero zum Keyser vñ den Kriegsleuten kommen/raufft er die Haar am Kopff vñ Bart auß/ wie dann die Griechischen Münch lange Haar/sampt jren Bärten tragen/vnd schrie mit heller Stimm: Was ist das für ein schändliche Sach? hat man also müssen die Gottlosen Agarener in den heiligsten Tempel vnser Christlichen Religion vnd Glaubens führen vnd einlassen/denselben zu verunreinigen? Darauff die Christen/ so mit jrem Keyser daselbst gegenwertig waren/geantwort: Was solten wir anderst anfahen? wir stecken in grosser Vngelegenheit. Da wir die Saracener nicht durch diesen Weg von vns bringen/werde wir fürwar nit weit von vnserm eusseristen Verderben vñ Vntergang seyn. Dann sie auch wider vnsern Willen mit Gewalt vnsere Statt werden erobern vñ einnemmen. Derhalben rathsamer/wir lassen diß geschehen:dann daß wir/ vnser Weib vnd Kind/als arme Sclauen gefängklich hinweg geführt werden. Hierauff sagt der Calogero/ was geschehen/ kündt man wol nit ändern: jedoch wer er der Meynung/man solt keins wegs zugeben/ daß die Muhametaner mit dem Leben auß der Statt/vñ davon kemen. Da der Keyser solchs gehört/ begert er vom Calogero zu wissen/was sein Meynung wer/vnd wie man der Sach solt thun:damit wir/ sprach er/ nach anhörung deines Raths/ im fall derselb von diesen vnsern hohen Befelchsleuten vnd Räthen für gut angesehen wirdt/demselben folgen vnd nachkommen. Darauff der Calogero folgender Meynung geantwort. Diese Araber/ sprach er/ so in vnsere Statt kommen/seind nicht bewehrt. Darumb wir nicht zulassen sollen/ daß sie hinauß ans Meer zu jhren Schiffen kommen: sonder selbst jhnen anbieten/ daß sie vnsere Statt zuvor beschauwen vnd besichtigen. Mitler weil kan man alle Statt Thor verschliessen/vnd für ein jedes besichtigen in Anzahl gerüster Mann verordnen vnd stellen. Darnach wöllen wir mit blossen Wehren sie anfallen/ vnd sie werden also bald zu den Statt Thoren fliehen/daselbst vnsern bewehrten Kriegsleuten in die Hend gerahten/vnd also vmbkommen. Auff diese weiß wöllen wir sie alle/biß auff den letsten

Histori. Der Agarener Chaliphen.   17

sten Mann/erwürgen:daß gleich kein einiger vbrig bleib/ der auch die Bottschafft ins
Läger bring/wie es jhnen ergangen. Diesem Rath deß Calogero hat man alßbald ge=
folgt/vnd den Musulmanlarn nicht gestat/ daß sie gestracks wider auß Meer giengen/
sonder sie also vnbewehrt durch die Statt hin vnd her geführt. Da sie nun zu deß Ca=
logero Kirch kommen/ist er vrplötzlich mit einem Hauffen gewapneter Mann herauß
gelauffen/welche mit jhren Schwertern alsbald auff die Musulmanlar getrungen.
Nun begerten wol gedachte Musulmanlar sich jrer zu wehren/vnd mit jnen zu fechten/
aber sie hatten keine zu solchem.Handel taugliche Wehren. Derhalben etlich vnter jnen
Stein ergriffen/ander Holtz/vn was ein jeglicher finden vn bekommen kundt:dermassen/
daß auch etliche sich mit Feusten schirmeten. Schrien einander zu/man müst mit ge=
walt durchtringen/vn ein Weg suchen/auß der Statt zukommen.Theten hiemit ein=
ander helffen/wie sie kundten vnd mochten/vn wichen allgemach den Statt Thorn zu.
Als sie aber an den andern Porten gewapnete Leut gefunden/die gestracks auff sie/die
Saracener/zueilten:kamen sie zu letst zu einem Thor/nahend an einem Keyserlichen
Pallast gelegen/welches † Thor jetzo wirdt Egri Capi genannt/das so viel bedeut/als
das krumm Thor: weil man nicht gerad hinein kan fahren/ sonder nur auff der Sei=
ten:vnd ist baß herab ein Thurn/vn außwendig im Stattgraben/ein Seul von Mar=
berstein. Man sagt aber/wie vorzeiten ein gewaltiger vn gerechter Keyser gewest sey/
welcher neben dem Thurn/da die jetztgemeldte Seul stehet/ein grossen * Pallast hatte/
darinn er gemeinglich pflegte zu wohnen/vnd seinen Vnterthanen Audientz zu geben.
Es war auch an gemeldter Seul von Marberstein im Stattgraben/ein Kettin/die von
dannen biß in gesagten Keyserlichen Pallast reychte. Wann nun jemand vnrecht wi=
derfahren war/oder die Vnterthanen sonst strittige Sachen vnd Klagen wider ein=
ander hatten: lieffen sie also hieher/dem Keyser jr Anligen vn noth zuklagen/welcher je=
dermenigklich Audientz pflegte zugeben. Im fall aber man jhn an gewöhnlicher Stell
nicht gefunden/ bewegten die Leut eben obgedachte Kettin/ so an die Seul gebunden:
vnd als denn kam der Keyser herfür/hörte die Sachen an/vnd ertheilte einem jeden sein
Recht. Die Fürsten zu denen zeiten/wie die Türcken an diesem Ort melden/hatten im
brauch/daß sie selbst Audientz gaben/hörten der Vnterthanen Klag vnd Antwort an/
gaben die Endturtheil selbst/liessen keinem Menschen vnrecht geschehen: weil sie für
gewiß hielten/sie würden also vermeiden können/daß sie im künfftigen Leben nit darumm
müssten Marter vnd Pein leiden. Jedoch ist an gesagtem Ort diß Pallasts jetziger zeit
kein Hofwesen/oder Fürsten Pört/(wie die Türcken pflegen zu reden) sonder ligt al=
les öd/ vnnd die Gebeuw seind gar in ein hauffen gefallen. Da nuhn die Musul=
manlar zu diesem vngeraden Thor kamen/ seind sie hinab gangen/ der Burg Pen=
tepyrgo zu / das ist / zu den Fünffthürnen : da gleich ein wenig baß hinab ein an=
ders Thor ist / welches vnsere Islami/ spricht der Türckisch Scribent/ durch Got=
tes schickung offen gefunden. Als sie durch dasselb hinauß gangen/ traffen sie drauß=
sen noch ein anders Thor an. In dem nun der Zubi--Ensar durch dasselb sampt sei=
nen Leuten hinauß gehet/ward von denen Feinden/ so jren standt auff der Stattmau=
ren hatten/ ein so schwerer Last auff jhn herab gewelgt/daß er alsbald auff sein Gesicht
niderfiel. In dem aber die Musulmanlar/ so bey jm am nechsten waren/ als er nider=
stürtzt/in vnter die Achßlen ergriffen/vn auffhebten:ward er zum andern mal von Fein=
den ab einem Thurn/ so nahendt dabey/ durch ein Pfeil tödtlich verwundt/starb also
bald/vnd kam zu der Zahl der Schid/ oder der Seligen. Da die Musulmanlar sa=
hen/daß sie jhres Feldtobersten deß Zubi--Ensari Leichnam nicht kundten mit sich
davon bringen:haben sie sich kurtz bedacht/vnd jhnen fürgenommen/denselben dermaß=
sen in das Erdtreich zu verscharren vnd zu bedecken/daß es die Christen nicht mercktenn/
noch jhn wider etwa zur Schmach vnd Spott möchten außgraben. Derhalben sie
bey wehrendem Streit zwischen beyden Stattmauren/in der eil das Erdtreich eröffnet/
vn die Leich also bedeckt/daß kein Anzeigung der Begräbnuß zu spüren/ weil der Erd=
bodem sehr zutretten ward/in dem sie wider den Feind stritten.Darnach begab sich ein
jeglicher auff die Flucht/wie er kund vn mocht:vn ward doch jrer der meist theil so wol
in der Statt/als auch an gesagtem Ort vom Feind erschlagen/vnd namen also in ver=

b iij   trettung

†Such im 200.
Cap. Pandectis
das zwölfft
Thor der Statt
Constantinopol.

* Magnaura
genannt/oder
Pentepyrquo/
das ist Fünff
thürn. Such
das eilfft Thor
im 200.Cap.

Ein frommer
Fürst soll Au=
dientz geben.

18 Das erste Buch Musulmanischer

trettung jres Gesatzes ein seligs End. Der vbrig Hauff deß Kriegsvolcks in Läger/ weil sie die groß Hungersnoth/ sampt andern mehr vngelegenheiten/nit lenger kundten erdulden: ist zu Schiff gangen/vor der Statt abgezogen/ vnnd hinweg gefahren. Darumb die Christen/ weil sie vermeynt/ es weren die Musulmanlar gar erschöpfft vnd krafftloß/jr Armata gestracks zugerüst/vnd denselben in jrem Abzug nachgeeylet. Was nun darauff erfolgt/nach dem ein Armata die ander erreycht:ist ohn noth allhie zu widerholen/weils droben erzehlet. Jedoch meldt auch dieser Türckisch Scribent/ es werd von andern gedacht/ daß der/ so zwischen beyden Stattmauren begraben/ deß Jubi--Ensari Bruder gewesen. Dann als er gefangen worden/spricht er/in diesem Treffen/vn in die Gefängknuß deß Thurns gelegt/ so nahend bey diesem Thor: ward er endtlich von den Christen zu einem Fenster diß Thors hinauß gestürtzt/vnd eben an das Ort/ dahin er gefallen/vnd gleich darauff verschieden/begraben. Aber die Vlema/ sagt er/ das ist die Gelehrten vn der Histori erfahrnen/ wöllen fast allesampt/es sey deß Jubi--Ensari Begräbnuß zwischen beyden Stattmauren. Vnd sollen an diesem Ort ziemlich viel Wunderzeiche geschehen seyn/darum daselbst ein Monument auffgericht worden/zu erweckung einer Andacht in den Gemühtern der Leut. Es ist auch/ spricht er/durch Gottes schickung oben zu seinem Haupt ein Cypressenbaum erwachsen/vn ein Brunnquell herfür kommen/vnd neben dem Brunn ein Cistern gemacht worden. Vn ist das Volck hauffen weiß hieher Walfahrten gelauffen. Pflegten sich theils in diesem Wasser zu wäschen/theils schöpfften sie dasselb/vn brauchtens zu einer Artzney für allerley Fieber. Auch hat der Sultan Muhamet nicht lang/nach dem er Constantinopol eingenommen/diß Monument lassen ernewern: zu welcher zeit die Werckleut eine stimm außm verborgenem Ort gehört/die jnen mit folgenden worten zugesprochen: Wie lang trett jr vns mit Füssen? gleich als weñ nicht einer allein/ sonder sie beyde mit einander allda vorhanden. Also haben nuhn auch die Leser diesen Bericht/welcher seyn mag/wie er wil: (dann ein jeglicher wol spüren kan/ daß er zum theil erdicht) so hab ich jn doch auß obgemelten Vrsachen nicht vnterlassen sollen allhie zu setzen. Jetzt wil ich wider auff vnser Histori kommen.

Vlema der Türcken.

Die dritt Expedition der Saracener/ sampt der Statt Belägerung.

Als nach biß daher erzehleten Belägerung der Statt Constantinopol/ 40. Jar verlauffen/vnd nach deß Propheten Muhamets absterben 92. Jar gerait wurden: hat Suleiman/ein Sohn deß Abdulla/so damals der Musulmanlar Oberster Fürst war/ seinen Vezir oder fürnehmen Rath/den Omer/ ein Sohn deß Aziz/(welcher auch Abdul--Aziz ward geneñt/gleich als der Diener Gottes Aziz/von seiner Schwester geborn/mit einem Kriegsvolck/biß in die 80.tausendt starck/wider die Christen abgefertigt. Solches befindt man in fleissiger auffraittung der Zeit/ geschehen seyn bey wehrender Regierung deß Constantinopolitanischen Keysers Philippici Bardanis. Dann vom fünfften Jar deß Keysers Constantini Pogonati/ zu welcher zeit die sibenjärig Belägerung der Statt Constantinopol ein End gehabt/wie droben gemeldt/ biß auff diesen Keyser Philippicum Bardanem/seind ohne zweiffel 40. Jahr verflossen. Da nun dieser Omer sich in Zug begeben/hat er vielfältig wider die Feind gestritten/vnnd den Griechen etlich Stett vnnd Landschafften abgewunnen. Darnach hat er jhme fürgenomen/die Statt Constantinopol zu belägern: vñ darauff alle Ort/ Stett/vnd Flecken eingenommen/da die Statt nicht vom Meer vmbflossen/sonder ans Land stosset: vnd hat daselbst alles durch rauben vnd plündern auffs eusserist verwüstet. Vnd demnach er kein mittel noch weg finden kundt/die Statt mit gewalt zu erobern: hat er alle Schlösser/ Städtlin/ Märckt/vnd Dörffer/sampt der gantzen anstossenden Landschafft verhergt: also sein Absheyd genommen/vnd das Kriegsvolck auff † Castamon vnd Sinope geführt. Castamon ward von jhnen beldgert/vnd hat sich ein gantzes Jar lang wider all jhr stürmen erhalten. Derhalben sie endtlich der Hoffnung/ diß Ort zu gewinnen/fahren lassen: vnd seind wider auff Damasco zugezogen.

† Besthe von dieser Statt das 66.Cap. Panedectis.

Die vierdt Expedition sampt der Statt Belägerung.

Fünff Jar hernacher/ da man nach deß Muhamets todt 97. Jar thet zehlen: hat Suleiman/deß Abdulla/oder Abdul--melic Sohn/ (ist einerley Namen/vnd bedeut der letst so viel/ als der König Abdulla) hiebevor gedachtem Omer/ seiner Schwester Sohn/ vnnd auch seinem Obersten/ dem Mußlimi/ so von Griechen Masalma

Histori. Der Agarener Chaliphett. 19

salma oder Maßlama genannt wirdt/ hundert vnnd zwentzig tausendt Mann vn-
dergeben. Als dieselben diß Kriegßvolck bekommen/ seind sie wider die Feind auß-
gezogen/ vnd haben zuletzt in der Landtschafft Aidin zie jhnen ein Ort erwehlet/ †Pandeet.im 13.
daselbst das Winterläger zu halten. Da der Früling herbey kommen/ seind sie fort- Cap.
gerückt/vnd haben die Statt Constantinopol auff allen Seiten dermassen beschlossen/
vnnd hart belägert: daß die Christen/ so in der Statt/auß mangel aller Sachen vnd
Prouiant/auch Menschenkaat(mit Reuerentz zu melden) niessen musten: dagegen die
Musulmanlar sich kaum durch niessung allerley Kreuter vn Wurtzlen erhalten kund-
ten/wie sie selbst in jhren Historien gedencken. Dann die Griechen/ welche schreiben/ Keyser Leon/
10 daß gleich zu Eingang der Regierung Keysers Leonis auß Isauria (die Muhameta- auff Türckisch
ner heissen jhn Keyser Ilian) diese Belägerung angangen/ vnd biß ins ander Jar con- Ilian.
tinuirt vnd erstreckt worden/gedencken auch daneben/ daß gleichßfalls im Arabischen
Läger so ein schwere Thewrung/hunger vñ noth sich erhaben: daß sie/die Araber/nicht
allein der vmbgefallenen Thier vnd Viehes/als der Pferdt vñ Kämelthier/sonder auch
gestorbner Menschen Fleisch/vnd jren eygnen Wust/mit Reuerentz/darvnder allerley
Kreuter vnd Wurtzlen zerstossen vnd gemengt/ nicht vnderlassen zu kochen/vnd zu essen. Melden gleichermassen/wie auff dieselb Thewrung vnd Hunger ein Pestilentz
erfolgt/daran vnsäglich viel Menschen in jhrem Läger gestorben/ vnnd vmbkommen.
Jedoch kundten diese grausamen Beschwerden sie nicht dahin treiben/ daß sie vnver-
20 richter Sachen die Belägerung vnterlassen/vnd vor der Statt hetten wöllen abziehen.
Zu letst hat der Omer/ein Sohn deß Abdul-Aziz/ vber den Golfo/ das ist den Arm
deß Meers/gegen Constantinopol vber/Galata die Statt erbauwt/ die Statt Con- Galata wirdt
stantinopol dest mehr zu engstigen:vnd jr den Namen Medina geben/ von dem Stätt- erbauwt/ vnd
lin/da jhrs Propheten Muhamets Begräbnuß ist. Dadurch ist der Statt Constan- Medina ge-
tinopol/so gerad gegen vber ligt/ein grosser Schad zugefügt worden: vnd ist derwegen nannt.
auch denen/so belägert waren/ der Muth nit wenig empfallen. Darnach hat der Su-
leiman/ein Sohn deß Abdul-melic/seine zween Feldtobersten vor der Statt Constantinopol gelassen/nemlich den Omer seiner Schwester Son/vñ den obgemeldten Mußlimi: denselben die Belägerung befohlen/vnd ist er davon gezogen vñ wider auff Da-
30 masco kehrt. Als nun diese nicht auffhörten die Statt zu belägern/ vnd auch die Belägerte in der Statt/in eusseristen mangel aller ding gesetzt:hat man endtlich den Krieg
durch Vertrag vnd etlich geding verglichen vnd hingelegt: nemlich daß die Belägerten 50.tausendt Ducaten solten erlegen/vnd gleichermassen 50. tausendt Ducaten jär- 50.tausende
lichs Tributs den Saracenern richtig machen. Dagegen solten die Musulmanlar Ducaten Tribut
alle Schlauen vnd Gefangenen/welche sie auß den Landtschafften der Christen ghen dem Keyser
Tripoli in Soria/oder Damasco/oder Alcairo hinweg geführt/widerumb abfordern/ zu Constanti-
vnd zu weg bringen/vnd den Christen zustellen. Als der Fried mit diesen gedingen be- nopol auffgelegt
schlossen/hat der Saracener Kriegßvolck angefangen/wider auff Damasco zu ziehen.
Es hett aber der Keyser zu Constantinopol schon zuvor in Italien geschickt/ so noch
40 jnte damals vnterthenig/den Völckern der Ort vnd End anzuzeigen/wie die Sachen
in Orient beschaffen. Dieselbigen haben ein groß Kriegßvolck zusammen bracht/vnd
ein Armata zu Wasser außgerüst/jrem Keyser zu hülff vnd rettung/vñ dieselb ohn verzug lassen abfahren. Als nun der Francken/ das ist der Italiener Armata/nach dem
die Saracener vor Constantinopol abgezogen/auff derselben Armata gestossen:haben
sie das Meer eingenommen/auch alle Päß verschlossen/ dadurch sie jren Weg in Soria
solten nemmen. Da der Omer solchs gesehen/hat er sein Kriegßvolck zu deß Mußlimi
Volck gestossen/ vnnd also die Segel gerad wider der Christen Armata gericht:auch
drey gantzer Tag vñ Nacht mit auß der massen scharpffen Treffen wider die Christen
gestritten. Mittler weil hett auch der Keyser von Constantinopol den Fried/vnd vn-
50 langst mit hoher Eydts bestättigung auffgerichten Vertrag gebrochen/vnd kam mit Streitt zu
hundert Schiffen herzu gefahren. Als der Araber Obersten solches gesehen/nemlich Wasser.
der Omer vnd der Mußlimi:haben sie jr Kriegßvolck an Landt setzen lassen. Dasselb
haben auch alsbald die Christen gethan. Darnach haben sie zu beyden theilen drey
Tag an einander scharmützelt/ vnd erhielten für vnd für in gesagten Scharmützlen

b iiij die

Das erste Buch Musulmanischer

Tegbir der Mu-
sulmaular.

die Musulmaular den Sieg. Zu letst haben der Omer vnd der Mußlimi das Tegbir angefangen/ (also nennen die Agarener jr Feldtgeschrey/ mit welchem sie/wenn
man anfahen soll zu treffen/ den Namen Gottes in jrer Spraach dreymal widerho-
len/nemlich Alla/Alla/Allahu) griffen damit den Feind an/theil durch jre Schlachtordnung dringen/dieselb vielfältig zertrennen. Darnach erschlugen sie alles/was jhnen begegnet vnd in die Hend gerieth: oder triebens dermassen/ daß sie sich selbst ins
Meer stürtzten. Die fürnembsten Häupter der Christen/so von jnen gefangen/führe-
ten sie mit sich hinweg ghen Bagdat. Denselben hat der Oberst Fürst der Musulmaular die Imania angebotten/das ist/er hat sie vermahnet/ sie solten deß Muhamets Religion vnd Gesatz annemmen: vnd weil sie solches zu thun sich geweygert/hat
er sie lassen hencken. Der Mußlimi hat nach der Schlacht von 700. Schiffen der
Christen/die er erobert/biß in die 300. verbrennt: die vbrigen hat er mit sich hinweg ge-
führet/vnd ist also auff Damasco zugefahren. Diß ist der Agarener bericht von dieser
Expedition deß Suleiman vnd Omeriso bißhero erzehlet. Die Griechen aber schreiben von diesen Sachen durchauß das Widerspiel. Vnd weil in jren bißhero getruckten Historien alles ziemlich schlecht angezeigt wirdt/ wil ich auß einem geschriebenen
Griechischen Buch/ so trefflich wol gestellt/aber weil der Anfang mangelt/keinen Na-

Ein ander Be-
richt auß den
Griechischen
Historien.

men deß Autoris hat/etwas allhie volkommers dem Leser mittheilen. Als der Maß-
lama/ spricht er/zu Abydo mit der Armata ankommen/vnd von dannen vnzehlich viel
Kriegsvolcks in Europam lassen vbersetzen: hat er nachmals das Heer auff die Statt
Constantinopol geführt/daneben seinem Obersten Rath/ dem Soleman/ geschrieben: vn war der Inhalt solches Brieffs/daß er jm aufferlegte/zum aller chisten mit der
Armata sich auff zumachen/vnd dahin zu kommen. Hat also der Maßlama den 15.
Augusti sich an der Stattmaur/ so zum Land hinein gehet/ mit seinem Volck nider
gelassen/alsbald das Läger daselbst geschlagen/ vnd gegen gesagter Stattmaur eine
Schantz lassen auffwerffen/vnd folgendes all anstossende Ort deß Thracierlands mit
rauben vnd plündern vbel geplagt. Am ersten Tag deß hernach folgenden Monats/
kam der Soleman/(im Cedrino wirdt der Nam Suphiam gefunden/an statt Suleiman) mit der Armada. Derselb bracht mit sich trefflich grosse/vnnd zum Krieg wol
außgerüste Schiff: sampt vilen Rennschiffen/Dromones in Griechischer Spraach/
bey den jetzigen Marinari oder Schiffleuten Caravele genannt. Vnter dieselben hat
der Römisch Keyser zu Constantinopol/ etlich Schiff mit Feuwerwerck zugerichtt/
lauffen lassen: vnd also die grosse Anzahl der erschrecklichen Schiff der Feind lassen

Die Sarace-
nisch Armata
durch Feuwer-
werck verbrenn.

anzünden:deren etliche gleich also brennend an die Stattmauren/so gegen dem Meer
gelegen/getrieben worden:etliche sampt dem Volck/so darauff war/im Meer erseuffe
vnd vntergangen: etliche in voller brunst auff Orea vnd Platea/ (welches zwo kleine
Insuln seind/gelegen im Meer/Propontis genannt/gleich vor der Statt Constantinopol) zugefahren. Dadurch der Innwohner zu Constantinopol Gemüther fast
getrost vnd gesterckt worden. Folgenden Frülings hernach/ ist neben Hunger vnnd
mangel an Prouiant/ein schädliche Pest vnd sterben vnter sie kommen/vnd hat ein vn-
zahlbare menning Volcks gedachter Agarener hingericht. Was vbrig blieben/ hat
müssen mit den Bulgarn ein Treffen halten im Land Thracia/ dadurch jhnen biß in

Vntergang der
gantzen Agare-
nischen Armata.

die 22. tausendt Mann erlegt vnd erschlagen worden. Am 15. Monats tag Augustif
da ein vngestümer Wind sich erhaben/seind etlich Schiff der Feind sampt den Leu-
ten/ beym Preconeso (ist ein Insul/ gelegen im engen Paß deß Meers/ Hellesponto
genannt/ nicht weit von der Statt Callipoli) vnd an andern mehr Orten am Strand
deß Meers/an Land getrieben worden/vnd vmbkommen: die andern/als ein Wolcken/
voller Hagel vñ Schlos/sich erhaben/sampt einem Vngewitter vom Wind/ gleichsfalls auch all erseufft vnd vntergangen. Von tausendt vnd achthundert Schiffen/
seind mit grossem Wunder nur fünff davon kommen/vnd als sie zu den jhrigen heimwerts angelangt/ Zeitung mit sich bracht/wie es der Armata gangen/vnd wie dagegen
die Römer oder Griechen noch auffrecht/ vnd den Sieg erlangt hetten. Auff diese
Manier vnd weise werden die Sachen in Griechischen Historien erzehlet. Welcher
Bericht aber/vnter diesen beyden/der Warheit ähnlicher sey:können die Verstendigen

leichtlich

Histori. Der Agarener Chaliphen.

leichtlich abnemmen. Wil von andern Puncten nichts sagen/ allein sihet man wol/ daß die Saracener durcheinander mischlen/ was der Omer in der Belägerung der Statt gehandlet/ vnd was etwa vor oder nach der Belägerung/ oder auch anderstwo sich zugetragen. Daher kompt/ daß auch der Christen Historien melden/ man hab die Christen wöllen zu annemmung der Jmania/ oder deß Muhametischen Gesatzes locken vn̄ bewegen/ aber doch etwas anderst: nemlich/ es hab der Vmar oder Omer ein Mandat lassen außgehen/ dadurch er den Christen in sein Gebiet vnd Landtschafften aufferlegt/ sie solten deß Muhamets Gottlosen Glauben annemmen. Welche diesem Mandat würden gehorsam leysten/ solten von erlegung alles Tributs erlediget seyn: was aber demselbigen nicht gehorchet/ hab er lassen vmbbringen.

Nach dieser zeit/ als die Fürsten der Musulmanlar/ Omer ein Sohn deß Abdul-Aziz/ vnd Aziz ein Sohn deß Abdulla/ schon langst verscheyden/ vnd nach der jetz erzehleten Belägerung der Statt Constantinopol vngefehrlich 30. Jar verlauffen/ daß man damals eben 125. Jar nach Absterben deß Propheten Muhameto geraitet: ist das Musulmanisch Regiment auff den Mernan/ ein Sohn deß Hakem oder Hacem/ kommen. Derselb hat sich zur Kriegßexpedition wider die Christen mit 150. tausendt Mann außgerüst/ seinen Zug auff Constantinopol genommen/ die Statt sechs Monatlang zu Land vnd zu Wasser/ mit einer mächtigen Armata/ so er dahin vbers Meer lassen kommen/ belägert. Damals war/ wie die Muhametaner schreiben/ ein Keyser zu Constantinopol/ genannt Herchil/ ein Sohn deß Jliaus: welchen die Griechen Constantinum heissen/ Leonis Sohn/ vnd mit dem Zunamen Copronymum oder Caballinum/ das ist/ den katigen oder beschmissenen/ darumb daß er in seinem Tauff soll haben das Tauffwasser verunreyniget. Als nuhn zu letst die Christen sehr geschwecht/ hat man ein Vertrag vnd frieden auffgericht/ vnd neben andern Conditionen sich verglichen/ man solt in Stetten Meßit oder Tempel für die Musulmanlar bawen: vnd die Gebet/ so von jhnen Nemasi genannt/ vnd zu gewissen zeiten/ fünff mahl in Tag vnd Nacht/ jren brauche nach/ gehalten vnd gesprochen werden/ in solchen Meschiten verrichten. Daß auch solches in der Statt Constantinopol zu geschehen bewilligt/ schreiben wol die Musulmanlar: es wirdt aber in der Griechen Historien gar nicht gefunden. Zwar ist der Warheit fast ähnlich/ daß die Muhametaner ein solches mehr dann von einhundert Jahren/ mit grossem Ernst vnd fleiß nicht allein an die Griechischen Christen begert vn̄ gefordert/ sonder auch hart darauff gedrungen: wie dann in † Griechischen Geschichten auch gelesen wirdt/ daß bey wehrendem Regiment jhrer Keyser/ die Palæologi genannt/ durch hefftigs dringen vnnd nötigen Sultan Baiasits deß ersten/ die Musulmanlar nit allein in die Statt Constantinopol/ daselbst zu wohnen/ eingelassen worden/ sonder auch daneben bewilligt vnd eingangen/ daß sie daselbst in der Statt jhren eygnen Cadi/ gleich als Bischoff oder Richter/ der jhnen das Recht in Geistlichen vnd Weltlichen Sachen sprechen solt/ haben möchten. Aber auß vnverschampter frechheit der Saracener ist erfolgt/ daß sie geschrieben ohne grundt/ wie die Christen endlich in das bewilligt/ so von jnen ein so lange zeit/ vnd mit solchem Ernst begert worden. Also ist noch heutigs Tags jr brauch/ wann sie Bündtnussen/ Verträg vnd Anstand deß Kriegs auffrichten/ daß sie grosse Sachen/ mit Barbarischem Trutz vnd Vbermuth fordern/ vnd wen̄ sie etwas ziemlichs oder auch schlechts erlangt/ pflegen sie arglistiger weiß dasselb außlegen/ vnd weit außdehnen. Zu denselbigen zeiten/ jedoch etlich nicht wenig Jahr vor deß Meruans Regiment/ als damals der Musulmanlar Fürst/ mit Namen Hacem/ bey den Griechen Hisam genannt/ deß obgedachten Meruans Vatter: ward von den Saracenern die Statt Caisaria in Kumilia erobert: in welcher Expedition gemeldte Saracener schier vnaußsprechliche Schätz/ neben erneuwerung deß Tributs von 50. tausendt Ducaten/ Jährlichs jhnen zu erlegen/ erlangt. Diß gedencken auch die Griechischen Scribenten/ vn̄ zeigt vnter andern Cedrinus an/ es hab diß Hisams Feldtobers ster/ Mahlama genannt/ so bey den Türcken Muslimi heist/ die Hauptstatt Cæsarea im Land Cappadocien/ im zehenden Jar deß Keysers Leonis eingenommen vnnd erobert.

Die fünffte Expedition/ sampt der Statt Belägerung.

Keyser Copronymus.

† Besihe das 52. Cap. Paudectis.

Türcken schämen sich nicht einer Vnwarheit.

Erneuwerung deß Tributs.

Das erste Buch Musulmanischer

Die sechst Expedition.

Als nun ferrer nach denen Sachen/ so kurtz hievor vom Meruan gemeldt/14. Jar verlauffen/vnd nach dem Todt deß Muhamets 139. Jar gerechnet worden/(solches war nach der Griechen raitung/ das vier vnd zwantzigist Jar der Regierung Keysers Copronymi) auch das Musulmanisch Reich durch die Abbasiler ward regiert/ eben deß Abbas Nachkommen/ von welchem droben gesagt/ er sey deß Muhamets Blutsfreund vnd Schwager gewesen/ein Sohn deß Chaliphen Ebubekir: hat einer/ genannt Jachsis/ oder/(wie er von andern genennt) Jachia/geborn auß diesem Abbasier Geschlecht/vnd ein Sohn Ali/mit 50. tausendt Mann die Christen angriffen/ vnd die Statt † Malatie (die Griechen nennens Melitina/vnd melden daneben/ daß sie vor dieser Zeit durch den Keyser Copronymum wider erobert) sampt der gantzen Landschafft vmb Malatia herumb gelegen/ eingenommen. Auch hat er biß in die 1000. Dörffer durchstreyfft vnd verwüst/vnd biß in die 20. tausendt Personen von Christen gefänglich hinweg geführt. Hernach ist er mit sein Kriegsvolck auff Constantinopol geruckt/gar offt wider die Feind gestritten/vnd mehr dann zehen tausendt Christen erschlagen. Als er aber gnugsam gespürt/ daß er der Statt nichts würd abgewinnen: ist er darvor abgezogen/ vnd hat sich wider nach Hauß begeben. Diesem gibt Symeon den Namen Audala/vnd heist jhn ein Fürsten der Araber: schreibt auch daneben/ er hab 21. Jar regiert/ vnd den Christen jhren Tribut gesteygert/ in dem er allen jhren München/ vnd Einsidlern/vnd die auff Seulen pflegten für vnd für zu sitzen / auch andern/ so ein Gottseligen Wandel führeten/ jre Befreyung vom Tribut genommen/ vnd befohlen/ man solt sie alle zu erlegung deß Tributs zwingen vnd treiben. Hab auch der Kirchen Schatzkammern/ in welchen jhre Schätz vnd Kleinoter verwahrt wurden/ verpitschirn lassen/alle dieselben Schätz vnd Kleinoter herauß genommen/ den Juden angebotten/ vnd verkaufft. Von andern wirdt er genannt Habdalla/ welches ich mehr für ein Zunamen achte/ so jhme wegen angemaster Gottsforcht geben/ gleich als wenn er ein Knecht vnd Diener Gottes wer/ welches auff Saracenisch Abdulah heist. Ich halt/sein rechter Nam sey gewesen/ der die Muhametaner melden: wie sie dann auch seinen Vattern besser Ali nennen/ dann die vnsern Alim.

† Besihe das 52. Capit. Pandectis.

Die sibend Expedition/sampt der Statt Besiägerung.

Hierauff seind 16. Jar verflossen/ vnd wurden nach deß Muhamets Todt 155. Jar geraitet/ als nach Absterben deß Griechischen Keysers Herchil/ oder Cauallin/ sein Sohn zum Regiment kommen/ welchen die Türckischen Historien Ilian/die vnsern Leon heissen. Zu der Zeit ist der Musulmanlar Feldtoberst Harone – Resid/mit einem Kriegsvolck von 150. tausendt Mann/ins Feldt geruckt/ auff Constantinopol gezogen/ dieselb vier Monat lang belägert. Dann die Christen sehr betrangt/ hat man auff gewisse Conditionen fried gemacht: vnter welchen auch diese gewest soll seyn/ daß man in der Statt Constantinopol etlich Meschit oder Tempel für die Musulmanlar bawen solt. Sagen/es sey solches auff folgende Weiß geschehen/ vnd nemmen ein Fabel auß frembder Poeten Geticht dazu. Ligt zwar nichts daran/ ob man gleich jr Mährlin erzehlet/ weil ich auß den Griechischen Historien ein warhafftigen Bericht darauff wil folgen lassen. Es ward/sprechen sie/ der Fried vom Seidi Zafer Gasi (Zafer ist eins Mans Nam/ Seidi bedeut ein Herrn / Gasi ein dapffern Kriegsmann) mit diesem geding den Christen geben vnd verwilligt/daß sie jme so viel Platzes in der Statt solten einraumen/ als viel man mit einer Ochsenhaut kündt fassen. Als solches die Christen eingangen/ hat gemeldter Zafer ein Ochsenhaut in kleine Riemen zerschnitten/gesagte Riemen weit außgestreckt/ vnnd also nicht ein geringes theil der Statt darein begriffen vnd eingenommen. Befilcht darauff den Christen/ sie solten von dannen mit jren Wohnungen weichen/vnd hat also biß in die 1000. Heuser für seine Musulmanlar/ sampt zehen Meschiten oder Tempeln/ dahin bawen lassen. Folgends hat man zehen Jahr versessenen Tribut von den Christen eingefordert vnd gesamlet/ auch sich auffs new verglichen / wegen der 50. tausendt Ducaten Tributs/so man hinfüro järlichs den Saraceneru richtig machen solt: vnd ist also der Harone-Resid mit dem Kriegsheer wider auff Bagdat gezogen. Hierauff war kaum ein Jar verflossen/ als der Keyser Ilian wider den auffgerichten Vertrag vnd Bündnuß gehandelt/ vnnd die Musulmanlar gezwungen/ so viel jhrer in der Statt/ jme Tribut zu geben.

Ein Saracenisch Fabul.

Die ander Ernewwerung deß Tributs.

Histori. Der Agarener Chaliphett. 23

geben. Hat daneben nicht ein geringe Zahl derselben erwürgen lassen. Deßwegen sich
ein grosser Tumult erhaben/in welchem gleichßfalls ein grosse mennig der Christen
von den Musulmanlar erschlagen: vnd ward zwischen jnen in der Kirchen Aiá oder
Hagia Sophia so ernstlich vñ lang gestritten/daß endtlich ein Bach von Menschen
blut auß gemeldter Kirchen thet rinnen. Vnd ob gleichwol biß in die fünff oder sechs
tausendt Christen auffm Platz blieben/ haben sie dennoch zu letst den Sieg erhalten/
vnd seind dagegen die Musulmanlar entweder erschlagen/ oder Schidi vñ Märtyrer
worden/oder zu Schlauen gemacht. Nach diesem/ sagen sie/ist ein geringe Zeit für
vber gangen/da deß Ilians Son † Iegfur an seins Vattern statt ins Regiment kom   † Sonst Negfur
10 men/vnd der Harone-- Resid auff ein neuwes den Iafer zu sich genommen/ ein Ar   geschrieben.
mata zu Wasser außgerüst/vnd mit einem sehr grossem Volck Constantinopol vber
fallen: zu letst den Sieg erhalten/viel tausendt Menschen vmbracht/20.tausendt ge   Die acht Expe
fangener Schlauen mit sich hinweg geführt/vnd also mit dem Kriegsvolck wider auff   dition.
Bagdat seinen Weg genommen. Diß alles hab ich ordenlich wöllen erzehlen/ wie es
von den Agarenern zum theil mit Vngrundt/ weil sie jrer Superstition vnd eygnem
Rhum zu lieb etwas vnwarheit lassen mit vnterlauffen/ zum theil auch wol vnd recht
beschrieben: wie zwar nicht zu zweiffeln/daß die Zeit vnd Jar richtig vnd wol von jnen
verzeichnet. Jetzt wöllen wir der Griechen Bericht/von eben diesen selbigen Sachen/
vnd insonderheit etwas beständigs vnnd vollkomners auß vnsern alten geschribnen
20 Büchern/dagegen halten vnd besichtigen. Die erst Expedition deß Harone--Resid/
da man 16. Jar zehlen wil vom vier vnd zwantzigsten Jar der Regierung Keysers Co
pronymi/welcher das sechs vnd dreissigst Jahr seins Regiments erreycht/ kompt ins
vierdt Jar Keyser Leons/ deß Copronymi Sohns vnd Nachfahrs im Reich: zu wel
cher Zeit gemeldter Harone-- Resid noch nicht zum Regiment bey den Agarenern
kommen war/sonder nur seins Vattern Feldtoberst vber das Agarenisch Kriegs
volck. Sein Vatter wirdt in den Griechischen Historien Madi genannt/vnnd läße
sich ansehen/als ob dieser Nam auß dem gantzen wort Muhammadi/ durch hinweg
nemmung der ersten zwo Sylben/gestümmelt worden. Dann die Historien melden/
es sey auff den Jachsi/deß Ali Sohn/im Araber Reich gefolgt Muhammad/mit dem
30 gemeinem Zunamen bey jnen Abdulla/das ist Gottsdiener: deß Sohn Harone--Re
sid/ in Griechischen Historien Aaron genannt wirdt. Als dieser Harone--Resid/wie   Die erst Expe
man ins Symeons Histori geschrieben findt/ von seinem Vatter wider den Keyser   dition deß Aa
Leon mit grossem Kriegsvolck abgefertigt/ den Römischen Prouintzen vnnd Landt   rons/ auß den
schafften trefflich grossen vnd schweren Schaden zufüget:ward Keyser Leon dagegen   Griechischen
auch gerüßt/die seinigen zu schützen vnd schirmen/ vnd sich an Saracenern zu rechen.   Historien.
Hat derwegen deß Römischen Reichs gantze Macht an Kriegsvolck lassen versamlen/
vnd biß in die hundert tausendt Mann in Soria wider die Saracener geschickt:vber
dieselben zween Feldtobersten verordnet/ Michael mit dem Zunamen Lachanodracon/
der Thracesier Landtpfleger oder Landtvogt/ (verstehe die Bithynier/so man nach et   Welche Thrace
40 licher meynung Thracesier genannt wegen der Jnwohner/ so dahin auß Thracia   sier vnd Anato
kommen: wiewol Keyser Constantinus Porphyrogennetes durch den Namen der   lische genannt.
Thracesier Landtschafft/das gantz klein Asiam begreifft) vnd Artauaßdum den Arme
nier/der Anatolier oder Orientalischen Landtvogt/ durch welches wort die Phrygier/
Lycaonier/Jsauri/Pamphylij/ vnd Pisidier damals verstanden worden/wie derselb
Keyser Constantinus meldet. Als nun diese beyde Obersten das Kriegsvolck an die
Araber geführet/ vnnd die Sach zu einem harten Treffen gerahten: seind in einer
Schlacht der Araber fünff Amirades/ (also nennen die Griechen der Araber Emir)
sampt 16. tausendt Arabischer Kriegsleut/ vmbkommen. Der Griechen (so damals
sich/ eben wie noch heutigs Tags/ Römer pflegten zu nennen) seind wenig auffm Platz
50 blieben/ vnd dieselbigen keins sondern Ansehens: vnd haben doch ein trefflichen/ rühm
lichen Sieg erlangt. Darauß nun gnugsam zu sehen/ daß diese Kriegexpedition ein
andern Außgang gewonnen/ dann die Muhametaner schreiben: vnd daß viel weniger
die Griechen damals in ein so schändlichen/vñ jrem Namen verweißlichen Vertrag/
sich eingelassen: nemlich daß die Muhametaner ein groß theil der Statt solten innha
ben vnd

Die ander Expedition auß Griechischen Scribenten.

ben vnd bewohnen/vnd daselbst auch in jhren Gottlosen Tempeln/ jren vermeynten Gottesdienst verrichten. Hiemit stimbt auch vberein/was folgends geschehen. Dann als der Araber Fürst Madi/wegen so vbel verrichter Sach von den seinigen/zum höchsten erzürnet/wie obgemeldter Symeon weiter anzeigt/auch nach Absterben Keysers Leons/Irene die Mutter seins vnmündigen Sohns Constantini die Kriegsleut in Asia durchauß abfertigte/ die Clausen oder enge Päß im Gebirg einzunemmen vnd auff der Araber streyffen acht zugeben/vnterm Obersten Joanne Sakellario: ward auch von jhme/dem Madi/ein groß Volck von Arabern/ vnterm Feldtobersten Eeuer genannt/welcher in der Muhametaner Historien Jafer heisst/wider gedachte Christen geschickt. Als nun diese Araber biß ahen Dorylao/im Land Phrygia gelegen/fortgeruckt: vñ das Kriegsvolck zu beyden Seiten auff einander gestossen an einem Ort/deß Namen Moromilum/ (ligt in Phrygia/vñ war meines erachtens zuvor Philomilium genannt) auch endlich die Sach zum treffen kommen: wurden die Araber vberwunden/haben der jhrigen viel auff jm Platz gelassen/vnd seind also mit spott vnd schand wider abgezogen. Hierauß abermals zusehen/ daß sie den Muhametanern auch in diesem Zug nicht gelungen/wil geschweigen/daß sie von den Griechen die Sachen erlangt solten haben/deren gleichwol mit schlechtem Grund

Die dritt Expedition diß Aarons.

sie sich rühmen. Jetzt wöllen wir auff die dritt Expedition obgemeldts Aarons kommen/ in welcher er so nahend mit seinem Kriegsvolck auff Constantinopol geruckt: daß er sein Läger bey Chrysopoli geschlagen/so gegen der Statt vber gelegen/vnd jetzo Scutari genannt wirdt: vnd war also zwischen seinem Läger vnd der Statt nur allein der enge Passz deß fürfliessenden Bospori. Diß halt ich nennen die Muhametaner der Statt Belägerung/dadurch die Christen damals so hoch betrangt seyen worden. Es hat zwar nicht gemanglet/wegen grosser vnfürsichtigkeit der Griechen/ an vnter vnversehener vnd nicht geringen Gefahr/wie deñ wir auß gesagter Histori Symeonis vernemmen werden. In dem die Römer/das ist die Griechen/spricht er/mit dem Tumult in Sicilien/wider den Auffrührischen Elpidium/zu schaffen hatten: ist der Aaron/ein Sohn Madi/mit seinem Kriegsvolck auffgewesen/ hat mit sich neben allerley Kriegsrüstung vñ Instrumenten/ ein vber die maß gewaltig Heer bracht/ das er versamlet auß mancherley Völckern/nemlich von Maurophori/ (verstehe die Scythier

Maurophori vnd Melanchlaini/Tatarn.

oder Tatarn/also genannt gleich als Schwartztragende/mit einem wort der neuwen Griechischen Spraach/ dadurch der Alten Spraach Melanchlæni/das ist/ die Schwartzröck/oder die Schwartzmäntel/bedeut werden. Dieses Volcks gedenckt auch der Griech Cedrinus/vñ setzt gleich neben jnen die Chrysaromitas/welches ein corrumpirtes wort ist/vnd soll heissen Chorosanitæ/das ist/die Leut im Land Chorosan/zu euserist deß Persierlands gesessen/vñ den Schwartz bekleydten Tatarn benachbart. Ortelius in seinem Thesauro Geographico hat nit gewist/was er für Leut auß den Maurophoris machen solt.) Item auß gantz Soria/ Mesopotamia/ vnd Arabia deserta. Mit diesem Heer ist er ghen Chrysopoli kommen/ vnd hat hinder jm einen Obersten verlassen/Vnnusus genannt/der das Schloß Nacolia/im grössern Phrygia gelegen/ solte belägern/vnd alles zu ruck versichern/damit er nicht vberfallen würd. Auch war von jm einer/genannt Burniches/ in Asien mit 30. tausendt Mann abgefertiget/den Lachanodracon/Landtpfleger der Thracesier/feindlich anzugreiffen: welche dañ auch getroffen an einem Ort/Dareno genannt/nicht weit vom vrsprung deß Wassers Restandri: da der Lachanodracon geschlagen/vnd seins Volcks biß in die 15. tausendt erlegt worden. Er selbst für sein Person ist davon geflohen/Castelion erreychet/ vnnd sich daselbst salvirt. Aber die Keyserin Irene hat den Antonium/ein Leutenant vber die Hofguardi/damals Domesticus Scholarum genannt/mit sampt den Hauffen jetzt

Der See Juane. Pentegephyros/ ein Schloß bey Fünff Brücken.

gemelter Hofguardi/abgefertiget: vnd die Resier am Wasser Sangari/biß zum See/ genannt Ibane/oder Juane/lassen einnemmen: sampt der Vestung/Pentegephyros Justiniani genannt/ von Fünff Brücken/ so der Keyser Justinianus vber diß Wasser Sangari lassen bauwen. Hiemit hat die Keyserin Irene den Feinden daselbst den Paß verlegt vnd abgestrickt. Zu der Zeit ist Tatzatius/ der Landtpfleger vber die Buccellari/das ist/ vber die Leut/ so im Land Galatia wohnen/ abtrünnig worden/ vnd in der

Araber

Histori. Der Agarener Chaliphen.

Araber Läger geflohen/auß neidt vñ haſſz wid' den Stauraciũ/welcher ein Patricius/ (war ein beſondere hohe Dignitet vñ Würde) vnd daneben Oberſter Poſtmeiſter/vnd der höchſt war vnter allen verſchnittenen/Eunuchi genannt/auch alle Sachen zu Hof regierte. Dieſer Tatzatius hat den Arabern gerahten/ſie ſolten auff ein ſondern Liſt vñ Betrug fried von der Keyſerin begern. Als nun ſolchs den Römern lieb vñ angenehm/ ſeind etlich hohe fürnehme Perſonen/ehe dañ ſie vom Feind einige Geiſeler begert vnd bekommen/zu jnen ins Läger hinauß gangen/vñ Fried zu machen: nemlich der Oberſt Poſtmeiſter Stauracius/ Petrus Officiorum Magiſter/das iſt/ Oberſter ober die Keyſerlich Hofguardi/Antonius Domeſticus ſcholarum Orientis/das iſt/Leutenant vber dz ordinari Kriegsvolck in Anatoli oder Orient/ſampt etlicher groſſer Herrn Kinder: vnd weil ſie nit gnugſamb ſich ſelbſt in wehrenden Krieg verſichert/hat man ſie gefängklich angenommen/vnd mit gewalt gezwungen/Fried zu machen. Alsbald derſelb getroffen/haben die Keyſerin/vñ der Aaron/gar vil vnd groſſe verehrungen einander zugeſchickt. Vnter andern Articuln der Capitulation oder deß Vertrags/ iſt auch diß beſchloſſen worden/vñ von den Keyſeriſchen bewilligt/daß man zu gewiſſen Zeiten den Arabern 10. Talenta/ das iſt/6000. Ducaten/ſolt erlegen: welche nach auffgerichtem Fried jre Leut von der Belägerung deß Schloſſes Nacolia/dero droben gedacht/abgemahnt: vnd alſo wider in jhr Land gezogen. Auch hat obgenannter Tatzatius von den Römern ſein Weib/Kinder/all Haab vnd Gut/ſampt dem Werth ſeiner Landt güter erlangt. Diß ſeind nun die Niderlagen/ſo zu beyden Seiten zwiſchen Griechen vnd Saracenern ſich zugetragen/aber in den Prouintzen/vnd nicht in der Statt Conſtantinopol. Es wirdt auch ſonſt keiner andern Arabiſchen Expedition wider die Chriſten/in Griechiſchen Hiſtorien gedacht/bey wehren der Regierung der Keyſerin Irene/ dann allein daß ſie vnterm Chaliphat deß Aarons/da ſie die grauſame That an jrem Leiblichen Son/dem Keyſer Conſtantino begangen/vnd jme die Augen laſſen außſtechen/dadurch das Regiment auff ſich allein bracht/gleich wie ein andere Semiramis/ (ſpricht der Symeon) ſo jren eygnen Herrn den König Ninum vmbracht/alſo bald den Abt oder Prior deß Kloſters zu Chryſopoli/Dorotheus genannt/vnd Conſtantinum/deß hohen Stiffts zu Conſtantinopol Cartophylacem oder Chartularium/(das iſt/der die Vrbar/Brieff vnd Sigel der Kirchen/in verwahrung hatte) zum Agareniſchen Herrn Abimelech/welcher die Landſchafften in Cappadocia damals verhergte/ vmb fried von jm zu begern/abgefertigt. Aber geſagter Abimelech hat nit wöllen darein bewilligen/ſonder hat den Abgeſandten auff folgende meynung geantwort: Wie ſolt ich mit einem ſo frechen vnd wütenden Weibe/das mit jrem eygnen Sohn nit hat können friedſam leben/einen Vertrag vñ Frieden auffrichten? Hierauff folgt/was ſich zugetragen vnterm Regiment deß Nachfahrs dieſer Keyſerin Irene/welcher mit recht von den Muhametanern/auß vnwiſſenſchafft frembder Sachen/für deß Keyſers Ilians oder Leons Son gehalten/vnd Iegfur genannt wirdt/ ſo verfälſcht auß dem Namen Nicephorus: bey deſſen Regierung ſoll/ jrer meynung nach/ der Aaron widerumb die Statt Conſtantinopol angriffen haben. Sie hetten aber beſſer gerert/da ſie geſagt/ er ſey den Griechen in jre Prouintzen vñ Land eingefallen/hab dieſelben hoch beſchädigt/ ja gröſſern Schaden jnen zugefügt/weder hie von jnen gemeldt. Dañ auß den Hiſtorien offenbar/daß der Aaron mit dreymal hundert tauſendt Mann in Romaniam eingefallen/vñ ſo wol in Tyana der Statt/als auch in andern Stetten mehr/für den vermeynten Muhametiſchen Gottsdienſt Meſcheiten oder Tempel laſſen auffbauwen. Auch wirdt von andern/vnd gleichsfalls von vnſerm Symeon gemeldt/daß der Keyſer Nicephorus ſein Kriegsvolck vnglückhafftig wider die Araber in Phrygiam geführt: vnd da zwiſchen jnen ein Schlacht gehalten/ hab er viel Leut verloren/ vnnd ſey vberwunden worden. Auch haben jn die Muhametaner zu einem dermaſſen ſchändtlichen ſehr ſchmächlichen Vertrag getriben vnd genötigt/daß er jnen Jährlich 30. tauſendt Ducaten/ wegen der Landtſchafften ſeins Keyſerthumbs/ zu erlegen verſprochen: vnnd für ſein Haupt/mit einem vnerhörten Hon vnd Spott/drey tauſendt Ducaten: auch eben ſo viel für ſeins Sohns Haupt/der ſchon erwehlter Keyſer war/ Jährlichs Tributs oder Zinſes ernennt vnd zugeſagt hab.

Der Griechen vnfürſichtigkeit.

Die dritt Erneuwerung deß Tributs. 10. Talenta den Griechen auff erlegt.

Die vierdt Erneuwerung deß Tributs.

Der Keyſer gibt Tribut für ſeine/ vnd ſeins Sohns Perſon.

Diß

Das erste Buch Musulmanischer

Diß ist nu der fürtrefflichsten Chaliphen Ordnung/ wie sie auff einander gefolgt/ sampt jren fürnehmen Verrichtunge wider die Christen: hab solchs/ weils die Türcken also gefasset/ nicht wöllen vbergehen: demnach zwar nicht wenig darinn begriffen/ so zu erklärung Muhametischer vnd Türckischer Sachen fast dienlich. So kan ich auch wol mit Warheit sagen/ daß wir bißhero nit gewißt/ welcher massen die Chaliphen recht auff einander gefolgt. Solches ist theils auß andern Vrsachen/ theils auch daher in

Warumb von etlichen zuviel Chaliphen geschlossen: daß etliche von den vnsern für Chaliphen angenommen/ vnd in der
Emir vnd Chalipha zweyerley. selben Zahl referirt worden/ so in den Historien Emir werden genannt. Nu bekenn ich gern/ daß der Nam Emir sich auff alle Chaliphen wol reimet: daß aber alle Emir für Chaliphen sollen gehalten werden/ dazu sag ich nein. Also wirdt dem Muauia der Titul Emir lang zuvor geben in den Historien/ ehe dann er zum Chaliphat kommen/ auch bey wehrender Regierung deß Omer vnd deß Osmans. Also meldt Zonaras/ es hab einer/ genannt Mohamet/ so den Arabern vorgestanden/ als der Keyser Tiberius Apsimarus regiert/ das Armenierland wider zum Gehorsam bracht/ nach dem es von den Saracenern abgefallen. Nun ist derselb keins wegs ein Chalipha gewest/ wirdt aber wol ein Emir vnd Feldtoberst genennet: vnd war eer der/ so etlich Jahr zuvor/ als er wider den Friedbrüchigen Feind streitten solt/ die Sigel vnd Brieff ober den auffge richteten fried an einen Spieß gehenckt. Also wirdt im andern Jar deß Keysers Leontij beym Cedrino eins Alidi gedacht/ (etliche schreiben Vlid) der mit einem Kriegsvolck den Römern in jr Land sey gefallen: vnd wirdt doch nit gemeldt/ daß er das hohe Ampt eins Chaliphen getragen. Also ward ohn zweiffel der Masalmas für ein Emir gehal ten/ weil er auch von den Griechen ein Fürst der Saracener wirdt genannt: aber man findt niergends geschrieben/ daß er ein Chalipha sey worden. Also war auch der Abincleech/ bey wehrender Regierung der Keyserin Irene/ wie kurtz hiebevor gemeldt/ ein Emir vñ der Araber Oberst: aber nichts dest minder hett damals der Aaron das Cha liphat/ als ein höhere Dignitet vnd Befelch/ in seim Gewalt. Hiemit hör ich auff/ mehr Exempel herfür zu bringen/ welches ich denn wol thun kündt: damit ichs dem

Catalogus der rechten Chaliphen. Leser nicht zu lang mache. Das vbrig wirdt auß dem Register oder Catalogo der Chaliphen leichtlich abzunehmen seyn/ welchen ich allhie widerholen wil/ auch eins je den Jar der Regierung hinzu setzen/ vnd eben dieselben mit den Jahren der Christen Keyser vergleichen: damit man Augenscheinlich sehen könne/ welche die rechten Chali phæ gewesen/ vnd welche durch ein Irrthumb etwa mit eingeschlichen/ auch zuletst wel che man noch gleich als bey wehrendem Streit/ sequestrirn solle.

Der erst Chalipha/ Ebubekir. Ist derhalben nach dem Muhamet (von dem die Griechen schreiben/ er sey im 22. Jahr der Regierung Keysers Heraclij gestorben/ den auch ich nach der andern Brauch vnter die Chaliphen nicht zehle/ weil sie wegen Muhamets den Namen Cha liphæ bekommen/ das ist/ Muhamets Successorn/ Vicarij/ vñ Statthalter) der erst ge wesen Ebubekir/ von den vnsern Eubocara genañt/ welcher das Chaliphat Ampt/ oder das Vicariat getragen vnd verwaltet. Als derselb nur 2. Jar/ vnd 4. Monat lang/ die Araber regiert: ist er im 23. Jar der Regierung Keysers Heraclij/ oder zu Eingang deß 24. gestorben. Sein Nam bedeut so viel/ als der Vatter Bekir.

Der 2. Omer. Auff jhn ist der Omer gefolgt/ von den vnsern Ha--umar vnd Aomar genannt: vnd weil er zehen Jahr/ vnd sechs Monat regiert soll haben/ hat er sein Regiment biß zum Anfang der Regierung Keysers Constantis vngefährlich sampt dem Leben er streckt.

Der 3. Osman. Auff den Omer ist Osman kommen/ den vnsern Ozmen/ vnd noch ärger Hoas men/ vnnd Themen an statt Ethmen/ mit versetzten vnd verwechßleten Buchsta ben. Vnd weil jhme nach der Muhametaner meynung eylff Jahr der Regierung/ sampt zehen Monaten/ zugeschrieben werden: ist der Warheit nicht fast vngemäß/ er sey im eylfften Jahr der Regierung gemeldts Keysers Constantis mit todt abge gangen.

Der 4. Ali. Nach dem Osman/ ist Ali der Agarener Chalipha worden/ welcher in den Grie chischen Historien Alim genannt wirdt. Hat 4. Jar/ vnd 10. Monat regiert: vnd ward erschlagen im 16. Jar obgedachtes Keysers Constantis.

Es

Histori. Der Agarener Chaliphen. 37

Es schreiben die Muhametaner außtrucklich/ daß nach dem Ali seine zween *Der 5. Chasan.*
Söhn im Reich gefolgt: erstlich der Chasan/von den unsern Al-Hatem genannt/so
9. Monat/vnd etlich Tag: darnach der Chusein/so 4. Jar regiert. Darauß nun abzu- *Der 6. Chusein.*
nemmen/ daß der erst hingericht worden/ehe dann das Jar nach seins Vattern todt
furober: der ander/im 20. Jar deß Keysers Constantis.

Auff diese beyd ist der Muauia/ (etlich pronunciern Meauia) bey den unsern *Der 7. Mua-*
Moauia vnd Meauia genañt/zum Regiment kommen/dem er gleich von der zeit an/ *uia.*
da der Osman erschlagen/nachgestellt. Welche nun wöllen/ es hab dieser Muauia
24. Jahr regiert/ (vnter denen ist Paulus Warnefridus/ so gemeinglich Diaconus
pflegt genennt zu werden) dieselben schliessen den Ali sampt beyden Söhnen auß der
Chaliphen zahl: welche 19. Jar setzen/die erkennen den Ali sampt dem Chasan für rechte Chaliphen/den Chusein aber nicht. Jch laß der Agarener Autoritet dißfalls pas-
sirn/als die von jhren Fürsten ein Glaubwürdigern Bericht geben können/ dann vnsere Leut/vnd schließ darauff/daß der Muauia 7. Jar regiert bey wehrendem Regiment
deß Keysers Constantis/vñ daß er 9. Jar hernacher mit dem Keyser Constantino Po-
gonato/deß Constantis Sohn/continuirt hab: vnd gib jm also 16. Jar/ die er vnwider-
sprechlich im Chaliphat Ampt zugebracht: darauß dann folgt/ er sey im 9. Jar deß
Keysers Constantini/mit dem Zunamen im Bart/oder Pogonati/ oder kurtz herna-
cher/auß dieser Welt gescheyden.

An deß Vattern stell ist der Sohn Aziz (diß war sein rechter Arabischer Nam) *Der 8. Aziz*
zum Chaliphat kommen. Cedrinus heist jn Ezid/ andere Gizid/vnd Jezid: welche Namen etwas verfälscht/wie dann solchs gemeinglich pflegt geschehen/ wenn man vnbe-
kandte/frembde/vnd Barbarische Namen außsprechen wil. Er hat ein wenig minder/
dann 4. Jar/regiert: vnd vngefährlich das 13. Jar der Regierung Keysers Pogonati
erreycht. Die Araber neñen jn auch etwa Abdul-Aziz/welchs so viel heist/als Aziz der
Diener Gottes. Wer nun in der Ordnung sey der 9. Chalipha gewesen/ist noch biß *Der 9. Abdulla.*
dato strittig. Etliche sagen/es sey der Amer/ein Son deß Jezid: die and/n/ es sey Maruan im Chaliphat auff den jetztgenannten Aziz gefolgt. Auch findt man etlich/ die diß
also wöllen zusammen reimen: daß nemlich die ersten deß Fürsten Dignitet/durch das
wort Amer oder Emir: die andern/seinen rechten Namen gemeldt/ als wenn er Maruan geheissen. Jch meins theils kan weder die eine/noch die andere Meynung/ passirn *Falsche Namen*
lassen: sonder sag/es sey dieser Jrthumb auß dem Namen Omer gemücklich hergeflos- *eins Chaliphe-*
sen: darauß die ersten Amer/die andern Maruan gemacht. Nun ist derselb Omer wol *fen.*
ein Sohn deß Aziz/ oder deß Ezid gewesen/vnd derhalben vermeynt worden/ er sey als
bald in deß Vattern stell getretten: aber die Warheit zusagen/ ist er nit gestracks auff
den Vatter zum Chaliphat kommen. Dann der Aziz/ein Son Muauia/ deß Abdulla
Tochter zum Weib gehabt/vñ bey derselbe einen Son gezeugt/ Omer genañt. Dieses
Abdulla Vatter aber/hat Abbas geheissen/ (bey den vnsern Habbus)vnd war Ebubekirs deß Chaliphen Son/vnd nicht allein der Araber Propheten Muhamets Vetter/
sonder auch Schwager / wegen seiner Schwester Aischa/ die deß Muhamets ander
Weib gewesen/ derhalben dañ/weil der Abdulla auß deß Muhamets Stammen ge-
born/vnd den ersten Chalipha zum Großvattern gehabt: hat er nach Absterben seins
Tochtermanns Aziz/der von seiner Tochter ein Erben/ Omer genañt/nach jm verlas-
sen/so wegen Kindtlichs alters zum Regiment noch nit tüchtig/ die Würde deß Chaliphats auff sich selbst transferiert: ward auch hernach Abdul--Melich genennt/welches *Abdul Melich.*
so viel bedut/als der König Abdulla. Die vnsern habē den Namen verfälscht/vñ theils
Habdimelich/theils Abimelech darauß gemacht: welche drey wort vnterschiedliche bedeutung haben. Daū Habdimelich/oder Abdimelich/so besser geschrieben/heist so viel/
als ein König/ der ein Diener oder Knecht ist/ oder ein Knecht deß Königs: Abimelech/
ein König/ der ein Vatter ist: Abdul-Melich/ ein König / der Gottes Knecht oder
Diener ist. Dieser Abdulla ist dem Arabischen Reich zwey vnd zwantzig Jar vorge-
standen/biß ins sechst Jar deß Keysers Tiberij Apsimari.

Auff den Vatter ist der Sohn Suleiman gefolgt/dem man einen verfälschten *Der 10. Suler-*
Namen Zulcimin gibt: da doch zugleich die Muhametaner/vnd die geschriebene Grie- *man.*
chischen Historien/jhn Suleiman nennen. Hat vngefährlich 13. Jar regiert/ biß ins

Das erste Buch Musulmanischer

Daß Vlid kein Chalipha gewesen.

ander Jar deß Keysers Leons auß Jsauria. Welche nun sagen/ er hab nur 3. Jahr das Regiment geführt/dieselbigen schreiben die vbrigen 9. oder 10. Jar einem zu/ den sie Vlid/ein Sohn Abdalhar nennen:von welchem ich doch nicht ohn vrsach im zweiffel stehe/ob man jhn ein Chalipha nennen solle. Dann auß den Griechischen Historien kan mans nicht spüren noch finden. Auch ist zu mercken/daß gleichßfalls diß den jetztgemeldten Vlid verdächtig mache/ als der kein Chalipha gewesen:daß nemlich etliche neben jhrem Zulcimin/welcher ist vnser Suleiman/ zugleich zweyer andern gedencken: zuwissen/deß Vlid/eins Sons deß Abdalhar/vnd eins Elgualid/so deß Suleimans Bruder/das ist/deß Abdulla Sohn gewesen sey. Dann hierauß wirdt/meines erachtens/ Augenscheinlich abgenommen vnnd verstanden: daß gedachts Vlid Vatter nicht Abdalhar geheissen/sonder Abdalla/welches einerley Nam mit dem Abdulla: ja das noch mehr/läßt sichs ansehen/daß diese nicht vnterschiedliche zwo Personen gewesen. Vnd solches ist desto mehr der Warheit gemäß zu schätzen/weil diese beyde Namen/Vlid vnd Elgualid/nur für einerley Namen zu halten. Dann Vlid ist eben also gestümmelt auß dem Namen Velid/wie man in der Histori deß Zonara findt

Vzir/ Vezir.

der Agarener Vzer oder Vzir/nach Griechischer pronunciation/ an statt deß Vezir/ welches bey jhnen ein Rath. Das El — gualid aber ist erstlich etwas durch den Arabischen Articul El verändert : darnach durch die weiß vnd manier zuschreiben/ so bey vnderschiedlichen Völckern auch etwas vnterscheids hat. Dann vnser Teutscher Nam Wilhelm/wirdt von Frantzosen Guilaume/von Italienern vnd Spaniern Guilelmo geschrieben vnd außgesprochen. Also haben auch auß dem Walid/ welches einerley mit dem Velid/(vnd solches wirdt zwar von den Arabern durch ein zartes doppelt V/wie gleichßfalls auch bey den Griechen außgesprochē)andere Gualid gemacht/vn̄ mit dem Articul El- Gualid/oder Al- Gualid. Bleibt also nur ein einiger Velid/ oder Valid/deß Abdulla Son/Suleimans Bruder:vnd da derselb/wie man schreibt/ der Agarenisch Hoherpriester zu Septa gewest/ in Mauritania oder Berberey/ warumb wöllen wir dann eben das Asiatisch Chaliphat oder Hochpriesterthumb zu Bagdat gedachtem Suleiman abstricken vnd nemmen/ ohn der Muhametaner Autoritet vnd bewilligung/vnd diesem Velid auff 9. oder 10. Jar geben vnd zuschreiben?

Der 11. Omer der ander.

Folgt nun der Omer/diß Namens der ander/bey den vnsern Haumar genannt/ der eylfft Chalipha:dessen Vatter Aziz/ein Sohn Muauia/heist auch in Muhametischen Geschichten Abdul — Aziz/mit einem Arabischen Zunamen. Daher das verfälscht Wort Habdimazid zu bessern/ welchen Namen jm andere geben/an statt deß Abdul — azid/oder Abdul — aziz. Dieser Omer ist ja letst an seins Großvatters/ von der Mutter her/deß Abdul — melich: vnd an seins Oeheimbs oder Mutterbruders stell/ zum Chaliphat komen:vnd als er demselben nur 2. Jar/vnd 4. Monat lang vorgestanden : ist er mit todt abgangen / im vierdten Jar der Regierung Keyser Leons.

Der 12. Aziz der ander.

Nach diesem ist erwehlt worden Aziz der 12. Chalipha/diß namens der ander/ deß Omeris ander Oeheimb oder Mutterbruder. Dann er den Abdul — melich zum Vatter/vnd den Suleiman zum Bruder gehabt/ welche beyde Chaliphen gewesen. Vom Cedrino/vnd andern Griechischen Scribenten/ wirdt er Jzid oder Ezid genennt. Hat 4. Jar regiert/vnd das 9. Jar der Regierung Keyser Leons erreycht.

Der 13. Hatem/ oder Hacem.

Auff den Aziz ist der 13. Chalipha gefolgt/mit Namen Hakem oder Hacem/welchen die Griechen Hisam nennen. Hat bey wehrendem Leben vnd Regiment Keyser Leons/biß in die 15. Jar/oder ein wenig darüber/regiert:vnd ist im andern Jar deß Keysers Constantini Copronymi/so deß Leons Sohn gewesen/ mit todt abgangen:daß er also dem Agarenischen Reich vnd Wesen in alles 17. Jahr vorgestanden. Es melden wol die Muhametanischen Scribenten nicht außtrucklich/ daß er gemeldts Aziz deß andern/seins Vorfahren/Son gewesen: aber gleichwol deuten sie dahin dermassen/daß mans wol kan abnemmen. Von diesem Chalipha ward der Feldtoberst Masalma mit Kriegsvolck abgefertigt/vnd hat damals Cæsarea die Hauptstatt in Cappadocia erobert vnd eingenommen/im zehenden Jar der Regierung Keyser Leons. Ein Sohn desselben Hisam/genannt Suleiman/wie Cedrinus außtrucklich schreibt/hat in achtzehenden/neunzehenden/vn̄ ein vnd zwantzigsten Jar gedachts Keysers Leon/ wider die

Christen

Histori. Der Agarener Chaliphen.   29

Chriſten Krieg geführt: vnd da er einen Gefangenen bekommen/ ſo von Pergamo (iſt ein Statt in kleinern Aſia) bürtig/ der ſich mit vnwarheit für den Jungen Keyſer Tyberium/ Keyſers Juſtiniani deß andern/ mit dem Zunamen † Rhinotmiti Sohn/ auß gab: hat er denſelben/ dem Keyſer Leon zu trutz vnd verdruß/ gar hertzlich vnd ſtattlich gehalten vnd geehret. Item hat derſelb Hiſam/ wie geſagter Cedrinus auch thut melden/ denen zu Antiochia einen zum Patriarchen verordnet vñ bewilligt/ ſo Stephanus genannt: als der Patriarchiſch Stul daſelbſt lang geſeiert/ vnd keinen Patriarchen gehabt. Item zeigt auch derſelb Cedrinus an/ wie diſer Hiſam mit todt im andern Jar der Regierung Keyſers Copronymi abgangen/ da eben zu der zeit zwiſchen dem Keyſer Copronymo/ vñ dem Artauaſdo/ der ſich für ein Keyſer auffgeworffen/ ein hefftiger innerlicher Krieg geführt ward: vñ wie ſie beyde diſen Hiſam durch jre Bottſchafften vmb hülff erſucht. Solches alles hab ich etwas weitläufftiger wöllen anzeigen/ auß Vrſachen/ ſo der Leſer gleich hierauff vernemmen wirdt.   Dann daß dieſelben jrren/ die diſen Hacem/ oder Hiſam/ auß der zahl der Chaliphen außſchlieſſen/ daran iſt kein zweiffel.

† Wegen abgeſchnittener Naſen.

Der vierzehend Chalipha wird vom Cedrino/ vnd andern Griechen/ Walid genannt. Hat nur ein eintzigs Jar regiert/ vnd ward von den Arabern ſelbſt vmbbracht. Darumb der Cedrinus recht vnnd wol ſchreibt/ er ſey im dritten Jar der Regierung Keyſers Copronymi vmbkommen.   Vnd ſoll man derhalben diſen Walid/ oder Euelid/ nicht zum nechſten Nachfahrn auff den Aziz machen/ mit Außſchlieſſung deß Hacem: noch ſein Regiment auff 18. Jar erſtrecken/ noch jn einen Son geben/ deß Namen Suleiman. Dann belangend den Muauia/ welchen man auch für ſeine Son erzehlet/ gedenckt wol diß Namens geſagter Cedrinus im zehenden Jar der Regierung Keyſers Leons: aber alſo/ daß er eins Amir oder Emir/ ſampt ſeinem Sohn Mauia/ meldung thut: vnd nicht/ daß er diſen Muauia deß Hiſams Sohn/ ſo damals der Agarener Chalipha war: oder deß Walid Son/ ſo viel Jar hernach zum Reich kommen/ außtrucklich nennet. Das iſt aber wol gedenckwürdig/ daß Joannes Leo auß Affrica/ den Euclid/ ſo von Griechen Walid/ von Arabern Welid genannt/ deß Hacems Bruder nennt: der Symeon aber/ deß Hacems oder Hiſams Sohn: welche meynung/ die letſt/ meines erachtens nicht zu paſſirn/ als die daher allein jren Vrſprung gehabt/ weil der Walid nach dem Hiſam zum Regiment kommen. Gleichßfalls iſt auch zu mercken/ daß von Türcken in deß Gilderun Baiaſits/ vnd deß Tatars Temur Chan Geſchichten/ ein Halid genennt wirdt/ deß Welid Sohn. Derſelb Halid iſt diß Chaliphæ Welid Sohn geweſen/ vnd wird derhalben gemeldt/ er hab ſein Begräbnuß vnd Monumentum zu Hamus/ vor zeiten Emiſa/ ein Statt in Soria/ gehabt weil in der eroberung diſer Statt der Maruan/ ein Sohn deß Hacem/ wie die Muhametaner bezeugen/ vnd nicht deß Welid/ diſen Halid/ ein Sohn deß Welid/ vnd nicht ſeinen Bruder/ oder Hacems Sohn/ ſampt etlichen Blutsfreunden erwürgt. Vnd fehre zwar ich mich gar nicht daran/ daß etlich andere dieſe Brüderkinder oder Vettern gantz vnd gar durch einander verwechßlen. Ehe dann ich aber weiter fortſchreite/ zu ernennung deß fünffzehenden Chaliphe/ wil ich zuvor zween auß der zahl der Chaliphen/ ſo durch ein Jrrthumb vnter die andern mit eingemengt/ außleſchen. Der erſt iſt der/ welchen ſie Gizid/ den andern/ (ſolten jhn lieber den dritten heiſſen/ wegen Aziz deß Muauia Sohn/ vnd Aziz deß Abdulla Sohn/ da der dritt Platz haben möcht/) vñ den Jzid Cedrini/ mit dem Zunamen Leipſus/ nennen.   Von diſem ſagen ſie/ er ſey auch deß Habdimelich Sohn geweſen/ hab nur ein Jar allein regiert/ vnd als Copronymus vnd Artauaſdus vnd das Keyſerthumb ſtritten/ ſey er von beyden theiln vmb hülff erſucht worden. Ich wil mit kurtzen worten mein Meynung anzeigen. Diſer Aziz oder Jzid der dritt/ iſt gantz vnd gar einerley mit dem andern/ ſo deß Abdulmelich oder Abdulla Sohn geweſen. Dann wazu wil man einem Vatter zween Söhn einerley Namens/ geben? Daß aber gemeldt wird/ er hab ein gar geringe Zeit regiert/ vnd ſey von obgedachten beyden Griechiſchen Keyſern erſucht vnd ſolicitirt worden/ entweder dem einen oder anderm theil beyzufallen: dadurch wird meine Meynung beſtätigt/ weil ich zuvor durch außtrückliche wort deß Cedrini erwieſen/ daß ge-

Der 14. Walid.

Von zweyen ertichten Chaliphen.

e iij   dachte

Das erste Buch Musulmanischer

Hyces der ander vermeynter Chalipha.

dachte zween Keyser beym Hisam Chalipha/vnd nicht beym Izid/vmb hülff angehalten. Der ander vermeynt vnnd erticht Chalipha wirdt Hyces genannt: von dem sie auch schreiben/er sey mit todt abgangen/ehe dann das erst Jar seiner Regierung herumb kommen/ vnnd sey daneben deß ertichten Gizid oder Izid deß dritten Sohn gewesen. Dagegen ich diesen meinen bestendigen Bericht thue/daß nemlich dieser Hyce sey eben derselb Hacem/welcher 17. Jar regiert/vnd nach deß Joannis Leonis Afri meynung/wol ein Bruder deß Velid gewesen/aber nicht sein Nachfahr/sonder hat viel mehr vor dem Velid regiert. Gleichermassen da er nach etlicher meynung/den Izid zum Vatter gehabt: soll man nicht solches von einem dritten ertichten Izid verstehen/sonder vom Izid oder Aziz/so diß namens warhafftig der ander/ vnd deß Abdulmelich oder Abdulla Sohn gewesen: dero meynung ich zwar nicht zu wider bin. Daß

Ob der Hocem vom Ali/als von dem die Sophi her kommen. Der 15. Mer uan.

sie der warheit etwas ähnlicher/dann der andern wohn/so da wöllen/es sey dieser Hacem nicht vom Ebubekir/sonder vom Ali/deß Muhamets Tochtermañ/ herkommen: vnd nennen jhn Hocem/melden auch daneben/es hab das Sophiner Geschlecht/ welches jetzt in Persia regiert/von jme sein Vrsprung.

Damit wir nun widerumb auff die Ordnung der Chaliphen nach einander/ nach dieser beyden außschiessung/ kommen: sag ich/ der fünffzehend Chalipha sey gewesen Meruan/welchen die Muhametaner außtrücklich einen Son deß Hacem/das ist/der Griechen Hisam/nennen. Solches ist auch derwegen dest glaublicher/weil wir auß dem Cedrino wissen/daß auff den Walid/ welcher im dritten Jar der Regierung Keysers Copronymi vmbkommen/eben im nechstfolgenden Jahr/ nemlich im vierdten gesagtes Copronymi/ der Meruan im Chaliphat succedirt: dadurch dann auch eben das widerlegt vnd vmbgestossen wirdt/welches in gedachtes Cedrini Chronick an einem andern Ort/von deß Izidis Leipss succession/als in einem stückweiß zusammen gezogenen Werck/liederlich vnd on grund verzeichnet/ vnd gelesen wirdt. Weil nun dieser Meruan sechs Jar regiert/ist ohn einigen zweiffel zu schliessen/es hab sein Chaliphat im 10. Jar deß Keysers Copronymi/ein end gehabt.

Der 16. Jachsi, oder Jachia.

Jetzt wöllen wir sehen/wer nach der zeit auff den Meruan im Chaliphat gefolgt/ vnd der sechzehend Chalipha gewesen. Dann auch diß strittig/ vnd werden etliche gefunden/so den nechsten Chalipha nach dem Meruan/wöllen Abubala nennen/ so bey vnserm Symeon Audala heist: andere geben jme den Namen Habdalla/ein Son Hasim/welches auff Arabisch würde heissen Abdulla/deß Ali Sohn: die Muhametaner nennen jhn Jachsi/oder Jachia/vnd melden auch/ er sey ein Sohn Ali gewesen/ auß der Abbasiler Geschlecht. Diese letste meynung wirdt/ meins crachtens/können bestehen. Jedoch halt ich/sein rechter Nam sey gewesen Jachsi/wie auch droben gemeldt/ vnd der Zunam/Abdulla. Daß man auch nicht vnterschiedliche Personen darauß machen solle/wirdt durch den Namen deß Vatters erwiesen/ so von beyden einerley wirdt angezeigt. Jedoch wil die Außraitung der Jar/ so lang dieser Chalipha regiert soll haben/nemlich biß in die ein vnd zwanzig/ wie auch Symeon Magister Officiorum bezeugt/ganz vnd gar nicht anderst lauten/ dann daß der ander Abubala vom

Außschliessung deß Abubala vom Chaliphat.

Chaliphat außzuschliessen: darauß dann schier abzunemmen/daß deß Symeons Audala/für den Abubala der andern zu halten. Dann so man vom zehenden Jar der Regierung Keysers Copronymi wil 21. Jar rechnen/wirdt man auff das 31. Jar gemeldts Copronymi kommen: nach welcher Zeit keins wegs dieser Abubala für deß Audala Successor vnd Nachfahr gehalten kan werden/weil wir droben ein andern gemeldt/vñ baldt denselben werden widerholen: so kan man viel weniger glauben/daß er vor dem Audala gewesen/weil die fünff Jahr seins Chaliphats niergends sich finden lassen: es sey dann/daß mans villeicht dem Jachsi an seiner Regierung abziehen wöll oder dörffte/ vnd solches dermassen/ daß wir sagen/ er sey nur 16. Jar lang/wider die meynung vnd Autoritet aller Historien/im Regiment gewesen. Da nun jemand an diesen Argumenten vnd Gründen/welche doch meins crachtens nicht schwach noch schlecht/jme nicht will lassen genügen/sonder sich vnuermeidlich in ein Rechtfertigung wider mich einlassen: werd ich sehr schlecht vnd gerecht mit der Sachen vmbgehen/ vnd allein begeren/ man wölle deß Abubala Chaliphat so lang sequestriern/biß der Stritt notturfftiglich ventilliert/vnd rechtmässig darinn erkennt werd. Folgt

Histori. Der Agarener Chaliphen.

Folgt der sibenzehend Chalipha Muhammad/ mit dem Zunamen Abdulla/ so schier all diesen Fürsten gemein. Die Griechen aber/wie zuvor auch gemeldt/schneiden von seinem gantzen Namen Muhammadi/ die ersten zwo Sylben ab/vnd heissen jn Madi. Wiewol ich daneben nicht läugnen wil/daß nicht auch seyn mög/ dieser Nam Madi sey gestümmelt auß dem gantzen Mahadin. Da er nun auff seinen Vatter ins Regiment kommen/nach dem ein vnd dreissigsten Jar der Regierung Keysers Copronymi/vnd den Arabern 9. oder auch (welches gläublicher) 10. Jar vorgestanden:wirdt folgen/daß er das ander Jar der Keyserin Irene/ vnd jres vnmündigen Sohns Constantini/ nach dessen Vatters Leons todt/ erreychet:welches zwar mit den Historien wol vberein stimbt. Seinem Sohn aber/ dem Musa/ oder Moyse/welcher nur ein Jar regiert soll haben/gib ich gar kein Stell noch Platz vnter den Chaliphen/ wegen einer so schlechten/vnnützlich angelegten zeit/bey welcher er nichts verricht/ noch verrichten können : vnd dann auch/weil ich hierinn mir fürgenommen/so wol der Muhametaner selbst/als auch der fürnehmsten Griechen Autoritet vnd meynung zu folgen.

Sol derhalben meiner Meynung nach/ der achtzehend Chalipha seyn/Harone-Resid/ ein Sohn deß Muhammad/ oder Madi/bey den Griechen Aaron genannt. Sein Zunam Resid/wirdt auch in der Histori Wilhelms/ deß Ertzbischoffs zu Tyro gefunden. Da man die Jar seiner Regierung anfahen wil zu zehlen nach Absterben seins Vatters/davon jetzo gemeldt: erstrecken sie sich vber die jar deß Keysers Constantini/vnd seiner Mutter/der Keyserin Irene/ biß auff etliche Jar der Regierung Keysers Nicephori deß Griechen/ vnd vnsers Teutschen Keysers Karul deß grossen/ zu dem er Bottschafften vnd stattliche Præsenten geschickt. Vnd kan man auß ordenlicher raitung der Zeit gnugsam abnehmen:daß er lenger/dann 23. Jar/ im Regiment gewesen.

Mit diesem Harone-resid beschliessen nuhn die Türckischen Historici/ die ich mir/dißfalls jnen zu folgen vorgenommen/jren Bericht von den Chaliphen: zweiffels ohn derhalben/daß gleich baldt nach der zeit/ (als dann Augenscheinlich auch andern Regimenten widerfahren/dennach sie auffs höchst gestiegen) das großmächtig Saracenisch Reich angefangen durch jnnerliche gefährliche Krieg vbel geplagt/ vnd allgemach in kleinere schwechere Herrschafften zerrüt vnd zerrissen zu werden : vnd solches eben der gestalt/daß sie nicht lenger haben können den Namen Islami/welchen sie jnen wegen jhrer einigkeit vnd friedes/als einen herrlichen Titul angemaßt/erhalten. Darumb der Aythonus Armenius nicht ohn vrsach schreibt/ daß die Saracener in Asia regiert haben biß in die 198. Jar/welches nicht vbel mit den Türckischen Jahren vber ein stimbt: weil man auß derselben raitung spüren vnnd abnehmen kan/daß deß Harone-resid Regiment vngefährlich biß auffs 180. Jahr nach tödtlichem Abgang deß Muhamets sich erstreckt. Darumb dann eben nach deß Harone-resid Abscheide auß dieser Welt/die grossen Zwitracht vnter den Saracenern sich erhaben/davon der Aythonus redt: dermassen/daß die Soldani/ vnd andere Landtsfürsten/ welche dem Chalipha gehorsamb zuleysten schuldig waren/ wider jn sich zu setzen/ vnd Rebellisch zu werden angefangen:darumb dann der Saracener Gewalt vielfältig abgenommen vnd geschwecht sey worden. Mit dem Aythono stimbt deß Cedrinus gantz vñ gar vberein/in dem er schreibt/der Saracener Macht sey so gewaltig vnd groß worden/daß sie nicht allein vber Persien/ Medien/ Babylon/ sampt der Assyrier Reich/ geherrschet: sonder haben auch neben gesagten Königreichen das Aegyptierland/vnd Libyam oder Berberey/ vnd ein groß theil Europæ besessen. Demnach aber/spricht er/ sie zu vnterschiedlichen zeiten auffrührisch vnd zwiträchtig wider einander zu werden/ auch das einig vñ großmächtig Reich angefangen in vil stück zu trennen vnd zu theilen/ als denn hat Spanien ein besondern Fürsten/Berberey einen andern/ Item Aegyptus ein andern/ ein andern Babylon/ vnd endtlich auch Persien ein andern König bekommen. Es waren auch gemeldte Fürsten mit kein rechter einigkeit vnter einander verknüpfft/sonder was zusammen grenitze/fiel seinen Benachbarten ins Land/ vnd theten also einander feindtlich bekriegen. Bißhero deß Cedrini wort. Hierauß nun endtlich gefolgt/daß die/ so zuvor auß den weit abgelegnen Landen gegen Orient/zu Wasser vnd zu Land sich auffgemacht/vn̄ nicht allein beyderley Asiam/sambt Affrica oder Berberey angriffen/sonder auch gegen Nidergang der Sonn biß Zibiltara/(damals fürs End der Welt geschätzt)vnd zu den Seulen oder Colonne deß Herculis hinein getrungen/daselbst vber den engen Paß deß Meers gefahren/Strezzo di Zibiltara genannt/das mehrer theil Spanien vnter jr Joch bracht/auch folgendts vber das hohe Gebirg Ronceual gezogen/vnd Franckreich gleich als mit einer Sündflut vnzahlbars Kriegsvolcks vberfallen:hernacher/als die Schantz sich verkehrt/widerumb von den Christen/welche ferr von jhnen gegen Nidergang der Sonn gesessen/gleichsfalls mit vberauß grossen Kriegszügen zu Wasser vnnd zu Land/heimgesucht vnd erlegt seind worden. Vnd weil sie damals sehr grosse Prouintzen vnd Landschafften in Asia verloren/hett mans entweder gantz vnd gar außreutten können/oder in jhre alte Wüsten deß Arabierlandts treiben/neben außtilgung deß Muhametischen Reichs: da nicht auß Gottes verhengnuß die hochschädliche trennungen der Occidentalischen in jhren eygnen Vatterland/den Türcken/so auff die Araber gefolgt/vnd damals schon der Muhametischen superstition gifft an sich genommen/zu eroberung alles dessen/so den Muhametanern entzogen/ein muth gemacht: vnd daneben die hülff/so man vnsern in Asia damals zum höchsten angefochten vnd betrangten Christen zuschicken hett sollen/nicht hett verhindert.

Dann als der Araber macht/sampt jrer einigkeit/abgenommen:vnd sie eben die Wafen/dadurch sie den Christen ein/sonder mehr hundert Jar lang/mercklichen schrecken eingejagt/vnd vbermässigen Schaden zugefügt/wider einander zu jrem eygnen Verderben angefangen zu brauchen:hatts der Göttlichen Fürsichtigkeit/einer Regentin Menschlicher Sachen/endtlich gefallen/die Türcken/ein neuwes/vnbekanntes/vngewohnlichs/seltzams Volck/gleich als zum Schauwspiel der Welt herfür zuziehen/ welches an statt der Araber ins Regiment tretten solt/vnnd zuletst auch die Christen theils außreutten/theils vnters Joch bringen/vnd also das grausam Reich/darab sich alle Völcker entsetzen müssen/anrichten vnd stifften. Demnach aber kein Bericht/wie vnd wenn/vnd durch welche Anleytung vnd Vrsachen/dasselbig Volck gleich als auß seinen Winckeln/darinn es biß daher verborgen sich gehalten/herfür gezogen worden/ vnd anfenglich andern Leuten sich erzeygt/in der Türcken Historien/die viel zu kurtz jre Geschicht pflegen zu fassen/gefunden wirdt: wil ich allhie gemeldten Sachen ein satten Grundt anzeigen/vnd gleich von wort zu wort abschreiben auß dem Griechischen Scribenten Cedrino:welchem zwar/so viel diß theil der Histori belangt/sonst keiner zu vergleichen.

Als Muchumet/spricht er/Imbrails Sohn/ein Fürst der Persier/Chorasmier/ Oritaner/vnd Medier/auff der einen Seiten ein schweren Krieg führte wider die Indianer/auff der andern wider die Babylonier/vnd solches mit schlechtem Glück vnd fortgang:hat er jme fürgenommen/ein Bottschafft an der Türcken Fürsten abzufertigē/vn̄ jme zu hülff auß denen Orten ein Kriegsvolck zu bestellen vn̄ kom̄en zu lassen. Schickt derhalben an jhn sein Ambassada/mit köstlichen stattlichen Geschencken vnd Præsenten: vnd begert vom gemeldten Türcken/er wölt jme zu hülff 3000.Mann folgen lassen. Der Türck empfieng die Abgesandten gar wol/vnd weil jme die Gschenck/ so daneben geschickt vn̄ geliefert/nicht vbel gefielen:hat er bewilligt/daß die begerte drey tausendt Mann/vnter einem Obersten/Tagrolipir Mucalet/Mikeils Sohn/dem Muchumet zuziehen möchten:daneben jme selbst ein hoffnung geschöpfft/im fall diese seine Leut deß Muchumets Feinde/so die Saracener daselbst hetten angriffen/auß Persien vertreiben köndten : möchte sich ferrer zutragen/daß sein gedachtes Kriegsvolck/ohn sondere mühe/vber die Brucken deß Wassers Araxis/so zu beyden Seiten mit Thürnen verwahrt/vnd mit einer sondern Guardi besetzt/vnd also den Türcken den Paß ins Persierland versperrete/der gantzen Türckischen Nation solchen Paß möcht öffnen/die Guardi daselbst vertreiben/vnd hiedurch jme das Persierland vnterthenig machen. Als nun diese Soldaten in Persien ankommen/hat obgedachter Muchumet dieselben zu seinem hauffen gestossen/vnnd also den Pissasirium/einen Fürsten der Babylonischen Araber/mit gewalt angriffen/leichtlich vberwunden/erlegt/

Histori. Der Agarener Chaliphen. 33

legt/vnd in die Flucht geschlagen: insonderheit/weil die Araber durch die Türckischen Bogenschützen getroffen/vnd wider dieselben nicht bestehen kundten. Folgends da er wider in sein Land kommen/hett er gern diese Türckisch hülff auch wider die Indianer gebraucht. Aber weil sie begerten/man solt jnen wider heim zu ziehen erlauben/vnd im Namen deß Königs obgedachter Brücken Guardi aufferlegen/ sie vbers Wasser Araxis passiern zu lassen: dagegen aber König Muchumet nicht vnterließ bey jnen an zuhalten/daß sie bleiben solten/vnd zuletst sie mit gewalt wolt zwingen: seind die Türcken auß forcht/es möcht jnen etwas beschwerlichers widerfahren/von jm abgefallen/ vnd haben sich in die Einöd/Caruonitis genannt/begeben: vnd demnach sie schwach an *Türcken fallen vom Perser ab.*

20 der Zahl/vnd derwegen sich nicht dürfften in ein Feldtschlacht wider so gar viel tausendt Menschen einlassen/noch herfür kommen/haben sie mit stätigem streyffen die Saracener vberfallen vnd geplagt. Solches hat den Muchumet zum höchsten verdrossen. Derwegen er ein Kriegßvolck/ biß in die 20. tausendt Mann starck/versamlet: dasselb 10. Obersten vntergeben/so vnter allen Saraceneren die Edelsten/ auch vor andern fürsichtig vnd dapffer geschätzt wurden/ vnd also diß Heer wider die Türcken abgefertigt. *Zug wider die Türcken durch 10. Obersten.* Da nun gedachte Obersten sich zu diesem Zug auffmachten/haben sie keins wegs für rathsam wöllen ansehen/daß man ein solch Volck in die Wildnuß vñ Einöd führen solt/wegen mangels an Wasser vnd Prouiant. Haben derhalben das Feldtläger eben ein Eingang gesagter Einöd geschlagen/vnnd sich bedacht/ was wider den

20 Feind fürzunemmen. Als aber ehegemeldter Tagrolipir/ der sich mit seinen Kriegßleuten in der innern Einöd auffhielt/gespürt vnd vernommen/daß man jhn mit diesem Zug vermeynt zu bekriegen: hat er mit den seinigen Gemeine gehalten/vñ für gut vnd rathsamb geacht/daß man die Saracener vnd Perser bey Nächtlicher weil solt vberfallen vnd angreiffen. Hat derhalben zween Tag an einander in höchster eyl ein gar *Deß Tagrolipir Anschlag.* grossen Zug verricht/ist am dritten Tag an die Feind komen/welche gar ohn alle sorg in jrem Läger waren/noch einigs vbels sich vorm Feind befahrten/vnd hat also den Angriff bey der Nacht gethan: in welchem er sie vrplötzlich in die Flucht geschlagen/ viel Harnisch/Wehren/Pferdt/Haab vnd Gut erlangt. Darumb er hinfüro nicht mehr als ein Feldtflüchtiger/vñ verborgener Schnapphan/den Feind hinderlistig vnd heim-

30 licher weiß angefallen/ sonder im offenen Feldt sich gelägert: da dann hauffenweiß jme *Wie er sich an Volck gesterckt.* zulieffen/alle die/so wegen Malefitz Händel sich befahrten am Leben gestrafft zu werden/sambt den Schlauen vnd Leibeygnen/auch allen denen/ so begierig waren/ gute Beut zu erlangen. Daher gefolgt/daß innerhalb einer geringen Zeit/ ein großmächtigs Heer/biß in die 50. tausendt Mann starck/ zu jme sich versamlet. In dem nun deß Tagrolipir Sachen gedachter massen beschaffen/ hat König Muchumet auß verdruß/wegen der Niderlag/ so sein Volck erlitten/vnd auß gifftigem Zorn/obangerührten seinen 10. Obersten die Augen lassen außstechen: daneben den Kriegßleuten gedräwet/ so der gefahr durch die Flucht entwichen/er wölt jnen ein offentliche schand vñ schmach anthun/daß man sie in Weibskleyder anlegen/vñ also für jedermenniglich her-

40 auß führe vñ zeigen solte. Macht hiemit auch sich selbst auff/wider den Feind zuziehen/ vnd in eygner Person mit jme zu schlahen. Die Kriegßleut aber/ so zuvor vom Feind vberwunden waren/in dem sie deß Königs dräwen vernommen/ seind alle dem Tagrolipir zu gezogen. Als nun derselb mit einem so grossen Kriegßvolck gefast vnd gestärckt/ hat er das gantz Heer versamlet/ist stracks auff den Muchumet gezogen/jm fürgenomen auffs ehist demselben ein Schlacht zu lieffern. Dagegen auch der Muchu- *Schlacht zwischen dem Tagrolipir.* met auff seiner Seiten die Saracener/Perser/Cauiren/ vnnd Araber außgerüst/ein Kriegßvolck gleichsfalls biß in die 50. tausendt starck/sambt 100. Elephanten/so Thürn trugen/ mit Kriegßleuten besetzt/ zusammen bracht: hat diß Heer mit sich genommen / vnd ist also bey Aspachan (ist ein Statt in Persien/noch heutigs Tags Spa-

50 han/ oder dem Türckischen brauche nach/ Ispahan genannt) den Türcken begegnet. Daselbst ist ein vberauß schreckliches Treffen gehalten worden/in welchem viel zu beyden Seiten vmbkommen/vnd auch vnter andern König Muchumet selbst. Dann *Wie Muchumer vmbkommen.* eben in dem er der vnfürsichtiger verwegner weiß herumb thet reitten vnd rennen/ vnd sein Kriegßvolck zur Schlacht ermahnen; ist der Gaul vnter jm gefallen/er selbs den Halß gebrochen/

Das erste Buch Musulmanischer

gebrochen/vnd auff der stell todt blieben. Da solches sich zugetragen/hat deß Muchumets Kriegsvolck sich mit denen auff der andern Seiten in ein Vertrag eingelassen vnd verglichen:darauff allesampt mit eim Feldtgeschrey den Tagrolipir für ein König in Persien außgerüfft. Als er nun zum König erwehlt/hat er etliche der seinigen abgefertiget/vnd die Guardi oder Besatzung der Brücken vber das Wasser Araxis lassen abfordern vnd abschaffen/vnd darauff allen Türcken ein freyen Paß in Persien erlaubt. Darumb sie dann jhr vorig Land verliessen/vnd hauffen weiß dem Persierland zuliessen: allein die außgenommen/welchen jhr Vatterland so lieb/daß jhnen mehr gefiel daheim zu bleiben. Haben also die Persier vnd Saracener deß Regiments entsetzt/vnd sich selbst zu Herrn in Persia gemacht: auch den Tagrolipir für jren Sulten erklärt vnd genennt/welches so viel bedeut/als ein vollmächtiger Herr vber alles/vnd ein König der Könige. Er selbst hat alle vorige Befelchtrager/Amptleut/vnd Oberkeiten im Land gantz vnd gar entsetzt vn abgeschafft/vnd solche Befelch/Aempter/vnd Würden/auff seine Türcken transferiert:hiemit gantz Persien durchauß jm/vnd seinen Landtsleuten zugeeygnet/vnd außgetheilt: die vorigen Innwohner verstossen/vnd zu einem armen geringen Wesen gebracht.

Da er vermeynt/alle Sachen in Persien wol angestellt vnd geordnet: hat er angefangen die Benachbarte Potentaten zu bekriegen: ist selbst in eygner Person wider den Pissasirium/Fürsten zu Babylon/mit seinem Kriegsvolck außgezogen/denselben in etlichen Treffen vberwunden/vnd endtlich vmbbracht/vnd also der Babylonier Landt jm auch vnterthenig gemacht.

Folgends hat er durch andere Feldtobersten/theils sein eygne Brüder/theils nechste Vettern vnd Blutsverwandte/ deren Sachen sich vnterwunden/auch alles das verricht: so neben andern Griechen/insonderheit durch den Cedrinum nach der leng beschrieben.

Vnter seine Brüder werden vom gedachten Cedrino erzehlet/Habramius Alim vnd Aspam -- Sallar/vnd noch einer der dritt/so kein Namen hat/vn der einen Sohn mit Name Asan/deß Zunamen Kophos/(bedeut so viel in Griechischer Spraach/als Taub oder Gehörloß)nach jme verlassen. Habramius hett einen Sohn/Melech genannt/welcher/als sein Vatter vom Tagrolipir erwürgt/zu den Saberrn/vnd ins Reich Arabien geflohen. Auch hat der Tagrolipir Vettern gehabt/so zun Geschwistrigen Kinden mit jme gewesen/nemlich Cutlu -- Muses/(welcher Nam so viel bedeut/als der Glückhafft Moses) vnd Abimelech: vnd waren diese von seins Vattern Mikeils Bruder geborn/vnd nicht sein/deß Tagrolipir/Bruders Söhn/wie etliche auß ein Jrrthumb geschrieben.Man findt im Leben deß Keysers Michaelis Parapinacij beim Cedrino/der Cutlumuses hab fünff Söhn gehabt: aber jre Namen werden nicht erzehlt. Tagrolipir wirdt von Türcken Togra genannt/ vnd war geborn von einem sonders Edlen Stammen bey den Türcken/so man das Selzukisch Geschlecht genennt. Dann auch die fehlen/welche diesem Tagrolipir selbst den Zunamen Selzuc/oder (wie sie es schreiben) Selduch geben:weil der erst in diesem Geschlecht/davon Tagrolipir geborn/gemeldten Namen Selzuc gehabt. Aythonius heist den Tagrolipir mit einem andern Namen Zadok/welchen ich für einen Zunamen achte/so jme geben worden/wegen seins auffrechten guten Regiments. Dann das wort Zadok/bedeut ein gerechten Mann. Deß Tagrolipir Sohn/wirdt Axan genannt vom Cedrino/im Leben deß Keysers Romani Diogenis/ so neben etlicher ander mehr Keyser leben im getruckten Cedrino manglet.Solcher Nam Ax -- Han/heist so viel auff Türckisch/als ein weisser König oder weisser Fürst. Von diesem Sultan/deß Tagrolipir Sohn/ward der Keyser Romanus Diogenes gefangen/vnd ist die raitung der Zeit nie dawider. Dann so der Tagrolipir vor deß Zengis Chan grosser Expedition in Persien/(welche geschehen im Jar tausendt vnd zweyhundert nach Christi Geburt) eben hundert vnd sibenzig Jar zuvor in Persien kommen/wie die Türcken melden:wirdt in alle weg folgen/ daß solches geschehen bey der Regierung deß Griechischen Keysers Romani Argyri:wiewol der Cedrinus anzeigt/ es hab sich etwas hernacher zugetragen/ als Keyser Constantinus Monomachus regiert/nach dem Jar Christi 1042.

Vnd

Tagrolipir wirt König in Persien.

Der Türcken Sultan in Persien.

Die Babylonier von Türcken vberwunden.

Deß Tagrolipir Brüder vnd nechste Vettern.

Der Selzucier Geschlecht.

Axan/Tagrolipir Sohn.

Wenn Tagrolipir in Persien gezogen.

Histori. Die Togratuisch Sultanlar.

Und da man je sagt/daß nach dieser zeit/deß Vatters Tagrolipir/ und Axanis seins Sohns Reich/sich biß ins Jar Christi 1073. in welchem der Keyser Diogenes gefangen worden/das ist/biß in die 40. Jar/nach der Türcken Rechnung/oder biß in die 30. Jar/nach deß Cedrini meynung/erstreckt hab: wirdt hiemit nichts auff die Bahn gebracht/das der Warheit vngemäß geacht möcht werden. Es kan zwar anderst nicht seyn/dann daß hiedurch Augenscheinlich der Aythonus widerlegt werd/der seinem Zadoc/in so kurtzer zeit/so viel Fürsten/alle nacheinander seine Söhn vnnd Enickel/zu Nachfahrn im Reich gibt:daß man darauß schliessen muß/der Keyser Diogenes sey von seinem Vhrenickel im fünfften Glied/gefangen worden. Dann er meldet/es sey auff den Zadok/welcher ist der Tagrolipir/sein Sohn Dogrissa gefolgt:auff den Dogrissa der Aspasalem/Zadoks Enickel:auff den Aspasalem der Meleela/deß Enickels Sohn:vnd auff diesen endlich Belchiaroc/der fünfft in der Ordnung / oder offtgedachts Zadok Vhrenickel. Keiner ist so schlecht / der nicht mercke/wie der Warheit nicht fast ähnlich/daß auff einen eintzigen Fürsten so viel Söhn vnd Enickel/innerhalb so kurtzer zeit 30. oder 40. Jahren / mit gar einem vngewohnlichem Exempel Menschlicher Sachen / auff einander solten gefolgt seyn. Vnd möcht einer nicht ohn vrsach sagen/daß der Aspasalem eben für deß Cedrini Aspam -- Sallar zuhalten/welcher deß Tagrolipir vnd Habrami Bruder gewesen/vnd nicht deß Tagrolipir Enickel/oder Sohns Sohn. So hat gleichermassen der Meleela einen Namen/der deß Melech Namen fast ähnlich:welcher deß obgedachten Habrami Sohn gewesen/vnd nicht deß Tagrolipir Enickels Sohn. Vnd gleichwol wirdt man dafür gehalten vnd glaubt haben/daß auch diese regierende Fürsten gewesen:auß Vrsachen/weil man jre Namen in erzehlung der Personen diß Stammens gefunden.Daneben läßt sichs auch ansehen/der Nam Belchiaroc/sey zusammen gesetzt auß Artoc vnd Beleche. Das erst ist bey den Türcken ein Manns Nam/das ander bedeut die Statt/da der Seltzuckier Hoflager war:daß also durch diesen Namen der Artoc von Belch zu verstehen/nemlich ein ander Fürst/dann der Aran. Beschließlich möcht einer auch nicht fast fehlen/ da er würd sagen/der Nam Dogrissa sey gemacht auß dem Türckischen Togra. Wil alihie nicht melden / daß jetztgedachter Aythonus schreibt/es seyen die Türcken/als sie nach deß Belchiaroci todt von Georgianern vnd Armeniern auß dem gantzen Persierland vertrieben/mit Weib vnd Kind in Türckey / das ist/ins Iconier Reich deß kleinern Asia gewichen: vnd sey gleichwol das erobert Persisch Königreich nicht gemeldten Georgianern vnnd Armeniern / so den Sieg erlangt hatten/ zu theil worden/ sonder den Corasmiuern:welche einen vnter jhnen/ Jalaladin genannt/zum Fürsten vber sich/vnd zum Obersten Herrn vber gantz Asia gemacht sollen haben: vnd daß derselb hernach vom Aladen/der Iconier Türcken Sultan/fast nach hundert Jaren erlegt sey worden/da er jme sein Reich im kleinern Asia Feindlich angreiffen wolt.Diß seind zwar der Zeit nach/verwirrete vnrichtige Sachen / vnd nicht fast glaubwürdig/ da mans zu den Türckischen Historien halten / vnd fleissig examinirn wil. Dann leichtlich zu glauben/vnd auß den Griechischen vnd vnsern Historien zu beweisen/daß die Türcken auß Persien in das klein Asian fortgeruckt / die Griechen vertrieben/jre Land daselbst eingenommen / vnd mittler weil dannoch jhr Königreich in Persien nit verlorn: biß endlich der groß Gewalt deß Zengis Chan/vnd der vnzahlbarn Tatarn/ sie sampt jrem letzten König zu Belch/ deß Seltzuckischen Stammens/ Cursum genannt/wider jren Willen gezwungen/daßselb Land zu verlassen:wie die Türcker/denen jre selbst eygne Geschicht besser bekannt/dann andern Leuten/hievon thun melden.Wil auch geschweigen/daß man dafür halt/es sey der Keyser Diogenes vom Sultan Belchiaroc gefangen worden:vnd daß anderst auch auß dem Aythono selbst nicht kan abgenommen noch verstanden werden / weil er eins Türckischen Sultans gefangener worden/vnd nach gedachts Aythoni meynung / eben dieser Belchiaroc der Türcken letzter Sultan in Persien gewesen. Nun ist gewiß vnd vnlaugbar/daß von der Zeit deß tödlichen Abgangs Belchiaroci/biß auff den Zengis Chan/ mehr dann gantze hundert Jar verflossen. Wer ist dann/als die Türcken auß Persien (laut der meynung Aythoni)vertrieben/dene grossen Persischen Königreichen/als ein Herr/vorgestanden?

Solt

Widerlegung deß Aythoni.

Deß Irrthumbs Aythoni Vrsprung.

Ein ander Wederlegung deß Aythoni.

Noch ein ander Argument.

Solt wol Jalaladin der Corasmier allein der gewest seyn/welcher denē Völckern Ge=
saledin genannt/vnd mit Vngrundt vom Aladin in Asia soll erschlagen seyn? Eben
dieselbig Vrsach bewegt mich auch/daß ich etlicher meynung nit beyfallen kan/welche
schreiben vnd wöllen/es sey der Aladin/von welchem das Geschlecht der Jconier Sul=
tanen herkommen/vom Suleiman Schach geborn/so deß Jchiaroci Bruders Son
soll seyn gewesen. Dann die zeit/ so dazwischen verflossen/ ist viel zu groß/auch noch
vnteinlicher/ da man sagen wölt/ es sey dieser Suleiman deß Aspasalem Enickel
gewest/nach etlicher meynung:vnd schickt sichs viel besser/ daß man laut der Türcki=
schen Historien/deß Aladins Zug auß Persien auff die Zeit referire/da die Tatarn
daselbst eingefallen:er hab das kleiner Asien erlangt vnd bekommen/wie er wöll/so schon
vor der Zeit von seinen Vettern/ Selzuckischen Stammens/ angriffen war: wie ich
vnlangst selbst angezeigt/ vnd nothwendig muß nachgeben vnd passirt werden. Wil
geschweigen/daß der erst Aladin/ (also nenn ich jhn/ wegen eins andern/so der letst ge=
wesen) auch dieser Vrsach halben gesagten Suleiman Schach nicht hat können zum
Vatter haben/weil die Türcken außtrücklich melden/er sey ein Sohn deß Rei-- Hu=
srew gewesen: wiewol doch der ein vnter jhren Dolmetschen/ welcher die Verausisch
Historia vertirt/entweder auß einem Jrrthumb/oder auß vnachtsamkeit/diesen ersten
Aladin für ein Sohn deß Cursum Schach/so der letst König zu Belch gewesen/ vnd
vom Zengis Chan dem Tatar vertrieben worden/außgibt. Jhm sey nu gleich wie jm
wölle/so ist er doch ein Fürst Königlichs/vnd zwar deß Selzuckischen Stammens ge=
wesen:welches von Türcken für gewiß bestetiget wirdt/ vnd jhnen in allweg zu glauben.
Ehe dann ich aber auff die Aladinier fortschreite/wil ich allhie mein Meynung auch
vom Herkommen deß Suleiman Schach selbst/ eröffnen vnd anzeigen: damit man
sehe/daß er weder deß Aythonischen Aspasalems Enickel gewest / das ist/ ein Bruder
deß Belchiarocs:noch deß Belchiarocs Bruders Sohn/ das ist/ obgedachten Aspa=
salems Enickels Sohn: ja daß er auch gar nicht geborn von deß Togra/ Zadoc ge=
nannt/Leibserben:ob er wol jr Blutsfreundt vnd Vetter war. Dann er deß Aspasa=
lems Enickel nicht kan genennt werden/weil ich nicht gestehe/ daß der Aspasalem ein
Enickel deß Zadocs gewest/sonder ein Bruder/dem die Griechen den Namen Aspam=
sallar geben/wie droben gemeldt. So wirdt das alles/ was der Aythonus schreibt von
so vieler Nachkommen deß Zadocs folgung auff einander/ eygentlich vnd klar wider=
legt durch deß Cedrini Wort/ so bald hernach allhie gesetzt sollen werden/da er auß=
trucklich anzeigt/es habe sich deß Vatters Tagrolipicis/vnd deß Sohns Aranis Re=
gierung an einander continuirt vnd erstreckt biß vber deß Keysers Nicephori Bota=
niatis zeit. Damit dann auch vberein stimpt die Jerosolymitanisch Chronick/in dem
sie meldt/wie Suleiman Schach im Jar Christi 1098. (das ist/der Regierung Key=
sers Alerij Comneni / im 14. Jar) den Sultan im Land Corozan (das ist/ den Aran/
Tagrolipir Son) erinnert/welcher massen er jme die Asiatisch Romaniam geschenckt/
so damals von den Christen auß Occident war eingenommen/wie dann die wort selbst
lauten/die ich kurtz hernach einführen wil. Daß auch gedachter Suleiman Schach
deß Belchiaroci Bruders Sohn nicht gewest sey / wirdt gnugsam erscheinen auß de=
nen Gründen/die ich anziehen wil/ wenn ich zuvor etlich wol mercklicheit wort deß Ce=
drini/auß dem Leben deß Keysers Michaelis Parapinacij/ so noch nit getruckt/ werd
eingebracht haben. Dieselben wort liset vnd findt man zu Außgang der Histori vom
Regiment gedachts Keysers Parapinacij/da er meldt/ wie Nicephorus Botaniates/
demnach er sich/ für ein Keyser auffgeworffen/ im Asierland ein Kriegsvolck zusam=
men bracht/ Constantinopol damit einzunemmen/ vnd den rechten Keyser Michael
Parapinacium/deß Reichs zu verstossen. Deß Cedrini wort lauten/wie folgt.

Es hat auch der Botaniates nicht ein gerings Türckisch Kriegsvolck an sich
bracht/dessen Haupt vnd Führer war der berühmpt Cutlumuses/sampt seinen Fünff
Söhnen/so er Botaniates wegen diß Kriegs an sich gehenckt. Dieser Cutlumuses/
vnd seine Söhn/waren dem Sultan mit Blutsipschafft verwandt/vnd wandten wol
für/ sie hetten ein Anspruch an das gantz Persisch Reich:aber weil sie wegen vnver=
möglichkeit den Krieg wider den Sultan nicht kundten führen/ waren sie in Roma=
niam

Histori. Die Aladinier Sultanlar.   37

niam kommen/daselbst ein Macht zu erlangen/mit dero sie dem Sultan sich möchten widersetzen. Vnd damit ich die Warheit/wie diese Sachen sich eygentlich zugetragen/ anzeig: ist zu wissen/daß sie wider den Sultan ein Krieg erregt/vnd da sie sich vnterstanden/Bischoff oder Bader zu werden/ vnd mit dem Sultan ein Treffen zu halten an einem Ort/ Re genannt/ (ist meins erachtens Ere die Statt/ noch heutigs Tags vorhanden im Land Schirwan oder Media) auch schon das Kriegsvolck beyderseits zum Angriff bereyt vnnd fertig: kam das Geschrey von diesem Handel für den Chalipha/oder jhren Bapst/den sie gleich als in Göttlichen Ehren pflegen zu halten. Derselb hat alsbald allen Pracht vñ alte Gewonheit hindan gesetzt/dadurch jme nicht zugelassen/auß seinen Zimern herfür zukommen: vnd hat sich in grosser eyl an das obgemeldte Ort Re verfügt/da man die Schlacht wolt halten/ist zwischen beyde Kriegs Heer getretten/hat als ein Schiedmann fried vnter jhnen gemacht/ mit grossem nutz der Persier/(das ist/der Türcken/so Herrn in Persia) vnd jhres Reichs: aber dem Römischen oder Griechischen Reich vñ Macht zu mercklichem Nachtheil vñ Schaden. Jn dem aber mancherley meynung/wie die Sach hinzulegen/ auff die Bahn kamen: haben sie endtlich ins heylsamen Rath jres Chalipha oder Bapsts jnen gefallen lassen vnd bestetigt: daß nemlich dem Sultan sein Regiment in Persia bleiben solt / wie auch sein Vatter dasselb Königreich zuvor ingehabt vnd besessen: der Cutlumuses aber/ vñ seine Kinder/solten vom Sultan ein Kriegsvolck vñ hülff bekommen/der Römer Land damit einzunemmen/vñ daselbst ein Reich auffzurichten/so in jrem Gewalt bleiben solt: vñ hinführo solten sie keins wegs einander feindtlich angreiffen/noch vnruhig machen. Durch diese deß Chaliphen oder Bapsts erinnerung vnnd Schiedspruch/ ward der Krieg vnd Schlacht auffgehaben/vnd traten beyde Kriegsheer zuruck/ liessen allen Zanck vnd Zwitracht fallen/vnd huben an/der Römer Landtschafften vnter jhr Joch zubringen.

Bißher/ was Cedrinus hievon geschrieben: vnd wirdt solches auch wol vom Zonara widerholet/aber nicht vollkommlich: wie dann auch an andern mehr Orten vnd Enden er zuthun pflegt/damit man nicht spüre/was er auß dem Cedrino gestolen. Ehe dann ich aber anzeig/ was meiner meynung nach/hierauß abzunemmen vnd zuschliessen: wil ich zuvor ein kurtze Erklärung etlicher Sachen hinzu setzen. Deß Cutlumusis ist droben gedacht worden. Von allerley zwitracht zwischen jm vnd dem Tagrolipix schreibt Cedrinus/vnd meldt/es sey darauß erfolgt/ daß endtlich er vom Tagrolipix vberwunden worden/bey einer Vestung im Land der Corasmier/genañt Passar/darauff sampt seins Vettern Habramij Sohn Melceh/vnd mit 6000. Mannen/ an die Römisch Grenitz geflohen/ seine Bottschafft an den Keyser Constantinum Monomachum/kurtz vor desselben todt/so im Jahr Christi 1054. oder wie andere wöllen/im 1057. sich zugetragen abgefertigt: vnd begern lassen/man wölt jn auffnemmen/ vnd für ein Bundsverwandten vnd Freund der Römer oder Griechen erklären. In dem er nun auff deß Keysers antwort must warte/ist er in Persarmenien auff die Statt *Carse gezogen/dieselb erobert/ ausser deß Schlosses. Als aber vernommen/wie sein Vetter vnd Feind Tagrolipix vorhanden wer/ist er zu den Arabiern geflohen/ so damals mit dem Tagrolipix in offner Feindtschafft stunden: vñ hat sich zu letzt/nach dessen Absterben/da der Son Aran im Regiment war/in der Römer Gebiet begeben/ vñ dene Sachen sich vnterwunden/so vom Cedrino an diesem Ort erzehlt worden. Daß auch diese Geschicht von keinem andern Cutlumuse können verstanden werden/ist leichtlich auß der Abraitung der zeit abzunemmen/ dadurch beweißlich/daß obangeregte Geschicht nur vngefährlich 20. Jar vor diesen sich zugetragen/ so jetzt erzehlt. Es seind auch die fünff Söhn deß Cutlumusis wol zumercken/vnangesehen derselben Namen nicht gemeldt. Daß er spricht/sie seyen dem Sultan mit Sipschafft verwandt gewesen/soll auß obangezeigtem Bericht also verstanden werden/daß nemlich der Cutlumuses vnd der Tagrolipix von zweyen Brüdern geborn/ vñ jrer beyder Söhne/Vettern im dritten Grad gewesen. Man spüret auch wol hierauß / daß die schwebende Feindtschafft zwischen jnen/durch deß Tagrolipix todt nit erloschen: sonder daß die Cutlumusischen deß Axanis Reich nachgestellt/vnd zu letzt in Romaniam/ein Macht wider jren Feind

D   daselbst

38 **Das erste Buch Musulmanischer**

daselbst auffzubringen/ankommen. Man soll auch auff die wort deß Vertrags/ so durch den Chalipha oder Bapst auffgericht/ acht geben: dadurch dem Sultan Aran (dessen Namen man zuvor außtrucklich beym Cedrino findt) das Persisch Königreich wirt zugesprochē/ welchs sein Vatter Tagrolipir bey seinem Leben erobert vñ besessen: den Cutlumusischen aber zugelassen vñ vergünt/ daß sie möchten mit hülff vñ zuthun deß Sultans in Romaniam fallen/ vñ daselbst ein Königreich auffrichten. Darumb dann hernacher auß krafft diß Vertrags die Romania von deß Cutlumusis Sönen ist eingenommen worden/ vnter welchen ich nit zweiffle der fürnemist gewest Suleiman Schach/ da man anderst deß Cedrini vnd der Jerosolymitanischen Chronick wort fleissig gegen einander halten/ vñ wol erwegen wil. Dann als gedachter Suleiman zu der zeit/ da die Statt Antiochia von vnsern Christen belägert/ abgefertiget worden/ vom Sultan in Corozan Hülff vnd Entsatzung zubegern wider Hertzog Gottfried von Bullion/ vnd andere mehr Fürsten der Christen: ward er vom Sultan nach Türckischem brauch/ ein Bruder/ das ist/ ein Blutsfreundt vnd Vetter genannt: vnd hat auch der Suleiman selbst/ den Sultan eben mit diesen worten angesprochen: So haben vns die Christen auß dem Königreich der Francken/ die berühmbte Statt Nicæa/ so dir bekandt/ sampt der Landtschafft genannt Romania/ zum Königreich der Griechen gehörig/ so wir durch deine Hülff/ vnd durch deine Macht/ (diese wort soll man zu den obgesetzten worten deß Vertrags im Cedrino wol halten) als durch dein Donation vñ Gnad vns vbergeben/ erobert vnd bekommen/ widerumb mit Gewalt abgetrungen. Wer spüret nicht auß diesen worten/ daß sie vom Suleiman/ als von einem Sohn deß Cutlumusis/ gesprochen: mit welchem/ wie auch mit seinen fünff Söhnen/ jetztgemeldter Vertrag war auffgericht/ vnd denen auch die Gerechtigkeit zu erobrung der Landtschafft Romania geschenckt war? So kan man auch nicht sagen/ daß diese wort zu einigem andern Sultan gesprochen/ dann zum König der Türcken in Persia/ so deß Tagrolipir Sohn war: welches auch darauß abzunemmen/ daß eben obgedachtes Chronicon denselben Sultan ein grossen Fürsten deß Königreichs Corozan/ vnd Regierenden Soldan vber alle König vnd Fürsten deß Orients/ auch ein Haupt vnd Fürsten der Türcken nennet/ dessen Hofhaltung in der Statt Balch/ (im getruckten wirdt zum andern † mal Baldach gefunden/ so nicht recht geschrieben) die damals ein Haupt deß Lands Corozan/ vnd deß Türckischen Königreichs gewesen. Darauß zu sehen/ daß die Türckischen Historici recht schreiben/ in dem sie melden/ das Königlich Hoflåger der Nachkommen deß Togra/ sey zu Balch oder Belch/ im Land Chorasan gewest. Sie zeigen auch beständiglich an/ diß Belchisch Reich sey bey dem Togra/ vnd seinen Nachkommen in die 170. Jar verblieben/ biß zur Expedition deß Zengis Chan/ da die Türcken vertrieben worden/ vnd die Persischen Königreich vnter der Tatarn Joch komen: welches zwar ein mercklicher Bericht/ darauß klårlich erscheint/ daß die Nachkommen deß Tagrolipir oder Togra/ König vnd Schachlar zu Belch/ nit etwa vmb daß 1098. Jar Christi (wie etlich schreiben) abgangen: sonder nach gemeldter zeit gantze hundert Jar noch vorhanden gewesen/ wider obgedachten vngereumten Bericht deß Aythoni/ so hierinn gefehlt. Von diß Lands Chorasan/ vnd der Statt Belch Sultan/ welcher damals (wie gesagt) Sultan Aran war/ hat der Suleiman den Königlichen Titul Schach erlangt/ wie gleichßfalls von andern gemeldt wirdt: dadurch dann auch angedeut/ er sey deß Cutlumusis Son gewest/ von dem wir droben vernomen/ daß ime Romania das Königreich durch den vom Chalipha auffgerichten Vertrag/ sey worden. So hat auch gedachter Suleiman Schach in der Warheit/ vnd mit der That/ die Landtschafft Romaniam/ sampt der Statt Nicæa/ erobert vnd besessen: ist aber von vnsern Occidentischen Christen widerumb auß denen Landen/ so er mit schlechtem Titul/ Fug vnd Recht/ an sich gebracht/ vertrieben/ derselben entsetzt/ vnd beraubt worden. Nach diesen zeite aber sicht man gantz hell vñ klar auß den Historien/ bevorab von vnser Leut Zug ins Heilig Landt/ daß die Cutlumusischen/ vnd andere Türcken/ nach dem sie durch die Occidentischen Christen auß den Feldern vñ ebnen Orten deß kleinern Asierlands vertrieben/ vñ auß den Stetten daselbst außgesteubert/ welche den Griechischen Keysern wider eingerãumbt worden/ sich in Gebirge vnd vnebnen Landen auffgehalten ha-

Die wort deß Vertrags.

Welche Türcken zum ersten Romaniam angriffen.

Beweiß/ daß der Suleiman Schach ein Son deß Cutlumusis gewest.

Beweiß/ daß alhie nur der Togranisch Sultan in Persia verstanden werd.

† im 8. Buch/ am 7. Cap. vnd im 9. Buch/ am 37. Cap.

Der Aythonus klärlich widerlegt.

Türcken haben kein Sultanat in Asia minori auff ein zeit lang.

Histori. Die Aladinier Sultanlar.

ten haben/ohn allen Titul vnd Possession der Asiatischen Romania: biß endtlich
der Aladin/so flüchtig auß Persien/mit seinem Anhang vnd Kriegsvolck die Stett/
Iconium vnd Sebastiam/wider hat eingenommen/wie die Türcken davon schrei-
ben/vnnd sich zum Padischach oder Obersten Fürsten vber das gantz Romania gemacht: dessen Nachkommen ich nuhn allhie auß den Türckischen Monumenten
außklauben/vnnd ordenlich nacheinander setzen wil: gleichwol ander Leut Sachen
hiemit vnveracht vnd vngetadelt/da jemandt villeicht jhrer mehr/so den rechten Sultanen wegen deß Selzuckischen Gebluts verwandt gewesen/auß vnterschiedlichen
Scribenten zusammen gelesen/auch etwas Rhumbs vnnd Lobs wegen solcher Ge-
10 schicklichkeit auß einer dermassen mühesamen Arbeyt erlangt. Mein Person be-
treffendt/werd ich hiemit/nach geschehenem Bericht vom Selzuckischen Regiment
deß Tograner Geschlechts so auff die Arabischen Fürsten oder Chaliphen der Musulmanlar gefolgt/meinem Zusagen ein genügen thun/ in dem ich auch die Aladinier
nach einander werd erzehlen vnd setzen: so gleichßfalls/wie obberührt/von den Sel-
zuckiern herkommen/vnd den Völckern Musulmanischer Religion vnd Sect vor- *Der Musul-*
gestanden/auch derwegen in der Histori vnsers Prætoris Graciæ/ der Musulmaner *maner Sultan.*
Sultauen genannt werden.

Derhalben zu wissen/ daß Sultan Aladin der erst/ein Sohn Kei--Husrew *Aladin/der erst*
gewesen/auß dem Selzuckischen Geschlecht. Demnach er auß Persien durch der *König zu Ico-*
20 Tatar Gewalt vertrieben/ist er ins kleiner oder nider Asien gewichen/hat daselbst *nio.*
etlich viel Prouintzen in sein Gewalt bracht/vnnd den Königlichen Sitz/oder sein
Hofläger/in der Statt Cogna/vorzeiten Iconium/gehabt. Da er endtlich starb/
hat er zween Leibserben nach jhm verlassen: Azadin den Eltern/vnnd Giassadin den
Jüngern. Azadin wirdt in den Griechischen Historien Azatines genannt/vnd bey *Azadin/der an-*
dem Aythonio findt man seinen Namen vbel geschrieben Aladinus/ an statt Azadin. *der König zu*
Daß er vnter den Brüdern der Elter gewesen/spüret man eygentlich auß dem Præ- *Iconio.*
tore Graciæ/welcher meldt/es sey dieser nach deß Vatters todt/als der erstgeborn/
zum Fürstenthumb vnd Regiment der Musulmaner kommen. Jedoch scheint als
hab er nicht lang regiert. Der ander Bruder Giassadin/heist bey den Griechen
30 Jathatines/vnd wirdt doch diß Wort Griechischer Art nach/eben außgesprochen
Jassadin/wie auch von Türcken. Von diesem meldt obgedachter Prætor folgende Sachen. Als der Jathatines/spricht er/durch die Flucht seinem Bruder Azatin auß den Henden entrunnen: hat er sich auff Constantinopol begeben/ward daselbst vom Keyser Alexio Comneno Angelo freundtlich empfangen/zum Christlichen
Glauben bracht/getaufft/vnd an Sohns statt angenommen. Da folgends Keyser Alexius (gegen der Fläming/Frantzosen/vnd Italiener ankunfft) die Statt
Constantinopol verlassen/vnnd die Flucht genommen: ist auch dieser Jathatin mit
jhme davon gestrichen. Aber ehe dann etlich wenig Tag fürvber/kam einer heimlicher weiß zu jm/vnd thet jme zu wissen/wie sein Bruder gestorben wer. Alsbald hat der *Giassadin/der*
40 Jathatin schlechte Kleyder angelegt/vnd ist mit diesem davon gezogen. Als er nun von *dritt König.*
den seinigen erkandt/ward er öffentlich für einen Persarcha/das ist/für der Türcken
Fürsten/so auß Persien in die Land kommen waren/außgerüfft vnd erklärt. Dieser Jathatin ist auch etwa dem Keyser Theodoro Lascari/ als er in grosser Betrangnuß *Theodorus La-*
vnd noth steckte/sehr wol kommen: da er jhme hülff an Leuten lassen zuziehen/ vnd ein *scaris/Keyser*
friedsVertrag mit jhm auffgericht. Dann er deß Keysers Lascaris Gemahel/ *in einem theil*
die Keyserin Anna/ nicht anders dann Schwester/ pflegte zu nennen. Zu demsel- *Asiæ.*
ben hat auch Keyser Alexius/ da er vertrieben/ vnd im Ellend/mit sonderm fleiß begert sich zu verfügen. Dann jhme gar zu wider/ daß er zu seinem Tochtermann/ *Der Schweher*
dem Keyser Theodoro Lascari/ ziehen solte.   Hat derhalben von seinem Vettern/ *wider den Toch-*
50 Michael Comneno/ dem Fürsten deß alten Epiroter oder Albaneser Lands/darinn *termann.*
die Stett: Joannina/Arta/Naupactus (jetzo Lepanto) gelegen/etwas Gelts zur Zeh-
rung auffbracht/ist auß seinem Gebiet zu Schiff gangen/von Land gefahren/vnnd
mit gutem glücklichem Wind zu Attalia/ (heut Settelia genannt) ankommen/
ward daselbst vom Sultan gantz freundtlich empfangen. Zu der zeit hett der Key-

ij   ser

Das erste Buch Musulmanischer

ser Theodorus Lascaris sein Hofläger zu Nicxa / dahin dann alsbald vom Sultan ein Gesandter abgefertigt ward / der jhme deß Keysers Alerij / seins Herrn Schwehers Ankunfft solte zu wissen thun : vnd daneben anzeigen / wie gar vnbefügter massen er eins andern Landt vnnd Gebiet eingenommen. Diese Bottschafft hat den Keyser Theodorum etwas bewegt / vnd nicht wenig erschreckt. Dann ob wol der Sultan den Keyser Alerium für ein Deckmantel brauchte / so thet er doch in der Warheit zu diesem einigen Zweck zielen / daß er möcht der Römer oder Griechen gantzes Gebiet durchstreyffen vnd plündern / oder gar vnter sein Gewalt bringen. Derhalben deß Keysers Theodori Sachen sehr gefährlich damals stunden / hielt derwegen ein Landtag / seiner Leut Gemüther zu erforschen / ob sie lieber jhme wolten beyfallen vnd anhengig bleiben : oder seinem Schwheer / dem Keyser Alerio. Sie aber haben alsbald gleich als auß einem Mundt samentlich zu Antwort geben / sie weren der endtlichen meynung / daß sie mit jhme bedacht zu leben vnd zu sterben / zu genesen vnd zu verderben. Als der Keyser durch diese seiner Vnterthanen zusag vnd vertröstung ein Hertz gefast / ist er von Nicxa verruckt / hat deß Sultans Bottschafft mit sich geführt / hiemit gleich als im schnellen Lauff der Statt Philadelphia zugeeylt. Mitler weil nam der Sultan den Keyser Alerium zu sich / welchen er gleich als ein Luder mit sich brachte : ruckt also für Antiochia / welche Statt im Land gelegen / da der Fluß Mæander (jetzo Madre) durchlaufft : vnd weil er dieselb einzunemmen vorhabens / ließ er sie alsbald mit allerley Kriegsrüstung vnd Instrumenten stürmen / vnd brachts dahin / daß sichs ansehen ließ / er würds gar schleunig erobern. Solches lag dem Keyser Theodoro im Sinn / furcht auch es möcht geschehen. Vnnd weil er wist / wie die Sachen ein gestalt hatten / daß nemlich im fall der Sultan Antiochia die Statt erobern solt / als dann kein Widerstand noch verhinderung mehr seyn würd / damit er nicht der Römer oder Griechen Gebiet gantz vnd gar einnehm : hat er gleich jhme fürgenommen / die Schantz zu wagen / oder besser zu reden / all sein Vertrauwen auff den Herrn Christum gesetzt / dessen Namen alle Gottsförchtige gleich als ein gemeins Kennzeichen vnd Liurea tragen : darauff befohlen zu eylen / vnd den seinen aufferlegt / es solt niemandt kein Zelt / noch Plunder / noch jechtes mit jm nemmen / so zum Streit vntauglich : außgenomen was nothwendig / als ein wenig Prouant / vnd Kleydung. Sein gantzes Kriegsvolck war vber 2000. Mann nicht starck / darvnter 800. Italiener / dapffere Leut / vnd die jre Hend wol wisten zu brauchen / wie sie es zu seiner zeit mit der That erzeigt : die vbrigen waren Römer oder Griechen / die sich Römer nenneten. Als nun der Keyser nicht weit von Antiochia / erlaubt er deß Persischen oder Türckischen Sultans Bottschafft / zu seinem Herrn zuzuiehen. Hiemit macht sich der Legat auff / vñ thut seinem Sultan deß Keysers Ankunfft zu wissen / der eben dieser zeitung kein glauben welt geben : biß der Legat mit dem Eyd bestetigt / es were der Keyser nicht weit von dannen vorhanden. Da der Sultan solches vernommen / thet er sein Kriegsvolck in höchster eyl versamlen / vnd in ein Schlachtordnung bringen. Den ersten Angriff theten die Italiener / vnangesehen ein gar grosse mennig der Musulmanlar vorhanden : vnd als dieselben viel Mannliche Thaten mit der Faust verricht / vnd noch dapfferer sich an Gemühtern erzeigt : haben sie wol der Feind vnzchlich viel erlegt / seind aber auch selbst schier alle vmbkommen. Nach dem die Italiener vberwunden / haben die Musulmaner auch wider das Römisch oder Griechisch Volck schier ohn mühe vnd Arbeyt den Sieg erlangt : deren etliche schon in voller Flucht waren / etliche (gleichwol wenig) hielten den Feind auff vnd wolten zuvor sehen / was die Schlacht für ein Außgang würd gewinnen. Als nun der Sultan vermeynt / er hett die Schlacht schon erhalten / hub er an / den Keyser selbst zu suchen / welcher jhm durch einen in grossen engsten / vnd mangel an Rath / vnd allen dingen / gezeigt ward. Derhalben er mit grosser Geschwindigkeit / in vertrauwen auff seine Sterck vnnd Leibskrafft / auff jhn zugeeylt. Da einer den andern erkennt / hat der Sultan mit seinem Pusigkan oder Streitkolben dem Keyser einen Streych auff den Kopff geben / mit solcher Sterck vnd Macht : daß jhm dadurch das Gesicht vergieng / vnd er alsbald in solcher Ohnmacht vom Gaul stürtzte / welcher auch von diesem Streych / wie man sagen wil / zu bodem gefallen : wiewol ich

Auffgang der Türckischen Hülff vnnd Bündnussen.

Deß Keysers Lascaris Geschwindigkeit.

Großmütigkeit Keysers Theodori.

Treffen zwischen dem K. Lascari vñ dem Sultan.

Vertrauwen auff eyane treffe hat kein Glück.

meins

Histori. Die Aladinier Sultanlar.   41

meins theils nicht eygentlich sagen kan/ ob etwa der Gaul noch ein besondern Streych
vom Sultan entpfangen. Dennach der Keyser vom Gaul kommen/ richt er sich als
bald/ vnd macht sich auff die Füß/ gleich als wenn er durch ein Göttliche krafft gesterckt *Die krafft Gött-*
würd: zeucht sein Schwerdt auß der Scheiden/ vnd in dem der Sultan sich zu seinen *licher hülff.*
Leuten wandt/ vnd trutziglich schrie/ Führet jn hinweg/ hieb er deß Sultans Roß die
Spannadern an beyden hintern Füssen ab. Es ritt aber damals der Sultan ein Mut=
terpferdt/ das auß dermassen hoch war. Darumb als er gleich wie von einem Thurn
herab gestürtzt/ ward jhm vrplötzlich der Kopff herab gehackt: vnd wist doch weder der *Straff deß*
Keyser selbst/ noch sonst niemand auß denen/ die zu nechst vmb jhn waren/ wer jhme den *Hochmuths.*
10 Kopff hett abgehauwen. Hiemit hat der Keyser/ so mehrers theils schon vberwunden/
den Sieg erhalten: vnd doch nicht weiter dörffen fortrucken/ vnd dem Sieg nachsetzen/
weil jm ein geringe Anzahl Kriegßleut nach beschehener Schlacht vberblieben. Diß
hat den Römern oder Griechen ein Vrsach vnd Gelegenheit geben/ sich widerumb et=
was zu erholen. Dann nach der Zeit haben die Musulmanner mit den Römern vnuer=
brüchliche bestendige Verträg/ Fried/ vnd Bündtnussen auffgericht.

Also haben wir nuhn bißher deß ersten Aladins zween Söhn/ den Azadin vnd *Giassadin der*
Giassadin. Folgends ist im Reich auff den Vatter/ so nicht Aladin/ nach deß Antho= *ander/im Reich*
ni Meynung/ sonder Azadin oder Azatin geheissen/ vnd auff den Vetter Giassadin/ *der vierdt.*
deß ersten Azadins Sohn kommen/ Giassadin gleichßfalls vonTürcken genennt: dem
20 etliche der vnsern den Namen Gaiazadin/ Anthonus Guiatadin/ nach Frantzösischer
pronunciation/ auch etlich Griechen noch vbler den Namen Azatin geben. Dieser ist/
wie mich dünckt/ im neundten Jahr der Regierung Keysers Ioannis Duca Vatatze
bey den Griechen/ zum ersten mahl mit sampt seinen Musulmanlar/ wie der Prætor
meldt/ geschlagen vnd vberwunden worden/ von einer Tatarischen Nation/ so gedach=
ter Prætor de Tancharos heißt/ Anthonus Tangoros/ nach meiner meynung. Dann *Tangori Ta-*
das wort Tamachi/ (da es anderst recht geschrieben) welches derselb Anthonus auß= *tarn.*
legt Conquisitores/ das ist Landgewinner/ halt ich ehe für ein Zunamen/ den man
jhnen geben/ vnd nicht für jren rechten Namen. Vnser Prætor Græciæ/ der damals
bey dem Griechischen Keyser Vatatze in Asia zu Hofe war/ meldt außtrucklich/ daß zu
30 der zeit/ da der Musulmaner Kriegßvolck von den Tancharn erlegt/ ein Sultan bey
jnen regiert/ mit Namen Iathatin/ ein Sohn deß Azatin. Derselb war ein liederli=
cher Sohn/ von einem dapffern Vatter geborn/ spricht obgedachter Prætor. Dann *Der Sohn dem*
all sein lust vnd ergetzung/ war nur fressen/ sauffen/ vnd bulen: verunreynigte sich durch *Vatter vn-*
mancherley/ abscheuhliche Vnzucht. Gieng daneben ohn vnterlaß mit liederlichen *gleich.*
Männlin vmb/ die nicht wisten/ was Vernunfft/ oder was ein Mensch sey. Sein
Vatter aber war nit ein solcher Mann. Daß ob er gleich seinen begierden vn lüsten et=
wa den Zaum ließ schiessen/ so war er doch denselben nicht gantz vnd gar ergeben. Dar=
vmb er auch in Kriegßsachen sich besser erzeigt vnd verhalten/ dann seine Vorfahrn.
Dieser aber wolt für vnd für deren ding geniessen/ daran er sein Lust vnd wolgefallen
40 hett/ biß er gar ersettigt/ vnd derselben vberdrüssig worden. Als er nun sich in ein Tref=
fen vnd Streitt wider die Tanchari eingelassen/ ward er von jnen vberwunden. Vnd *Deß Sultons*
weil er sehr betrangt/ hat er an den Griechischen Keyser Ioannem Vatatzen ein Bott= *Bottschaft, an*
schafft abgefertigt/ vnd an jhn gelangen lassen/ er wölt jhn in guten Rath mittheilen: *den Griechischen*
den Feind dadurch abzuwenden/ vnd sich deß gegenwertigen Lasts etwas zu entschut= *Keyser.*
ten. Daß er dem Keyser anzeigen ließ/ ein solcher Rath würd zugleich jnen beyden heyl=
sam seyn: weil die Tanchari nach vntertruckung vnd außreuttung der Musulma=
nischen Nation/ folgends nach all jhrem Lust vnnd Willen die Römisch-griechischen
Landschafften würden angreiffen. Vnnd solches war die lautere Warheit. Dar=
vmb dann Keyser Ioannes/ so dißfalls trefflich verstendig/ vnd wol vrtheiln kundt/ *Deß Griechi-*
50 diese Bottschafft mit sonderm gutem willen vnnd begird entpfangen/ vnnd jhm *schen Keysers*
vorgenommen/ ein solche vereinigung mit dem Sultan einzugehen/ vnd auffzu= *Fürsichtigkeit.*
richten/ damit man die Feind durch diß mittel beyder seits möcht abtreiben. Dann er
hielts dafür/ wenn solche zwey grosse Königreich mit einander solten vereinbart seyn/
würden die Feind nicht ohn Vrsach sich darab entsetzen: angesehen/ daß im fall sie sich
d iij   spitzen

Das erste Buch Musulmanischer

spitzen würden/den einen anzugreiffen/alsbald jrer zween jhnen würden begegnen vnd zuschaffen geben/vnd auff die Hauben greiffen. Derhalbẽ sie sich mit einander verglichen/vnd ein Tagleystung angestellt: vnd beyde Fürsten/Keyser Joannes/vnd Sultan Jathatin/seind zusammen kommen in der Statt Tripoli/da der Fluß Mæander biß an die Stattmaurn fürober rinnet. Die Sultanischen schlugen in der eyl ein Brücken vbers Wasser von grossen Pfälen vnd Balcken/vnnd eröffneten dadurch jedermeniglich den Paß/in die Statt zu kommen. Es haben auch beyde Fürsten nicht allein freundtlich einander die Hend geben/sonder auch ein jeder vnter jhnen allen denen die Hend gebotten/welche bey jetweden in einem Ansehen waren. Hernach die Bündtnussen/so zuvor vnter jnen auffgericht/auff ein besser Form bestetigt: daß sie nemlich mit sampter Hand wider die Feind streitten/vnd einander helffen solten. Seind also von einander gezogẽ/vñ ist der Keyser auff Philadelphia/der Sultan wider auff Conia oder Cogna kommen/in welcher Statt er sein Hoflåger pflegte zu haben. Bißher hab ich deß Prætoris eygne wort gesetzt/ welcher hernach weiter meldt; es sollen die Tanchari nach der zeit ein zimliche weil fried gehalten haben/ vñ den Krieg wider den Sultan zu Cogna eingestellt: demnach sie mit andern Völckern zu schaffen/vnnd zu kriegen gehabt. Dann sie hatten/spricht er/den Babylonischen Fürsten/ vnd desselben Nachbarn feindtlich mit Krieg angriffen: welchen die Musulmanischen Völcker jren Chalipha pflegen zu nennen. Auch meldt gesagter Prætor/es sey zu diesem Sultan geflohen Michael Palæologus/als er beym Keyser Theodoro Duca Lascari dem andern/in argwohn gerahten: welches ohn allen zweiffel geschehen muß seyn nach dem Jar Christi 1255.weil man eygentlich weiß/daß in demselben Jar der Griechisch Keyser Joannes Vatatzes gestorben/auff welchen der Son Theodorus kommen. In dem nu jetztgedachter Michael Palæologus daselbst im Ellend sich auffhielt/ hat sich zugetragen/spricht Prætor/daß die Tanchari das mehrer theil deß Musulmanischen Gebiets/mit rauben vnd plündern erschöpfft vnd verhergt/vnd neben der Statt † Arara sich gelägert: vnd musten in alle weg die Persier/(das ist/die Jconier Türcken) jhnen ein Schlacht lieffern. Deßwegen sie/die Persier oder Türcken/den Michael Comnenum Palæologum zu einem Obersten vber alle Christen Kriegßleut/ so auff jhrer Seiten war en/verordnet. Derselb/weil er in einem frembden Land war/hett er wol ein Abscheuwen ab der Gemein vnd Gesellschafft der Musulmaner/damit nicht (wie er sagte) das Gottselig Blut der Gottseligen/im Treffen vnnd Streit vergossen/mit dem Blut der Gottlosen vermischlet würd: jedoch fasset er jm ein dapffers Månnlich Hertz/durch die Gnad deß Allmächtigen gesterckt/vnd thet sich wider den Feind erzeigen. So trug sichs auch zu/daß eben das theil deß Heers/ welches obgedachter Michael in die Schlachtordnung bracht/alle die Tancharn/so wider sie gestellt/mit sondern gehertzten Angriff erlegte: da der Michael selbst für andern der erst/mit einem Rennspieß oder Coppi(wie es die Türcken nennen)der Feind Obersten an der Brust/ neben dem Titlein/getroffen: daran er bald hernach gestorben/als die folgends bekañt/ so wol gewist/wie diese Sachen ergangen. In dem aber die Tanchari/so vom Comneno Michel erlegt/die Flucht gaben: hat ein Ansehenlicher Mann bey den Persiern oder Türcken/seins Befelchs vnd Ampts ein †Amir — Achur/ (solches ist bey jnen ein Nam grosser Dignitet vnd Würde) der von langer Hand her/ wider sein eygne Nation mit einer Verrätherey schwanger gieng/ eben zu dieser zeit dieselb außgebrütet/ vnd an die Welt bracht. Dann er den gantzen Hauffen/ so jhme vertrauwt vnd vntergeben/mit sich davon geführt/abtrünnig gemacht/vnd also zu den Tancharis getretten. Darauff gleich alles sich verändert. Dann die zuvor den Feind verfolgten/ gaben jetzo die Flucht:vnd theten denen/so jnen vnter die Augen traten/den Rücken wenden. Darumb eben nicht ein geringe zahl der Persertürcken/ durch die Pfeil der Tatarn erschossen/vnd erlegt worden. So hörten auch die/so den Sieg erlangt hatten/nicht auff/die erlegte geschlagene Feind gar weit zu verfolgen. Als nun die Sachen ein solchen Außgang gewunnen/hat sich obgerührter Michael Comnenus Palæologus zum höchsten Stratopedarcha der Persertürcken/oder zum Feldtobersten/den die Persertürcken in jhrer Spraach † Peclarpag pflegen zu nennen/ geschlagen: in meynung/

Histori. Die Aladinier Sultanlar.

nung/mit jme davon zu ziehen. Diese beyde seind etlich viel Tag mit einander fortgeruckt/vnd hatten für vnd für den Feind hinter jhnen/ musten auch alle stund wider sie fechten vnd streiten. Zu letst/demnach obgemeldts Peelarpag Sitz vnd Wohnung neben *Castamona gelegen/seind sie in grosser eyl daselbst angelangt. Die Tanchari aber haben das gantz Musulmanisch Reich durchstreyfft/geplündert/vnnd beraubt. Bißhero der Prætor/der noch an einem andern Ort diß Jathatins/deß andern/meldung thut. Vnd wirdt der mühe wol werth seyn/daß auch derselb Bericht allhie werd inserirt vnd gelesen: damit man endtlich sehe/was jme widerfahren/ vnnd was sich im Jconier Sultanat weiter zugetragen. Es folgt auch diß auff die Sachen/ so droben angezeigt/nemlich was der Streit zwischen dem Sultan vnd obgemeldten Tanchari für ein Außgang gewonnen.   Der Sultan/ spricht er/ so der Persischen Türcken Fürst war/hat als ein flüchtigs stück Wilds ohn Hertz/sein Land verlassen:vnnd weil sein Kriegßvolck zertrennt vnd zerstreubert war/ist er auch Feld vnd Landflüchtig worden/vnd hat zum Keyser sich begeben. Derselb hat jn wol entpfangen vnd auffgenommen/auch jhn sampt den seinigen/so er mit sich bracht/stattlich begabt/ vnd mit einer hülff befördert/damit er in sein Land wider möcht kommen. Jedoch war der Kriegßleut Hauff/so er jme zugab/nicht fast groß/nemlich von 400.Personen allein:welchen er zum Haupt verordnet den Jsaac Duca/mit dem Zunamen Murzuflo/so von spöttischen Leuten seinem gantzen Geschlecht geben war/vnd heist so viel/als dem Auge bran oben zusammen gewachsen. Vnd war dieser Jsaac Duca zu der zeit deß Keyserlichen Hofs Primicerius. Der Sultan aber/ damit er diese deß Keysers wolthat danckbarlich möcht vergelten/hat er jme die Statt Laodicea geschenckt/ vnd ward ein Römisch oder Griechisch Besatzung in dieselb verordnet vnd gelegt. Aber solches hat ein geringe zeit gewehrt/vnd ist die Statt wider in die Hend der Musulmaner gerahten. Dann es mocht nicht seyn/daß die Römer sie hetten können erhalten. Als aber auch der Sultan obangerührten Tancharis keinen Widerstandt thun/noch sich jhrer erwehren kundt:hat er mit einem Außschuß seiner fürnehmer Leut Rath gehalten/ vnd sich mit den Tancharis auff etliche vorgehende Verträg vnd Friedscondition verglichen:ist damit/sampt seinen Vnterthanen dermassen vnter jr Joch kommen/daß er jnen Järlichen Tribut zu reychen sich verpflicht. Es fordern auch die Tanchari nach der zeit an/den damals bewilligten Tribut von den Musulmanern.Biß daher hab ich deß Prætoris eygne wort allhie setzen wöllen/deinnach etwas verstendlicher vnd klarer herauß vernommen mag werden/welcher massen die Jconier Fürsten/ so nach dieser zeit regiert/ auff einander gefolgt. Dann eben nach diesen Geschichten/ward Jathatin der ander/widerumb seins Lands vertrieben vnd beraubt/so durch hülff deß Keysers Theodori Lascarij er wider hett eingenommen/ vnd hat sich deßwegen Jährlich den Tancharis Tribut zu geben versprochen: darnach sich auffgemacht/vnnd ist zu deß Keysers Theodori Nachfahrn im Reich/nemlich zum Keyser Michael Palæologum/ vorzeiten seinen Gast/mit sampt Weib vnd Kindt gezogen: hat nach derselben Zeit nimmer sein Vätterlichs Königreich mehr können erobern/noch wider erlangen.Wöllen derhalben sehen auß den Türckischen Historien/ was er für Nachfahrn im Reich gehabt. Es ist zwar von seinen Söhnen keiner auff jhn zum Regiment kommen/welches etliche der vnsern ohn Grundt thun melden. Dann die Türcken schreiben außtrucklich/daß vom Grossen oder Vlu -- Chan der Tatarer zween an seine statt verordnet seind worden/mit dem geding/Järlichen Tribut zu erlegen: nemlich der Mesoot/ ein Sohn deß Kei -- Cubad:vnd der Kei -- Cubad/ ein Sohn deß Feramuzin. Daß nun dieselbigen vom Königlichen Stammen geborn/kan man darauß abnehmen/weil die Türcken melden/sie seyen deß Seltzuckier Geschlechtes gewesen: erklären aber da neben nicht/ in welchem Grad der Blutsfreundtschafft/ oder Schwertmageschafft/ sie dem vertriebnen Jathatin verwandt gewesen. So kan man auch nicht wissen/ob sie vom Cutlumuses herkommen/vnd die Land wegen jrer Voreltern angesprochen/welches wol seyn kan. Das Reich/so zuvor biß auff diese zeit gantz bey einander war blieben/auch weit vn breyt sich erstreckte/ward durch deß Grossen oder Vlu Tatar Chans Autoritet vnd Erkantnuß dermassen vnter diese zween abgetheilet: daß dem Mesoot

*Pandect.im 66.Cap.

Deß Sultans verjagter Muth.

Laodicea vom Sultan dem Keyser geschenckt.

Der Sultan gibt den Tatarn Tribut.

Deß Glaffadins zween Nachfahrer.

Deß Jconier Sultanats theilung.

Mesoot der fünffte König.

Das erste Buch Musulmanischer

die Stett/Amida/Melatie/Siuast/vnd Harberie/ein jede sampt jhrer Landtschafft
vnd Kefter/zugetheilet ward: dem Kei‑‑Cubad aber Conia/sampt der am Meer lie‑
gendem Rumilia/oder Griechenland in Asia. Die Türcken gedencken gar nicht ei‑
niges Leibserben/oder Nachfahrn/so der Mesoot hinter jhme verlassen: aber auff den
Kei‑‑Cubad/sagen sie/folgte sein Sohn/Aladin der ander: von welchem nit vnglaub‑
lich/er hab das zuvor zertheilte Reich/widerumb vnter eins einigen Herrn oder Sul‑
tans Gewalt bracht. Als er aber ohn Männlich Leibserben verschieden/ hat einer/
Sahib genannt/deß Reichs sich angemast: welcher deß Aladins/als er noch bey Leben/
Oberster Rath war gewesen.

Kei Cubad der 6. König.
Der 7. Sultan/ Aladin der an‑ der.
Sahib der letst.

Diß ist nun der Jconier Sultanlar vnd Fürsten ordenliche Succession/wie die‑ 10
selb von Türcken verzeichnet: darauß man spürt/ das Aladin der erst diß Königreich
angefangen/vnd mit Aladin dem andern dasselb ein End genommen. Auch sihet man
daneben/daß von der zeit Zengis Chan anzuheben/diß Reich kaum vber 90. Jahr ge‑
wehrt: welche Zeit sich eben zimlich wol reimet auff das Gubernament der siben Kö‑
nig an einander. Dann was andere/theils obgemelten Bericht zu wider/theils auch von noch
mehr Fürsten/die viel besser Landtherrn/ dann Padischachlar in Romania zu nen‑
nen/melden vnd schreiben: laß ich auff diß mahl beruhen/ damit nicht jemand mich in
verdacht ziehe/als ob ich ein Lust hett/ander Leut Sachen vnd Arbeyt entweder zu ex‑
aminirn/(welches doch meins erachtens/wegen gemeins Nutzes/ einem jeden zu thun
erlaubt)oder auch zu tadlen. Daß aber obgedachts Sahib Regierung nicht fast lang 20
gewehrt/daran ist gar kein zweiffel. Gleichermassen als er entweder vertrieben/ oder
gutwillig von Land vnd Leuten gewichen/ist das Jconier Sultanat von siben Landt‑
herrn in viel stück zerrissen worden: wie solches die Griechen/ Nicephorus Gregoras/
vñ Laonicus Chalcocondyles mit worten/vnsere Türckischen Historien mit der That
selbst beweisen. Es vernemmen aber die Leser hierauß/welcher massen in diesem so kur‑
tzen Bericht/obgemelten Fürsten jhr angeborne rechte Namen wider geben werden
weil angezeigt/ daß Kai oder Kei‑‑Husrew/bey den Griechen vnd andern heist Cai‑
Chosroes/so ein alter Persischer Nam:das der Türcken Mesoot/den vnsern Masut
sey:der vnsern Copatin/jhnen Cobades/ welches ein alter Persischer Nam Cabades
oder Cauades: Kei‑‑Cubad/so viel als Cai‑‑Cabadeo: Giassadin/so viel als Jatha‑ 30
tin: vnd beschließlich das Raconad/welcher Nam vnter allen am meisten corrumpirt/
zu schreiben vnd zu pronunciirn Racouad/gleich als Cai‑‑Couad:weil solche von Tür‑
cken Kai‑‑Cubad genannt.

Wie lang das Aladiner Reich gewehrt.

Corrumpierte Namen verbes‑ sert.

Demnach nun hiemit dreyerley Succession der Musulmanischen Fürsten er‑
klärt/nemlich die Agarenisch/zweyerley Selzuckisch/ der Tograner vnd Aladinier/
folgt hinfüro die Beschreibung deß Reichs Oguzier Nation im Osmanischen Ge‑
schlecht: welches auff diese drey/als das vierdt gefolgt/vnd mit einem vngewohnlichen
Exempel so wol den Tograneren/als den Aladiniern/ auch den Namen der Chaliphen/
wider herfür gezogen/vnd für sich braucht. Dann die Fürsten der Oguzier Türcken/
so heutige Tags vorhanden/nemlich die Osmanier/werden von den jhrigen dafür ge‑ 40
halten/als seyen sie in der ersten Chaliphen Fußstapffen/ gleich wie die rechtmässigen
Erben/getretten:massen auch jnen selbst an/so wol den Namen vñ Titul eins Chaliphe/
als auch eins Seriffs der Musulmanlar. Demnach aber in beschreibung jres Herkom‑
mens/wir eben anfängklich deß Suleiman Schachs Namen finden werden/ so deß
Ertogruls Vatter/ deß Osmans Großvatter gewesen/wie im Eingang deß nechst
folgenden Buchs zusehen: wöllen wir allhie kurtz anzeigen/was für ein Vnterscheid
zwischen diesem Suleiman Schach/dem Oguzier/vnd dem Selzuckier/dessen hievor
gedacht worden/vñ der auch in den Historien Solyman Sa/oder Suleiman Schach
genannt/vnd nach etlicher meynung/ deß Sultan Belchiaroes Bruders Sohn ge‑
west soll seyn. Darauß dann abzunemmen/daß er nicht ein geringe Zeit vor den Ala‑ 50
dinischen Fürsten gelebt/vnd zwar eben ein so lange zeit zuvor: daß augenscheinlich
vnd greifflich von denen geirrt / welche vermeynen/ es sey der erst Sultan Aladin ein
Sohn diß Solyman Sa gewesen: wie dann solches auch erscheint auß obangezoge‑
nem discurs/in welchem bewiesen/dieser Solyman sey deß Cutlumusis Sohn gewest.

Fortschreitung von den Aladi‑ niern auff die Osmanischen.

Zween vnter‑ schidliche Su‑ leiman Schach.

Dörffen

Histori. Die Aladinier Sultanlar. 45

Dörffen nicht weit vmbschweyffen / sonder werdens auß der ordenlichen Abraitung der zeit alsbald vernehmen. Dann vom Solyman Schach gemeldet wirdt / er hab zu der zeit im kleinern Asia wider die Christen / so vom Nidergang der Sonn dahin kommen waren / gestritten: da dieselben vnter jrem Haupt vñ Feldtobersten / Hertzog Gottfried von Bullion / gegen Auffgang in grösster Anzahl jhren Zug nahmen / das Heilig Land / sonst Palæstina geheissen / widerumb mit Gewalt zu erobern. Solches muß geschehen seyn vor dem Jar nach Christi Geburt 1099. in welchem ohn allen zweiffel die Statt Jerusalem durch gedachten Hertzog Gottfried den Vnglaubigen entzogen / vnd wider für die Christen eingenommen. Aber von vnsers Suleimans Sohn / dem Ertogrul / melden die Türcken / er sey gestorben im Jar nach Christi Geburt 1289. als er nach seins Vatters todt biß in die 52. Jar den Oguziern vorgestanden. Da man nun diese 52. Jahr von jetztgemeldten 1289. abzeucht / finden wir das 1237. Jahr nach Christi Geburt / in welchem Suleiman Schach der Oguzier vmbkommen. Wirdt also hierauß abgenommen / daß der erst Suleiman Schach biß vber die hundert Jar vor dem vnsern gewesen. Zu deß ersten Zeit haben gelebt / vnser Teutscher Keyser Heinrich der vierdt diß Namens / vñ Keyser Alexius Comnenus diß Namens der erst / bey den Griechen zu Constantinopol. Der ander ist vmbkommen im 27. Jahr der Regierung vnsers Keysers Friderich deß andern: im 6. Jar Balduini deß andern Keysers zu Constantinopol: im 15. Jar Joannis Ducæ Vatatzis / deß Griechischen Keysers im kleinern Asia. Sein Son Ertogrul ist gestorben im 16. Jar der Regierung vnsers Keysers Rudolfi von Habspurg: im 6. Jar der Regierung Keysers Andronici Palæologi deß Eltern bey den Griechen. Auß welcher Vrsach dañ auch folgt / so deß Ertogruls Son Osman / in den ersten zehen Jaren nach Absterben seins Vatters / die Phrygier / Bithynier / vñ andere mehr Völcker / durch vnauffhörliches streyffen / vberfallen / vnd plündern / geplagt / vnd gezwungen / sich jme zu ergeben / vnd also gleich als die Grundtvest seins Reichs gelegt: daß eben recht vnd wol dafür gehalten soll werden / er hab hernacher im 17. Jar deß Griechischen Keysers zu Constantinopol Andronici Palæologi deß Eltern / vnd gleich im Eingang der Regierung vnsers Teutschen Keysers Alberti deß ersten Hertzogs zu Osterreich Habspurgischen Geschlechts / nemlich im Jar nach Christi Geburt 1300. seinen Fürstlichen Standt / Hoheit / vnd Administratur angehaben: welche vergleichung der zeit ich allhie / wegen eins sondern Bedenckens / auch vngefähr hab wöllen verzeichnen.

Wann Suleiman der Seinigen die Christen bekriegt.

Wenn Suleiman der Oguzier gestorben.

Wahrer Anbegin deß Osmanischen Reichs.

Das

Das ander Buch
HISTORIAE MVSVLMANAE
Türckischer Nation:
Vom Ertogrul / oder Vrsprung der Osmanier.

HAben also bißher eingebrachte Sachen/ an statt eins Vortrabs/ im ersten Buch wöllen vorhin lassen passiren: damit das alles/ so hinführo zu melden/ dem Leser möcht dest klärer vnd verstendtlicher zugericht werden. Auff daß wir nu zum Handel etwas näher schreiten vn fortrucken/ wöllen wir die Sachen für die Handt nehmen/ so zum Anfang diß vierdten vnd letsten Musulmanischen Reichs/ vnd insonderheit zu erklärung deß vrsprünglichen Herkommens der Osmanier gehörig.

Das vierdte vnd letst Musulmanisch Reich.

Die Türcken/ so jres Volcks Geschicht vnd Thaten schrifftlich zusammen gefasset/ pflegen der Osmanier Histori gleich vom eussersten Anfang anzuheben/ in dem sie melden/ es haben so wol jre Fürsten/ als auch die gantze Nation/ vom Japhet/ dem Sohn Nohe/ jren ersten Vrsprung genommen. Solches wirdt von jnen nicht fast vngereimter weiß gesagt/ da man anderst aller Völcker auff Erden Vrsprung vn Herkommen/ wie Moses/ ein Vatter Historischer Warheit/ dieselben in sein Buch von Erschöpffung vnd Vrsprung aller ding beschrieben/ für gewiß vnd vngezweiffelt halten wil/ wie wir in allweg thun sollen vnd müssen. Dann Moses gedenckt deß Magog/ vnd schreibt/ er sey deß Japhets Sohn gewesen. Vnd Flauius Josephus/ der den Mosem trefflich wol verdolmetscht vnd erklärt/ meldt außtrücklich/ dieser Magog sey gewesen ein Vatter aller Scythischen Völcker. So weiß man sonst wol/ daß die Hunnen fast ein berühmbtes Volck vnter den Scythiern. Von diesen Hunnen haben die Türcken jren Vrsprung/ wie solches die Griechen in jren Historien schreiben/ insonderheit Keyser Leo mit dem Zunamen der Weise/ Symeon Magister Officiorum/ das ist/ Oberster vber die Keyserlich Hofguardi/ Jonaras/ Eustathius/ Simocatus/ vnd Cedrinus: welcher offt widerholt/ daß die Huni vnnd Vngri Türcken genannt werden: vnd heist derselb Cedrinus die Türcken in Pannonien (jetzt Hungarn) eben die Occidentalischen Türcken/ gegen Nidergang der Sonn: von den Orientalischen Türcken/ meldt er/ daß sie mit den Persianern greintzen/ vnd daß sie auch zu seiner zeit Innwohner gewesen desselben Landts der Persianer/ welche noch heutigs Tags in jhrer Spraach die Türcken pflegen Maggior zu nennen/ wie auch die Vngarn den Namen Maggior jhnen selbst geben/ der jhnen entweder von dem Magor blieben/ welcher zu der zeit Keysers Justiniani deß grossen/ der Hunnen Fürst in Chazaria beym Bosporo Cimmerio gewesen/ vnnd seinen Bruder Gorda nur allein wegen der Vrsach/ daß er den Christlichen Glauben angenommen/ vnnd der Hunnen Bildnussen vn Götzen zerschmettert vnd geschmeltzt/ deß Reichs entsetzt/ beraubt/ vnd vmbbracht hat/ wie Cedrinus schreibt: oder auch von dem obgemelten Magog/ dieser Nation Vhralten Vatter vnd Vrsprung. Welches Herkommen der Türcken vom Magog dem Sohn Japhet/ bevorab weil sie noch selbst den Namen Gog in jhren Monumentis behalten/ wie in der jetzt folgenden Genealogia zu sehen/ nicht ein gering Anzeigung gibt von jrer Antiquitet. So ists auch nicht ein schmächlicher oder abscheuwlicher Nam/ weil das Wort Jurki/ oder Tzurki/ oder Tzuruki/ (dann das wirdts von jnen außgesprochen) in jhrer Spraach so viel heist/ als vmbschweiffende Hirten/ oder Vmfahrer/ auff Griechisch Nomades/ das ist/ die in keinen bestendigen/ gewissen Behausungen an einem Ort sich verhalten/ sonder wegen der Weyd hin vnd her/ sampt jrem Gesind/ Haupt vnd andern Vihe/ herumb ziehen. Vnd ist dieser Vhralter Nam gemeldts Volcks Jurkæ/ recht also geschrieben in der Histori deß Herodoti/ vnd soll nicht geändert werden. In dem sie aber vom Ertogrul/ deß Osmans

Von Türckischen Genealogien.

Vom Magog alle Scythier.

Türcken von den Hunnen.

Maggior. Magor der Hunnen König.

Was Türck der Nam bedeut.

Vatter/

Musul: Histori. Der Osmanier Vrsprung. 47

Vatter/ein langen Rayen jrer Vorfahrn/deß Fürstlichen Herkommens/nach einander erzehlen/biß auff den obgemeldten Japhet: geben sie dadurch jhr eygne vermessenheit an Tag/vnd schämen sich nicht rhumrähtiger weiß/ob sie wol von Barbarischen Leuten herkommen/ vnd die von keinen schrifftlichen Monumenten gewißt/ dannoch von jhren Königen außzugeben/daß derselben Succession an einander von denen gar Vhralten zeiten hero gewehrt: da doch sonst kein Volck auff Erden/allein die Hebreer außgenommen/wie hoch es auch jmer durch mittel der Bücher vnd Historien berühmt worden/vnd seine Vhralten Geschicht nach einander zu zeigen vñ auffzulegen gehabt/ sich jemals eins solchen Rhumbs können annassen. Nichts dest minder/ damit die/so
10 diese Türckisch Histori/ auß der Türcken selbst eygnen Monumenten vnd Vrbarn zusammen geklaubt/lesen werden/sich nicht zu beklagen haben/ als wenn man sie einer bißhero so gar vnbekannten Propagation deß Osmanischen Geschlechts berauben wölte/so in jren Büchern gefunden werd: wöllen wir allhie derselben Genealogias/an welchen gleichwol noch etliche Sachen strittig vnd zweiffelhafftig/einführen: vñ doch zuvor den Leser erinnern/daß der Türcken eusserister Vrsprung/fast nach einer gewissen vngezweiffelten Ordnung/nicht allein von jnen selbst/ sonder auch von den Griechen/auff die Oguzier vnd Alpen referirt vnd gezogen wirdt/ so von andern die Elpen genant. Vnd folgen auff einander/laut der Türcken Histori/auff diese weiß.

Erstlich melden sie/es sey der Osman ein Sohn deß Ertoguls gewesen/dessen
20 Vatter war Suleiman Schach/ein Sohn deß Caia--Alp/oder Cabi--Elp/wie jhn andere nennen. Von dieses Vatter Kisul--Buga/welches wort ein roten Stier bedeut/wirdt ordenlich vber sich gefahrn/von Söhnen auff die Vätter/ von Vättern zun Großvättern/Aeuen/Großänen/Vhränen/vnd andern Vorelter/vnd werden eben diese nach einander erzehlt: Bai-- Temur/ Ai-- Cutlug/Tugra/Caraito/Sacor/Bulgai/Sencur/(andern Bai--Songur genannt) Baki--Aga/Ciac--Aga/ Tog--Temur/(dadurch ein sattes Eisen oder Schwerdt in jrer Spraach wirdt bedeut) Versaiob/Jasac/Zem-- Endur/Ai-- Cutlug/Turac/Cas-- Hau/ Jasu/ Jalauaß/Bai-- Beg/ Togra/ Tog-- Missa/ Genße-- beg/Artoc/Cotari/Zem-- Kismor/Torße/Kisul-Buga/Jamac/Bas-Buga/Zem--Ormir/Bai-Sui/Togra/
30 Scuinß/Tsar-Buga/Cutlu-Mussa/Curßau/Baltsac/ Comas/ Cara-Oglan/ Suleiman Schach/Carchalu/Boslugan/Bai- Temur/ Durut-Mussa/ Giok-Alp/(andern Gog-Elp) Oguz/(welcher Nam ein andächtigen Mann bedeut) Cara-Chan/(heißt so viel/als der schwarß Fürst) Cußluzac/Lechree/Diptakoi/Bulchas/ Japhet/ Noha/ dem sie den Namen Peigamber/ oder eins Propheten pflegen zu geben.

Diß ist nun die Ordnung/nach deren sie jre Fürsten/sampt der gantzen Oguzischen Nation/vom Noha her raiten vnd deduciren. Dieselb sey nun wie sie wölle/so kans doch nchit gesehn/daß sie für vollkommen zu achten. Dann zwischen denen/so zu letzt erzehlt werden/vnd zwischen dem Japhet/ mangelt ohn zweiffel ein gute Anzahl
40 Personen:biß man endlich kompt auff deß Mosis Magog/(von welchen gesagt) deß Japhets Sohn/so diß Geschlechts ein rechter Brunn vnd Vrsprung gewesen. Vnd solches bekennt außtrucklich das Buch der Chronick/von Türcken geschrieben/durch mich an Tag geben:da es meldt/daß nur siebentzehen Vätter in diesem Geschlecht beschrieben oder gezehlt/(dagegen allhie nuhn fast drey mal so viel angezeigt/wie Augenscheinlich/vnd daß die vbrigen/deren Namen vnbewußt/biß an den Japhet/ein Sohn Noha/nach einander sollen gelangen.

Jch soll auch allhie vngemeldt nicht lassen/daß obgedachter Philips Haniwald von Eckerstorff/einer andern meynung/ dann ich/ den ersten Vrsprung diß Volcks/ nemlich den Magog belangend. Dann jhme die Türcken von einem andern Sohn
50 deß Japhets herkommen/so Thubal geheissen: vnd der en eben für der Bulchas halt/ dessen allhie die Türcken gedencken. Wil auch solches darauß nemmen/weil deß Thubals Posteritet vnd Nachkommen zwischen dem Caspischen vnd dem schwartzen Meer/ Pontus Eurinus genannt/ jhr Sitz vnd Landtschafft zugeeygnet wirdt:dannen die Türcken so wol in Persien/als in klein Asien gezogen vnd eingefallen. Solche meynung

Das ander Buch Musulmanischer

Alybes.
Alpes.
Alpij.
Alibi.

nung hat ein guts Ansehen/ vnd möcht auch dadurch bestetigt werden/daß vorzeiten denen Orten benachbart sollen seyn gewesen die Völcker Alybes genannt/ vnnd sich ansehen läßt/daß von denselben die vhralten Türcken Alpes vnd Alpij jhren Namen bekommen/ so deß Herrn Verantzij Dolmetsch Alibos nennet/welches wort dem Namen Alybes noch etwas ähnlicher. Es wirdt mir aber mein sonders vertreuwlicher lieber Herr vnd Freundt erlauben/daß ich kurtz mög anzeigen/ was datwider kan eingebracht werden/vnd zubedencken sey. Dann erstlich man die Iberes für deß Thu-

Die Iberes kommen vom Thubal.

bals Nachkommen/jetzo Kurki vnd Georgianer genannt/welche sowol vorzeiten/als auch noch heutigs Tags/die Ort vnd End bewohnt/so zwischen dem Caspischen vnd Schwartzen Meer gelegen. Zum andern bekenn ich auch selbst/daß die Türcken auß gemeldten Orten beydes in Persien/vnd das kleiner Asien gerucket: aber darauß folgt nicht/daß die Türcken in diesen Landen jren ersten Sitz gehabt/vnd daß man glauben soll/sie seyen daselbst die vhralten Innwohner gewesen. Dann sie allgemach auß andern Orten sich dahin begeben/ wie auch droben im Anfang deß ersten Buchs dieser Histori gemeldt vnd angezeigt worden. Vnd da mich jemandt fragen würd/von wan-

Der Türcken vhralt Vatterlande.

nen sie eben in diese Gegnet kommen: wolt ich jme zu antwort geben/daß ober den Tanaim/welches Wasser jetzt Don genannt/ gegen dem Mitnächtigen Oceano/ein Land gelegen/ Juchra genannt/oder Juchria/ daher die Innwohner Juchri heissen. Auß diesem Land seind meins erachtens glaubwürdig die Vnni/sonst auch Jurchi genannt/

Der Hunnen vnd Jurchen vmbziehen.

wie droben gemeldt/ vorzeiten herfür kommen. Vnd dennach sie diß jr Vatterland verlassen/ haben sie sich erstlich bey den Meotischen Paludibus nidergelassen: seind darnach dem Land Chazaria zugezogen/vnd zum Schwartzen Meer kommen/daselbst ein zeitlang sich auffgehalten/ wie solches auch zusehen auß dem/so kurtz hiebevor in diesem Buch angezogt: biß sie theils der Tunaw zu/gegen Pannonien/ jetzt Vngarn: theils in Iberiam vnd Armenien/ vnd folgends von dannen in die Persischen Länder

Juchri reden Vngrisch.

fortgeruckt. Man sagt auch/daß die Innwohner deß vhralten Lands Juchria noch heutigs Tags einerley Spraach haben vnd brauchen mit den Vngarn: vnd geben dem Kniez Veliki/oder Großfürsten in der Moskaw/Järlichen Tribut. Der Nam Juchria/kompt vberein mit dem Namen Jurchia: wie denn auch/sich ansehen läßt/ daß die Juchri/ durch ein schlechte versetzung der Buchstaben/ also genannt worden an statt deß alten vnd noch wehrenden Namens Jurchi/ welches so viel als Jurki vnd Tzurki/oder Turki/das ist/vmbfahrende Nomades.

Die Türcken leichtlich zum Musulmanischen Glauben bracht.

Damit wir aber widerumb auff vnser Histori kommen/wirdt von Türckischen Scribenten selbst gemeldt/jhr Volck sey fast ein einfältigs Volck gewesen/ welches so bald deß Muhamets Gesatz/ Lehr vnd Cerimonien/ jn fürgetragen vnnd eingebildet worden/denselben beygefallen. Vnd diese/ deren Geschlecht vnd Stammen ich allhie nach einander gesetzt/seind deß Oguzischen Volcks (also wirdt es genannt) Für-

Das Oguzier Volck.

sten gewesen: vnd haben jr Fürstlich Hofläger zu Machan gehabt/welches ein Statt in Aiemia oder in Persien. Vnter andern berühmbten Männern diß Volcks/ wirdt auch der Ebu-Muslimi-Merui gemeldet/welcher nach deß Muhamets zeiten/ wi-

Muslimi Meruj Türckischen Herkommens.

der die Gauri (also pflegen sie die Christen zu nennen) viel Krieg geführt/ vn sich brauchen lassen. Dessen gedencken auch die Griechischen Scribenten/ insonderheit Symeon Magister Officiorum/das ist Der Keyserlichen Hofguardi Oberst/vnd Cedrinus: geben jhme den Namen Maslama vnd Masalma/so verfälscht/ vnd erzehlen seine Thaten im Leben deß Keysers Leonis Isauri. So hab auch gleichfals ich im vorgehenden Buch nicht wenig von seinen Schlachten wider die Christen/ auß der Araber vnd Türcken Bücher gezogen/vnd den Lesern mitgetheilt. Es ist auch allhie zu mercken das Exempel deß Ehrentituls/so durch das wort Ebu (bedeut so viel als Vatter) grossen Ansehenlichen Leuten bey den Arabern/vnd bevorab den Fürstlichen

Der Oguzier Königreich zu Machan.

Räthen/zu sonderer Ehrerzeigung pflegte geben zu werden/wie davon auch ein Erinnerung im nechsten Buch hievor gethan. Nun hat diß Fürstenthum zu Machan aneinander gewehrt biß auff die zeit/ da bey den Kitainern vn Tatarn einer/ Zengis ge-

Zengis Chan.

nannt/gantz nidrigen schlechten Herkommens entstanden/vn zu einen Chan oder Fürsten der vberauß grossen Scythischen Völcker/ durch einhellige Stimm der Barba-

rischen

Histori. Der Osmanier Vrsprung. 49

rischen Nationen/auffgeworffen vnd erwehlt worden:vnd so wol andere Benachbarten mit Krieg angriffen vnd vberwunden/als auch die Völcker im Armenierland/davon gesagt:die er mit einem großmächtigen Kriegßvolck vberzogen/vnd biß in die innersten Ort deß Lands hineingetrungen.

Es war auch in diesem Aiemierland noch ein anders Königreich der Türckischen Nation/dessen Hoflager war in der Statt der Landtschafft Chorasan/so ein theil deß Aiemier oder Persierlands/Balch oder Belch genant. Vber dasselb Königreich herrschete damals das Selzuckisch Geschlecht/welchs fast Edel (wie auch im ersten Buch gedacht) vnd sehr gewaltig vnter den Türcken/vnd jrem eygnen Bericht nach/hett es seinen Vrsprung ohn einigen zweiffel vom Gog -- Alp Chan/ vnd war derhalben den Oguziern wegen Herkommens mit Sipschafft verwandt. Solches Geschlecht/als es vorzeiten durch ein König der Aiemier oder Persianer/genannt Sultan Machmut Sebictegin/vmb hülff ersucht vnd auffbracht/ war vngefährlich hundert tausendt starck auß Armenien/vber den fluß Achlat/bey den alten Araxes genannt/(Theuetus heist in Colacha/welches Achlat ist/mit versetzten Buchstaben) in das Persisch Gebiet kommen/hatte die Landtschafft Chorasan eingenommen/vnnd biß in die 170. Jar/vor deß Zengis Chan feindtlichen Einfall in dieselben Länder/ besessen. Deß Zengis Chan Kriegßexpedition hat sich/nach anzeigung der Türcken/im 626. Jahr/ der Muhametaner raitung nach/zugetragen:welches Jahr / laut meins Berichts im † Pandecte Türckischer Sachen/ sich fast schickt auff das 1200. Jahr nach Christi Geburt. Sie schreiben/es sey zu der zeit der Meulana Hodauendicar/ (andere nennen jhn Molla) ein berühmbter Doctor vnd Lehrer jhres Gesatzes/mit dem Zunamen Gelaledin/ nur ein vier järigs Kind gewesen: welcher hernach von jrem Glauben vnd Religion grosse Bücher in Persische Reimen gestellt vnd gethicht. Zu Balcha war damals ein Fürst gemeldts Selzuckischen Geschlechts/Cursum Schach genannt: welchen der Zengis Chan mit Gewalt der Statt Balch/vñ deß Lands Chorasan beraubt vnd vertrieben/vnd also gezwungen/daß er als ein armer verjagter Fürst/sein Leben im Ellend hat müssen enden.

Als nach diesen Geschichten auch der Zengis Chan mit todt abgangen/ist an seine Stell zum Regiment kommen Ectai Chan/so von andern Oenai Chan/ von etlichen der vnsern Occodai wirdt genannt. Dieser ließ jm an der eroberung deß Aiemierlands/ welches sein Vatter auß sieghaffter Hand vnter sich gebracht/nicht genügen: sondern nam jme für/weiter vmb sich zu grasen/vnd fortzurucken. Ist also auff Bagdat gezogen/hat dieselb Statt angriffen vnd eingenommen / die Regierende Fürsten daselbst/ nemlich die Abbasier/ oder dem Türckischen Brauche nach/ die Abbasiler/Muhametischen Geschlechts/von deren Stammens Vrsprung/ dem Abbas/droben im ersten Buch meldung geschehen/theils erwürgt/theils vertrieben/ theils mit sampt dem Königreich in seinen Gewalt bracht. Vnd ist neben zu allhie zu mercken/wie die Fürsten der Abbasiler Geschlechts/ so von deß ersten Chaliphe/ nemlich deß Ebubekirs Sohn/Abbas genannt/jhr Herkommen gehabt/biß in die fünffhundert Jahr im Chaliphat der Agarener auffeinander gefolgt/ welche Succession zwar wol zu verwundern. Dann auß den Büchern der Araber vnd Türcken bewiesen/daß der Abdulla/ein Sohn deß Abbas/vnd Ebubekirs deß ersten Chaliphe Enickel/nach Absterben seines Eydens oder Tochtermanns Aziz/die Chaliphisch Hochheit auff sich bracht:vnd ist hernach angezeigt worden/ welcher massen jme seine Söhn vnd Enickel succedirt:vnd sehen wir endtlich an diesem Ort/ daß die Musulmaner melden/solche Succession hab biß auff den Zengis Chan/das ist/vom Jar Christi 683. welches war das dreyzehend der Regierung Keysers Constantini Pogonati/biß auff das 1200. Jahr nach Christi Geburt/ gewehret. Beschließlich/damit ich wider auff vnsere Histori komme/ war das Zengianisch Geschlecht an allen Orten vnd Enden derselben Land so glück vnd sieghafft:daß nichts für jhnen sicher/vnd gantz Persien in höchster Vnruh steckte. Welches dann Vrsach geben/ daß auch ein ander Fürst in Persien/ Selzuckischen Geschlechte/ nemlich Sultan Aladin/dieselben Länder sampt den seinigen verlassen/ vnd sich gegen der Rumiler (das ist der Griechen/welche sich Romæos

Das Königreich zu Belch.
Vrsprung der Selzucker.
Der Selzucker Expedition in Persien.
Vergleichung der Jarzahl.
† Am 11. Cap.
Gelaledin der Musulmaner Doctor.
Cursum Schach von Tatarn vertrieben.
Ectai Chan.
Die Abbasiler von Tatarn vntertruckt.
Wie lang die Abbasiler das Chaliphat behalten.
Sultan Aladin weicht ins kleiner Asia.

e   oder

oder Römer/wegen der Succession im Römischen Reich genennt)Asiatisch Prouintzen gewendt: da er die Landschafft Jonan/dero Jauan/deß Japhets Sohn/ein Enickel deß Noha/diesen Namen geben/vnd die heutigs tags Caramania heist/erobert: die Gerechtigkeit vnd Würden eins Padischach/welches so viel als der Oberst Fürst/erlangt: die Statt Siuaste/ so die Alt Sebastea in Cappadocia/ sampt Conia/bey den Alten Iconium genant/beyde bauwfällig vnd schier dem Boden gleich/ widerumb erneuwert vnd befestigt.

Die Oguzier welches auch den Tatarn.

Zu der zeit aber/ als in verflossenen Jahren der Zengis Chan das Persierland gemeldter massen plagte/ hats auch dem Oguzischen Volck nicht mehr wöllen gefallen/daß sie lenger bey solcher Confusion vnd zerrüttung aller ding/ an denen Orten solten bleiben vnd verharren. Dann es wolt das schändtlich Wesen vnnd Vbel-

Der Oguzier Art vnd Sitten.

standt in gemeinen Sachen/ der eingezognen/ einfältigen/ andächtigen/stillen/vnnd einem vnschuldigem vnthadelbarm Wandel ergebnen Nation nicht gefallen: welcher massen man sicht der Bauwersleut Sitten gemeinglich beschaffen zu seyn/vnnd deren Art/welche sich der Vihezucht ernehren vnd erhalten. Dann die Oguzier waren nach dem Brauch jhrer Vorelteren rechte Nomades/so wegen der Weyd von Ort zu Ort sampt jhren Gesindlin wichen vnd fortruckten:liessen jhnen an jhren Gezelten/oder Hüttlin/ vnterm Himmel genügen/ vnd bauweten derhalben keine Stett/

Der Oguzier Hüttlin.

noch Dörffer/noch Heuser für sich. Jhre Hüttlin/ mit denen sie sich theten behelffen/ waren den Gezelten ähnlich/ mit grobem Tuch oder Filtz bedeckt: wie solche noch bey den Tatarn breuchlich/ vnnd vnter den Türcken bey denen/ welche noch heutigs Tags mit jhren Herden hin vnd her durch Anatolien/ Caramanien/ Soria/ vnd Arabien herumb ziehen vnd schweyffen/ allenthalben die Weyden vmb vnd genannts bestehen/ vnd Turcmanler genannt werden. Diese jhre Hütt-

Turcmanler.

lin führen sie mit sich/ wohin sie sich auch begeben:weil mans zusammen legen kan/ vnd wider auß einander nemmen/ niderlassen vnnd wider auffrichten. Sie pflegen auch die Thürlin an diesen jhren Hütten allzeit gegen Mittag oder Süd zu wenden/ haben daneben jhre Karren vnd Wagen/ mit Filtz bedeckt/ darauff sie jhre Weiber/ Kinder/ vnnd allerley Haußrath zum täglichen Brauch führen mögen/ vnnd für schädlichen Regen bedecken vnd schützen. Alle diese Sachen/ seind bey den einander wegen deß Scytischen Herkommens verwandten Völckern/ Tatarn vnnd Türcken/ dermassen gemein: daß sie derhalben von den Alten nicht allein Nomades/ sondern auch Hamaxophoreti/ vnnd Hamaxobij/ das ist/ Wagenfahrer vnnd Karzling/ genannt worden: weil sie stäts auff jhren Wagen vnd Karren herumb fuhren/vnd jhr gantzes Leben darauff zubrachten.

Der Padischach zu Machan.

Es hatten die Oguzier zu der zeit einen Fürsten/Suleiman Schach/welchen sie den Padischach von Machan pflegten zu nennen/vnd war ein Vatter deß Ertogruls/vnd deß Osmans Großvatter. Als der anfänglich gesehen/ welcher massen das Selzuckisch Geschlecht deß Aiemierlands vertrieben/ vnd daß folgends auch die Abbasiler mit Krieg wurden angriffen: hat er mit seinen Oguzischen Türcken/ oder vmbfahrenden Bauwersleuten/ biß in die fünfftzig tausend starck/ sein Königlich oder Fürstlich Hofläger Machan verlassen/ ist davon gezogen/ seinen Weg auff die Asiatischen Prouintzen der Rumier/ das ist der Griechen/ genommen. Dann

Suleiman Schach der Oguzier war ein trew Gewalt der Tatarn.

er verstanden/ daß an denen Orten vnnd Enden die Musulmanlar für vnnd für mit starcken Treffen wider die Gaur/ das ist die Christen/ zu streiten vnd kempffen hetten: bey welchen Händlen er/ als trefflich begierig den Muhametischen Wahn vnnd Aberglauben zu vertheydigen vnnd zu verfechten/ sampt den seinigen so wol vmb Preiß vnnd Ehr einzulegen/ als auch vmb etwas zu erlangen/ vnnd für sich vnd seine Leut ein Land vnnd Sitz einzunemmen/sich wolt finden vnd brauchen lassen. Es hatte damals der Sultan Aladin/ Gei-Husrewes Sohn/ dessen meidung im vorgehenden ersten Buch geschehen/ jetztgedachte Länder mehrers theils in sein Gewalt bracht: welcher Türckischer Nam Gei-Husrew/ auch in

Gei Husrew.

vnsern Historien gefunden wirdt: vnnd ist von zweyen zusammen gesetzt/ darunter das letst Wort Husreuw/ noch heutigs Tags den Türcken sehr gemein

vnd

Histori. Suleiman Schach. 51

vnnd bräuchlich ist/ wie auch vorzeiten den Persiern/ lang davor/ vnnd ehe dann die Türcken in jr Land gefordert/bestellt/vnd ankommen. Dann es kein ander/ dann der Alt Nam Chosroes/welchen viel Persische König getragen: wie auch Gei-Husrew gantz einerley mit Caichosroes/so den Iconier Türcken fast gemein/vnd in vnsern Historien vielfältig gefunden wirdt.

Suleiman Schach ist mit seinen Leuten/deren biß in die 50000. alle Nomades/ so jre Hüttlin vnd Gesind mit sich führten vnd schleyfften/auff Artzerum vn Ertzinzan gerückt. Der Statt Artzerum rechter Nam ist Artze/vnd hats Cedrinus im Leben deß Keysers Constantini Monomachi schön vnd weitleuffig beschrieben. Weil aber die
10 Türcken auß Vrsachen/ daß es in Rumili oder Asiatischem Romania gelegen/das wort Rum hinzu setzen:wirdts Artze-Rum genennt/ gleich als Artze gelegen im Land Rum oder Romania. Als nu gedachter Suleiman Schach jme selbst vnd seinen Leuten/nach vnterscheid vnd gelegenheit der zeit im Jar/ bequeme Ort vnd End außersehen vnd eingenommen/auch ein zeitlang daselbst sich auffgehalten:ist er von dannen in der Rumiler oder Griechen Gebiet weiter fortgerückt/ vnnd ghen Antasia kommen. Hat allda die Gaur angefangen Feindtlich anzugreiffen/sein Volck ins Feldt gefühket/vñ nicht allein der Rumiler Landschafften geplündert vnd preiß geben:sonder auch gar offt mit jhnen gestritten/ vnd sie durch vielfaltig schwere Treffen erlegt/ vnnd geschwecht: biß er zu letst in der Asiatischen Rumilia viel Stett/ vnd nicht wenig Land
20 vnd Herrschafften/ vnter sein Gebiet bracht. Jedoch seind endtlich durch so viel scharmützeln vnnd streitten/ auch so viel stürmen vnnd einnemmen/ vnd verwüsten der Stett/nicht allein die Oguzschen Kriegsleut ermüdet/ sonder auch jhre Rossz durch stetigs arbeyten/rennen/ vnd lauffen/dermassen erschöpfft worden:daß der Suleiman Schach weder die Leut/ noch die Rossz/ etwas nach seinem Willen ferrer zu verrichten/hat brauchen können. Derhalben er/nach dem er gesehen/welcher massen sein vorhaben verhindert/ wegen abnennung seiner Sterck vnnd Volcks/in den eroberten Landen bestendigen Fuß zu setzen/ vnnd einzuwurtzeln/getzwungen worden/sein meynung vnd Anschlag zu ändern/ vnnd wider auß denen Landen abzuziehen. Zu deme kam auch die zeitung/wie die Sachen in Persien beschaffen: daß nem-
30 lich dieselben nach so vieljäriger vnruhe/endtlich etwas gestillet/vnd friedsamer angefangen zu werden. Derhalben er für rathsam angesehen/wider heimwerts zu kehren/ vnd seiner Vordltern/ja seinen Vätterlichen Sitz vnnd Herrschafft auff ein neuwes anzusprechen vnd einzunemmen. In diesem Zug musten sie mitten durch das Land Soria/ vnnd der Statt Halepo Genet/jren Weg nemmen: an welchem Orten ein Schlosß gelegen/welches die Innwohner vnd Landleut Ziaber – Cala nennen. Als sie nun zu diesem Castell oder Burg kommen/hat sich der Suleiman Schach sampt seinen Leuten daselbst nidergelassen/das Läger geschlagen/die Burg vmbgeben/ belägert/vnd eingenommen. Folgends hat er sich weiter bedacht/wie er in seinem Zug/ vnd vorhabender Reyß/fortschreiten möcht:weil er für Augen sahe/ daß dieselb durch das
40 Wasser Frat oder Furat heutigs Tags/vorzeiten aber Euphrates genannt/ verhindert ward. Dann vber dasselb musten sie in allweg/ entweder durch erfindung eins Pass/ zum durchwaten/oder aber durch ein anders mittel vñ weg: welches dañ jnen zu verrichten schwer ankam/ vnd vilerley gedancken machte. Suleiman Schach selbst ließ nit nach / ein Ort zu suchen/da sie möchten vbersetzen. Vñ in dem er ein solchs ins Werck zu richten sich thet vnterwinden/gab er seinem Rossz die Sporen/vnd spreugts von einem hohen Vrfahr in ein tieffen Stram deß lauffenden Wassers: da er dann in ein Wirbel gerahten/vnd demnach vom Allmächtigen(hiemit setz ich der Türcken eygne Wort)jme der Tod an diesem Ort außersehen vnd aufferlegt/ist er also sampt dem Rossz ersoffen vnd vmbkommen.Folgends hat man deß Königs Leichnam im Wasser
50 Furat gesücht/vnd demnach er letstlich gefunden worden/ haben jne die seinigen beym Schlosß Ziaber in ein Monument gelegt vnnd begraben: daher das Ort noch biß auff den heutigen Tag in jhrer Spraach Mesari Zuruc/das ist so viel/als das Türckisch Grab/wirdt genannt/ wie solches die Türcken selbst melden.

Woher Artze Rum genannt.

Deß Suleiman Schach thaten wider die Christen.

Suleiman Schach zeucht hinweg auß Asia minori.

Cala heißt ein Schlosß.

Suleimans todt.

Türcken glauben die Fürsehung Gottes.

Mesari Zuruc.

e ij   Da

Da nun Suleiman Schach vmbkommen/ist ein theil diß Türckischen Volcks zugefahren/hat jnen deß Orts ein Sitz erwehlt/vnd ist daselbst blieben. Darumb dann noch jetzo das Castell Ziaber in deren Gewalt seyn soll/welche sagen/sie seyen von denen Türcken herkommen. Das vbrig Oguzisch Volck hat sich vielfältig zertrennt vnd von einander getheilt/vnd ist also an vnterschiedliche Ort vñ End gezogen. Etlich vnter jnen haben sich an die vnerbawute wüste Ort der Land Arabia vnd† Soria begeben/welche noch jetziger zeit die Türckmanler von Damasco werden genant. Andere seind deß wegs daher sie kommen/wider zu rück gezogen/weil jnen mehr gefallen/ins Land Asiatica Rumilia geheissen/sich abermals zu verfügen: da denn eben noch heutigs Tags * die Jconier vnd Anatolische Türckmanler oder Nomades/so von jhnen herkommen/vnd mit jhrem Gesind herumb pflegen zu fahren/vorhanden.

† Pandectis im 61. Cap.

* Such deß Prætoris Græcia wort im gemeldten Cap. Pandectis.

Suleimans vier Söhn.

Es hat dieser Suleiman Schach/da er starb/vier Söhn verlassen. Der erst hieß Sencur -- Tekin/der ander Jundogdi/ welches so viel bedeut/ als die auffgangene Sonn. Deß dritten Nam war Ertogrul/Der Zunam Gasi/das ist der streittbar/welcher deß Osmans Vatter war. Der vierdt hieß Dunder. Die Oguzier/so jnen folgten/seind zum theil (wie zuvor gemeldt) widerumb ins Land Rumili kehrt: die vier Brüder aber/demnach sie mit den vbrigen ein zeitlang außgeruhet/seind mit dem Läger auffgebrochen/am Wasser Furat wider den Stram gezogen/vnnd endtlich zu denen Feldern vnd Ebne kommen/so man Pasin -- Quasi nennt/vber Artzerum auff 10. Griechisch oder Wellisch Meiln gelegen: vnd zu einem Ort/Serlu -- Zucur genannt/vom tieffen graben/so bey vnsern Historicis vnd Scribenten etwa den Namen Pasini Charax hat/wie sichs läst ansehen. Daselbst ist der Ertogrul mit seinem Bruder Dunder/vñ mit 400. Hüttlin/so man fortsetzen kan/nach angezeigtem brauch der Türckischen Nation/für sich verblieben: die vbrige zween Brüd seind widerin Persien/jr alte Vatterland/gezogen.

Zween Brüder kehren zurück in Persien.

Mittler weil sich der Ertogrul ein zeitlang an gemeldtem Ort auffgehalten/vnd hatte bey sich den einen Bruder/sampt seinen dreyen Söhnen/hielte auch mit den Benachbarten zu mehrmaln scharmützel: biß er endtlich für gut vnnd rathsamb angesehen/daß er wider in die Land Rumili sich verfügte. Da er nun auff diese Reyß sich begeben/seind sie zu einer Statt/jetzt Anguri/vorzeiten Ancyra/oder Griechischer pronunciation nach/Angyra genannt/kommen: von dannen weiter fortgeruckt/damit sie das Losament möchten nemmen in einem Gebirg/in gemeiner Landspraach von Türcken Caratze -- Dage genannt/das ist der Schwartzwald/oder Schwartzberg/von Griechen Mauran -- oros. Diß Bergs gedencket der Autor Chronici Hierosolymitani/deß Nam vnbekannt/im dritten Buch/da er den Griechischen vnd Türckischen Namen verdolmetscht/vnd jhn Nigros Montes heist. Folgends seind sie auch von dannen geruckt in ein Ebne/Sultan -- Vngi geheissen/da sie mit den Gauri ohn vnterlaß zu fechten vnd zu streitten gehabt.

Ertogrul in Rumili.

Schwartzwald in Asia.

Der Sultan Aladin/geborn auß dem Selzuckischen Geschlecht/war vorlangst auß dem Aiemier Königreich hinweg gezogen/wie dann solches zu mehrmaln angezeigt/vnd hatte die Prouintzen in Rumili dermassen vnter sein Gewalt bracht: daß alle dieselben Völcker jhn für jren höchsten König erkenten/so nach der Türcken Brauch in jrer Spraach Vlu -- Padischach wirdt genennt. Dieses Sultan Aladins Rhum/Herrligkeit/vnd großmächtiger Gewalt war dem Ertogrul nicht vnbekant. Derhalben er/so drey Söhn hette/mit Namen Jundus/(heist so viel/als der Tag) Sarugatiu/vñ Osman/den andern Son Sarugatin/mit dem Zunamen Sauigi/das ist der Bellender/zu jm abgefertigt/ein Ort von jme zu begeren/so er sampt den seinigen bewohnen vnd erbauwen möcht. Darauff Sultan Aladin jren gegenwertigen standt vnd Gelegenheit zu Gemüth geführt/so von jren Vhralten Vätterlichen Gütern vnd Sitz vertrieben/vnd im Ellend/allerdings verlassen vnd hülfflos/hin vnd her müsten herumb ziehen. Derwegen jrem begern vnd bitten statt geben/vnd sich gegen jnen gnedig vnd miltiglich erzeigt. So hat sich auch eben zu dieser zeit/als der Ertogrul neuwlich ins Land Rumili komen war/sampt seinen Leuten/darvnter waren vngefährlich 400. streittbarer Mann/ein Fall zugetragen/bey welchem sie gleich anfängklich dem Sul-

Aladin Vlu Padi Schach in Romania.

Ertogruls drey Söhn.
Ertogruls Bottschafft an den Sultan.

Histori. Ertogrul Beg.   53

tan Aladin jre Trew vnd Dapfferkeit bewiesen. Dann derselb hatte von vielen Jaren her etliche Feind/wider die er damals eben streitten muste. Vnd waren diese kein andere Feind/dann die Scythen oder Tatarn:so jhnen an dem nicht liessen genügen/ daß sie die Selzuckischen vom Land vnd Leüten vertrieben / vnd vorab auß dem gantzen Persierland:sonder verfolgten sie auch in den Prouintzen deß Rumili/ welche sie vnlangst erobert/ vnd theten gemeldte Landtschafften mit vnabläßlichen vberfallen Feindlich angrieffen. Solcher Tatarn Haupt vnd Feldtoberster war damals Jatso-Chan/welcher von denen Historicis/so Christen gewesen/ Johadais--Chan wirdt genannt/vnd für einen Enickel deß Zengis--Chan außgeben. In dem nun der Sultan Aladin wider diese Tatarn im vollen Streit war / vnd von jhnen dermassen betrangt/daß eben wenig fehlet/daß er nicht sampt den seinigen ermüdet/an allen krefften erschöpfft/ oberwunden vnd in die Flucht geschlagen:hat sich vngefåhr begeben/ daß diese vertriebne/vnd jhres Vatterlands schon ein gute weil beraubte Zurki oder Nomades dazwischen kamen:deren etlich hundert der Ertogrul bey sich hett / gute streittbare Leuth. Derhalben er sie mit kurtzen worten angesprochen: Lieben Spießgesellen/ jr sehet/ daß vns auff heutigen Tag das Glück zum fechten vnnd streitten allhero geführt. Es mangelt vns auch nicht an Feusten vnnd Wehren. Wil keins wegs sich gebüren/ daß gehertzte Dapffere Leut/ weil diese mit einander sich schlagen/ gleich als vertzagte Huren davon ziehen/ ohn ertzeigung eins Mannlichen Gemühts. Müssen vnter diesen beyden theilen eins für vns nemmen/ dem wir alsbaldt zu hülff kommen.Ob jr nun den Obsiegenden/oder den Vberwundenen die Hande bieten wöllet/gib ich euch selbst zubedencken. Als nun jhme von seinen Leuten zu Antwort geben/es würd jnen schwer fallen/das erlegte Theil zu vertheidigen/ weil sie gar in geringer Anzahl vorhanden:vñ daß auch sonst ein gemeins Sprichwort:die Sterck sey bey dem d' obsiegt:laugnet Ertogrul/daß ein solche red auß einem Adelichen Maññhafften Hertz köndt herkommen. Dann wir die Schwecher/sprach er/ vnd schier vntertruckte Parthey verfechten/vnd mit Ritterlicher Faust vertheidingen sollen. Also haben allzeit vnsere Voreltern gethan/ die Schwachen erhaltē/ den Vntertruckten hülff gebotten/die Nidergeschlagnen wider auff die Beyn geholffen. Vñ alsbald der Ertogrul diese wort außgeredt/griff er sampt den seinigē zun Waaffen/ eylt zur Wahlstatt/ setzt auff einer Seiten vnter die Feind/in dem deß Sultan Aladins Kriegsvolck auff der andern gegen vber auß allen krefften wider die Tatarn sich brauchen ließ/ vñ kaum der Barbarischen Feind sich kundt erwehren. Solcher / eins vnversehenen Feinds/ gewaltiger Angriff/ hat den Tatarn nicht ein geringen schrecken eingejagt:weil sie zu gleich vornen her/ vnd auch rücklings den Feindt hatten / vnd wider jhn streitten musten. Vermochten auch der Türcken Gewalt dest weniger widerstandt zuthun/ weils nicht anderst geseyn kundt/dann daß die/ so durch langwehrendes Kempffen ermüdet/ schwecher seyn musten/ weder die frischen. Endtlich hat der Türcken Mannheit jhnen schier den gewissen Sieg dermassen gleich als auß den Henden entzogen/ daß sie all Hoffnung/ stattliche Beut zu erlangen/ welche sie schon im Sinn verschlunden/ stracks fahren lassen:vnd vermeynt/ sie würden gantz wol davon kommen/ da sie nur durch Mittel der Flucht sich saluirn vnd retten kündten. Deßwegen der Sultan Aladin/ nach dem die Tatarn erlegt/ vnd er auß Augenscheinlicher grossen Gefahr erlediget/ alsbald sich zum Ertogrul/ so den herrlichen Sieg vervrsacht/ begeben vnnd verfügt: jhn sampt den seinigen mit lieblichen höflichen worten empfangen/ vñ wegen dapffers/ großmütigen Verhaltens in verrichter Schlacht/ gerühmbt vnd gelobt. Dagegen der Ertogrul/ damit er dem Sultan Aladin/ als einem Großmächtigen Fürsten/ gebürende Reuerentz vnd Ehr ertzeigte/vom Rosß abgestanden/ vnd sampt den seinigen/ so gleichßfalls sich zu Fuß stelleten/ jme nach Gewonheit der Nation / die Hand küsste. Damit nun Sultan Aladin gnugsamb zu verstehen geb/ daß er die sondere Wolthat/ so jme der Ertogrul bewiesen/ erkennen thet:hat er jm ein köstlichs Kleyd/ welches bey denen Völckern für ein grosse Ehr gehalten wirdt / oder ein stattlichen Türckischen Rock anlegen lassen: vnd gleicher massen die andern Oguzischen Kriegsleut/ durch deren Mannheit der Sieg fürnemlich war erlangt vnd erhalten/ mit allerley Ge-

Sultan Aladins Feind/die Tataru.

Jatso Chan.

Ertogrul spricht den seinen zu dem Aladin zu helffen.

Türcken beissen turcy ab.

Türcken deß Siegs Vrsach.

Der Türcken Höflichkeit.

Ertogrul begabt.

e iij   schenck/

Das ander Buch Musulmanischer

Suguta den Ognziern geschenckt.

Die Berg Tomalitze vnd Ermeni.

† *Pandect. im 19. Cap.*

Maurocastron/ Schwartzburg.

Ertogruls ansehen.

Ertogrul bricht dem Germean sein Muth.

Die von Carachisar halten sich vnnachbarlich gegen dem Ertogrul.

Belägerung deß Carachisar.

schenck/ein jeden nach seinen Würden/reichlich vnd hertzlich begabt. Zu dem/hat er in den Marckt oder das Stättlin Suguta geschenckt vñ verehrt/so zwischẽ dem Schloß Bilezuga/vnnd dem Berg Tomalitze/welcher bey den Alten den Namen Tumolus vnd Tmolus gehabt/vnnd im grössern Phrygia gelegen/da sie dann mit jhrem Hauptvihe vnd andern Herden sich wintern solten. Daneben jhnen so wol den jetztgemeldten Tomalitze/als auch den Ermeni -- dage/so bey den Alten der Berg Ormenius genannt/vnd zwischen zweyen Wassern/dem Sangari vnd Lyco gelegen/ auch ein Arm ist deß Bergs Olympi/der sich auß dermassen weit erstreckt/bewilligt vñ zugeeygnet. Vnd ob wol Bilezuga/(ist ein Schloß/ so von jungen † Eychbäumlein in Türckischer Spraach also genannt)vnd gleichßfalls Carachisar/(heist auff Türckisch so viel als Schwartzburg. Die alten Griechen hettes Melanopyrgus genent/ die jetzigen heissens Maurocastron. So findt man auch beym Cedrino im Leben deß Keysers Romani Diogenis/so noch nicht in Truck außgangen/Maurocastri Polisma/das ist/daß Stättlin Maurocastron/oder Schwartzburg') damals noch nicht in der Türcken Gewalt kommen waren: so hetts gleichwol schon die meynung/daß bey der Schlösser Teggiur/das ist Herrn oder Landtvögte/vmb so viel dem Sultan Aladin verpflicht vnd zugethan/daß sie jme Järlichen Tribut/Haratsch auff Türckisch genañt/müsten erlegen vnd reychen. Auch ließ es Sultan Aladin bey jetztgemeldter stattlichen Begabung deß Ertogruls nit bleiben/nach dem er ein sondere Großmühtigkeit an jme gespürt: sonder hat jm daneben die Grentzen der Ort vnd End/wider alle Feind zu schützen vnd zu schirmen/als einem vertrawten Mann befohlen. Zu der zeit war der Ertogrul noch eins ruhigen/vñ an krefften vngeschwechtẽ Alters: daneben eins hübschen/aber doch auch schrecklichen Angesichts/darauß man eygentlich sein Mannlichs dapffers Gemüth abnemmen vnd spüren kundt. Er pflegte/nach dem er der Sultan Aladin den Marckt Sugut jme geschenckt/sich gemeiniglich daselbst zu verhalten. Zwar ehe dann der Ertogrul dahin kommen/ließ deß GermeanFürstenVatter/sampt einem Taterischen Herrn/Tzaudar genannt/nicht nach/das benachbarte Schloß Carachisar oder Schwartzburg ohn vnterlaß zu plagen vnd Feindtlich anzugreiffen. Demnach aber der Ertogrul Sugut einbekommen vnd angefangen zu besitzen/ward die gantze Gegent herumb deß Feindtlichen Vberfallens vnd schreckens erlediget/vnd deft sicherer bewohnt. Jedoch wohneten die Oguzier also zu Sugut/daß sie nur daselbst sich pflegten zu wintern: im Sommer aber hielten sie sich auff/ vnter jren Gezehlten/imGebirg Tomalitze/Dessen oben gedacht/sampt jrem Vihe vndHerden/nach jrer Nation offtangedeuter Gewonheit.

Als nun nach diesem etlich Jar verflossen/soll sichs/laut der Türckischen Histori/zugetragen habẽ/daß die zu Carachisar wohnende Christen/vnangesehen/sie durch deß Ertogruls Hülff vñ Wolthat in guter ruhe sassen/anhuben gemeldtem Ertogrul allerley widerwillen zu erzeigen/ vnd sich mit jm in offene Feindtschafft einzulassen. Darüber sich der Ertogrul erzörnet/weil jn nicht wenig thet verdriessen/daß jhme von denen Vndanckbarn Leuten/welchen er guts vñ Freundtschafft bewiesen/ein solcher Lohn vñ vergeltung werde solt. Ist darvber zum Sultan Aladin gezogẽ/demselbẽ ober den Vnwill geklagt/so von denen zu Carachisar jme widerfahren: auch jn vermahnt/er solt dieselben Gauri mit Krieg angreiffen. Durch diese deß Ertogruls Klag ward Sultan Aladin dermassen bewegt/daß er sein Kriegßvolck in den Landen deß Asiatischen Rumili befahl auffzumahnen/vnd also Carachisar belägert. Damals war die fürnembst Statt vnd Schloß desselben Lands/nemlich Kyotahie/noch in der Gaur Henden vnd Gewalt: das ist/ die Hauptstatt im grössern Phrygia/vorzeiten Cotyaium genannt/ war noch nicht von den Musulmanlar eingenommen/ sonder den Griechen vnterthenig. Das theil deß Schlosses Carachisar/gegen North oder Mitternacht gelegen/hat Sultan Aladin dem Ertogrul befohlen zu belägern/zu stürmen/ vñ einzunemmen: da dann er mit aller Macht den Belägerten zugesetzt/vñ nit vnterlassen/sie mit stetigem angreiffen vbel zu plagen/vnd zu schaffen zugeben. Darumb den Christen schier das Hertz empfallen/ vnd sie den Anfang gemacht/ vmb fried bey dem Sultan Aladin anzuhalten. Weil aber derselb den Ertogrul hoch schätzet/vñ auff sein

Rath

Histori. Ertogrul Beg.

Rath vnd meynung gar viel pflegte zu halten/hat er fürgeschlagene Friedtshandlung gantz vnd gar verworffen/ als er vermerckt vnd gesehen/ daß jhme der Ertogrul allen Vertrag mit den Beclägerten thet widerrahten. Derhalben jnen zu Antwort geben/sein eygentlicher Will were/ daß sie die Burg jme solten auffgeben. Mittlerweil/ als diese Sachen für Carachisar sich zutrugen/kam die Zeittung ins Läger/wie der Tatar Baintzar/ wider auffgerichten Vertrag/ dem Sultan Aladin mit seinem Tatarischen Kriegßvolck in sein Land gefallen/vnd die Statt Ergele/oder Ereglie/ (vorzeiten Heraclia Cariæ/dem Chronico Hierosolymitano Recium genañt/)geplündert. Als Sultan Aladin solches vernomen/ hat er alsbald bey jm entschlossen/ein theil deß Kriegß
10 volcks dem Ertogrul zu lassen/damit er bey der belägerung Carachisar möcht verharren: vñ ist er selbst in höchster eyl mit dem vbrigen Heer wider die Tatarn gezogen. Da nu der Baintzar kundtschafft gehabt/ wie Sultan Aladin vorhanden: ist er mit seim Volck jm entgegē gezogē. Darauff geschach ein Treffen/an einem Ort/ das von Türcken Baga-Vibge wirdt genañt/hieß bey den alten entweder Bagaucos/oder schlecht Baga/ so ein Statt/der Haupt vnd Ertzbischofflichen Statt Sardes in Lydia vnterworffen. Am gesagten Ort wurden die Tatarn vom Sultan Aladin dermassen erlegt vnd erschlagen/ daß man wegen mening deren/ so vmkommen/ die Anzahl in den Histori Büchern nit gemeldt noch gesetzt. Allein wirdt einer schier lächerlichen Sach gedacht/ daß nemlich Sultan Aladin befohlen/ man solt den erschlagenen Tatarn jre
20 Männlich Glider abschneiden/die Heute davon abschinden/vñ darnach dieselb zusamen nehen. Vnd soll von denen/wegen grosser Anzahl der erwürgten/ gleich wie ein Himmel oder Sonnenschirm gemacht/vnd das Feld oder die Ebne/ darauff man gestritten/ Siclar--oua genañt seyn worden/welches so viel heist/als (mit Reuerentz jrem groben Brauche nach zu melden) Zerßfeldt: vnd soll derselb Nam diesem Ort noch biß auff den heutigenTag blieben seyn. In dem nu diß an gedachten ort verricht ward/hat Ertogrul auff der andern Seitte allen fleiß angewendt/damit er Carachisar möcht erobern/ welches jme dañ glücklich gerahten. Dañ er die Burg in seinen Gewalt bracht/ vñ den Teggiur od' Landtvogt lebendig gefangē bekomen. Darauff alles im Schloß preiß geben/das fünfft theil der Beut abgesondert/das vbrig vnter die Kriegßleut auß
30 theilē lassen. Folgends hat er gemeldtes fünfft theil der Beut/alsdem Landsfürsten zu ständig/dem Sultan Aladin/neben einer glückwündschung wol verrichter Sache zugeschickt. Hierauff seind 2. Jar hingangen/ vnd 3. Monat sampt etlichen Tagen/da endtlich Sultan Aladin der erst/auß disem Leben verschieden. An sein statt ist der Son zum Regiment kommen/Sultan Azadin genañt/ wie droben im ersten Buch weitläuffiger angezeigt. Vnnd als derselb hernacher auch gestorben/ist jme sein Bruder Giassadin succedirt. Nach dem der Giassadin vmbbracht worden/ist das Reich auff deß Azadins Sohn erblich gefallen/welcher auch Giassadin hieß. Bey dieses Regierung ist ein Tatarischer Fürst/ den die Türcken Bapso nennen/ die vnsern entweder Baioth/deß Gog Blu-Chans Feldtoberster in Asia/wie Vincentius von Beauvais
40 schreibt: oder Baydo/ der Tatarn Feldtoberster im Türckischen Jconier Reich/wie Aythonus thut melden: mit einem Tatarischen Heer in sein Land Rumili/ oder in Romaniam Asiaticam kommen/hat diesen Giassadin mit Krieg angriffen/ oberwunden/von Land vnd Leuten/ vertrieben/ vnnd solches alles vnter seinen Gewalt bracht. Vnd hat nach dieser zeit diß Selzuckisch Geschlecht/ all seiner von Vorfahrn ererbter Macht beraubt/ kaum die vorig Dignitet vnnd Würden allein mit dem Fürstlichem Namen vnd Titul können erhalten. Welche Veränderung der Sachen Ertogrul wol in acht genomen/sich nit zu weit hinauß noch bloß gebē: sonder an seiner Suguta sich genügen lassen/dieselb an statt seins Vatterlands gehalten. Gab den Christen selbst nichts zuschaffen/sonder hielt fried mit allen seinen Nachbarn. Hat also mit
50 diesem stillen ruhigen Wesen gar viel Jahr zugebracht/biß zu letzt Sultan Aladin/ diß Namens der ander/ ein Sohn deß Kei-Cubad/ das Reich in Rumili erlangt. Vnnd daß solches nicht für ein geringe zeit zu achten: ist auch darauß abzunemen: weil zwischen der ersten eroberung deß Schlosses Carachisar/ davon gesagt/ vnnd zwischen der andern/ davon im folgenden Buch zu sagen/ vngefährlich biß in die

Baintzar fellt dem Aladin ins Land.

Sultan Aladin erlegt die Tatarn.

Siclar oua.

Carachisar vom Ertogrul eingenomen.

Sultan Aladins todt.

Sein Nachkommen.

Bapso/sonst Baydo/der Tatarn Oberst.

Der Aladiner Macht abgenommen.

Ertogruls Weise einzogenheit.

e iiij   50. Jar

Das ander Buch Musulmanischer

Carachisar zweymal erobert.

50. Jar verfloſſen. Dann gemeldts Schloſſz zu vnderſchiedlichen zweyen maln eingenommen worden. Erſtlich/ vnter Sultan Aladin dem erſten/da die Belägerung dem Ertogrul ſelbſt befohlen war. Zum andern/ bey der Regierung Sultan Aladins deß andern/da Carachiſar ſampt dem Schloſſz Bileczuga/ nicht weit davon abgelegen/erobert ward/wie folgends an ſeinem Ort angezeigtet ſoll werden. Daß aber Carachiſar auff der Türcken Seiten verloren/ſolches ward durch Sultan Aladins deß erſten todt verurſacht. Dann derſelb hette den Schloſſzherren vnnd Landtvogt/ ſo vom Ertogrul gefangen war: frey ledig gelaſſen/vnd wider eingeſetzt: jedoch mit der Condicion vñ angehencktem Laſt vnd Beſchwerd/daß er Järlichs dem Sultan ſeinen Tribut erlegen ſolt: welchen Vertrag er bey Lebzeiten Sultan Aladins gehalten/ aber demnach derſelb verſchieden/iſt er von den Muſulmanlar abgefallen/ vnd Carachiſar von jrem Gehorſam vnd Subjection entzogen. Hat alſo der Ertogrul in dieſer Ruhe zu Suguta gar ein lange zeit gelebt/wie ein ander Vntertthan deß Jconier Reichs:

Ertogrul ruhig.

Wirdt durch frembd Exempel eingezogner.

daneben als ein Fürſichtiger Verſtendiger Mann/ den fall deß Selzuckiſchen Geſchlechts/welches ſeinen Königlichen vnſäglichen Reichthumb verloren/ auch voriger Wolfahrt beraubt/zu trümmern gangen war/ wol zu Gemüht geführt: vnd derhalben ſich beſcheydenlich gegen jederman verhalten/ auch jhme fürgenommen/ in ſolchem Vbelſtandt gemeins Weſens/ alles gedultiglich zu leiden.

Ertogruls drey Söhn.

Er hette drey Söhn/wie auch zuvor gemeldt/nemlich den Jundus/ Sarugatin/ vñ Oſman: alle Fürtreffliche junge Leut/ voller Tugendt vnd Mannheit: aber doch

Oſmans Art.

kundt ein jeglicher am Oſman Augenſcheinlich ein groſſes ſtreitbars Gemüth/ weit ober ſeine Brüder/ſpüren: deßwegen di: ſeinigen/bevorab ſo zum Kriegsweſen Luſt trugen/inſonderheit auff jhn ein Aug hatten: wie dann auch Adeliche muhtige junge Leut ſich zu jm geſelleten/ als offt er auffs geiaget/ wilde Thier zu hetzen/welche Kurtzweil einem Streitt wol ähnlich/ oder mit dem Federſpiel ein Luſt zuhaben/außzohe.

Oſman ein Jäger vnd Weydmann.

Gazan Vlu Chan.

Zu dieſer zeit war bey den Tatarn ein Vlu-Chan/ oder ein groſſer Fürſt/ mit Namen Gazan/ ein Sohn deß Oguz Chan/ welcher deß Zengis Chan Enickel geweſen/von ſeinem Sohn Ectai geborn/vñ von der Chriſten Hiſtoricis entweder Guin vnd Ghin (alſo wirdt dieſer Nam vngleich geſchrieben/ aber Frantzöſiſcher Art nach/ auff einerley weiß außgeſprochen) genannt wirdt/ als vom Anthono vnd Vincentio von Beauvais: oder Bar--Chim/ welches ſo viel alß den rechten Chin oder Gin bedeut/ als vom Marco Paulo dem Venediger: oder Gog Chan/ als von derſelbigen jetztgemeldten Vincentio: welcher ſchreibt/ er ſey zum Königlichen Standt vnnd Würden im Jahr nach Chriſti Geburt 1246. erhaben vnnd erhöcht worden/ vnnd hab den Baioth (Türcken heiſſen jhn Bapſo) für ein Feldtoberſten in den Aſiatiſchen Zügen gebraucht. Aber vom Gazan find ich bey den vnſern kein andere meldung/dann daß etliche deß Namen Cadan gedencken/vnd daneben ſagen/er ſey

Oguz Gu'n'Chan/ Barchin/ Gog Chan/ einerley.

Cadan vnd Gazan/ einerley.

gemeldts Gin oder Gog Chan nechſter Vetter geweſt/ als die von zweyen Brüdern geborn: vnd nicht ſein Sohn/ der Türcken meynung nach. Den Namen Cadan belangend/möcht derſelb auff die weiß einerley ſeyn mit dem Namen Gazan/oder Cazan/ wie offt geſagt/daß der Gemeine Mañ pflegt Odman außzuſprechen/da doch andere/

Romania vom Gazan erobert.

die höflicher vnd zierlicher reden wöllen/ Oſman oder Oʒman ſagen. Dieſer Gazan/ ein Sohn deß Oguz oder Gog Chan/ hat einen Feldtzug ins Königreich Rumili für ſich genommen/daſſelb vberzogen vnd vergwältigt/ vnd demnach ers eingenommen/ beſeſſen. Jedoch hat er darnach/ den Fürſten Selzuckiſchen Geſchlechts hiemit das

Zwene Sultan zugleich in Romania.

Jconier Königreich widerumb einzuraumen/das Land Rumili vnter zwene/ von dieſem Geſchlecht geborn/dermaſſen abgetheilt: daß ſie beyd mit Königlichem Gewalt vnd Macht dieſe Land vnd Königreich zu Lehen von jhm begeren vnd empfahen/ vnd als Lehenleut beſitzen vnd regieren ſolten. Dieſer Selzucker einer hieß Meſoot/ein Sohn deß Kei--Cubad: der ander hieß Kei--Cubad/ ein Son deß Feramuzin. Dem

Meſoots Reich.

Meſoot/Kei--Cubadis Sohn/hat Gazan als Lehenherr/ in dieſer Abtheylung deß König:eichs/folgende Stett ſampt jren Landſchafften eingeraumbt. Erſtlich die

Amidus/ Aminſus.

Statt Amidus/mit einem vhralten Namen zuvor Henetus geheiſſen/ ſonſt von Griechen Amiſus genannt/ vnnd Aminſus: welchen Namen der Griechiſch Hiſtoricus

Nicetas

Histori. Ertogrul Beg. 57

Nicetas meldt in beschreibung einer Theilung/ so im Iconier Sultanat geschehen soll seyn. Vnsere Scribenten wöllen/ diese Statt sey in Galatia gelegen: aber Keyser Leo der Weise/ setzt in seiner Constitution von den Ertz vnd Bischofflichen Stülen/ daß der Bischoff zu Aminso/ welchen er auff den von Sinope erzehlt/ dem Ertzbischoff von Amasia/ im Land Helenoponto/ vnterworffen. Daneben ward dem Mesoot vbergeben die Statt Melatie/ vorzeiten Melitina den Griechen/ im andern oder kleinern Armenia: vnd Sinaste/ vorzeiten Seuastia: vnd Harberie/ den Alten Sarabrea genannt/ zu der Landtvogtey Garsauria/ im Cappadocierland/ gehörig. Dem Kei--Cubad aber/ deß Feramuzins Son/ war zugetheilt die Statt Iconium/ deß Sultanats altes Hofläger/ sampt dem theil deß Lands Rumili oder Romania/ so gegen dem Meer sich erstreckt. Diese beyde waren deß Gazan Vlu Chans gleich wie Statthalter/ jedoch mit vollkomner Königlicher Macht: vnd schickten järlich dem Gazan von den einkommen deß Rumili seinen gebürenden theil/ laut deß auffgerichteten Vertrags.

Melatie.
Sinaste.
Harberie.
Kei Cubadis Reich.
Zween Sultan der Tatarn Tributarii.

In dem nun das gemein Wesen also beschaffen/ hat mitlerweil der Ertogrul ein hohes/ ansehenlichs/ vnnd Ehrwürdigs Alter erreychet: dermassen/ daß alle desselben Lands Innwohner/ so wol die Musulmaner/ als Christen/ diesen Alten/ sampt seinen Söhnen/ in höchsten Ehren hielten. Waren auch Sultan Aladin dem andern nicht weniger lieb/ vnd gantz vertreulich vnd wol verwandt: vnd pflegten jhn zu zeiten/ nach dem Brauch jrer Nation/ so nicht zuläßt/ daß man Fürstmässigen Personen mit leeren Henden sich erzeigt/ mit etlichen Verehrungen besuchen. Beschließlich/ als viel nach Sultan Aladin dem ersten/ vom Selzuckischen Geschlecht das Landt Rumili/ als König/ regiert haben: dieselben haben sich allzeit gantz gnedig vnd miltiglich gegen dem Ertogrul erzeigt: wie er dann dessen/ wegen seiner hohen Gaben vnd Tugenden/ wol würdig war: von dem ein gemeins Geschrey allenthalben ühel erschallen/ wie es sich gegen jedermeniglich dermassen verhielt: daß man jhn lobte/ wie einen Auffrichtigen Mann/ vnd auch nicht weniger rühmbte wegen seiner Mannheit/ vnnd Heroischen Dapfferkeit/ sampt einer besondern Andacht zu Gott: vnd wirdt gemeldter seiner Andacht vnd Gottsforcht diß Exempel vnd anzeigung in der Muhametaner Historien gefunden.

Ertogrul im Alter geehrt.
Türcken Geschencktglerig.
Ertogruls Tugenden.
Andacht.

Auff ein zeit/ sagen sie/ hat sichs zugetragen/ daß der Ertogrul vber Land reyset/ vñ da es sich gegen Abend wolt schicken/ kehret er in eins andächtigen Musulmanischen Priesters Hauß ein/ die Nacht vber daselbst zu bleiben/ vnd sein Losament zu nemmen. In dem er nun an seiner Stell saß/ vnnd hinter jhm ein Almer oder Kensterlin hett/ so in der Maur eingefasset/ vnd in welches gedachter Priester oder Pfaff das Buch Mußhaphum/ oder deß Muhametischen Gesatzes Buch/ Alcoran genannt/ verborgen hett: trug sich vngefährlich zu/ daß der Pfaff/ so Wiert im Hause war/ als gesagt/ etwas im Buch begehrte zu besehen. Kam derhalben zum Ertogrul/ thet an jhn bescheidner eingezogner weiß erlaubnuß begeren/ vnnd bitten/ er wölte sich mit dem Kopff ein wenig neygen/ vnd jhme vergönnen/ daß er möcht ein Buch auß der Almer reychen. Als der Ertogrul hierauff fragte/ was das für ein Buch wer: gab der Pfaff zu Antwort/ in dem Buch weren die Wort deß Muhametischen Gesatzes begriffen. Vnd nam damit das Buch auß der Almer/ vnd als ers gnug braucht/ legt ers wider hinein. Da der Ertogrul diß gehört vnd gesehen/ wartet er in grosser stille/ biß der Wiert im Hauß entschlieff. Darnach macht er sich auff/ vnd wusch oder reynigte sich an denen Gliedern vnd Ort deß Leibs/ so die Musulmanlar/ jrem Brauche nach/ pflegen zu reynigen/ als offt sie jr Gebet wöllen verrichten. Vnd solche Cerimoni der Abwäschung oder Reynigung/ nennen sie in jhrer Spraach Abdesi. Darnach wendt er sein Gesicht zum Buch deß Gesatzes/ legte die Hend mit sonderbarn Andacht zusammen/ blieb also die gantze Nacht auffrecht/ vnd thet stehendlings anders nichts/ dann ohn vnterlaß beten. Bemühete sich daneben auch in allweg möcht verhüten/ damit der Haußwiert nicht erwachete/ vnd also merckte/ was er thet. In dem er aber endtlich ein wenig sich zu ruhe schickte/ ward er entschlaffen/ vnd im Traum daucht jhn/ er hörte Gottes Stimm/ so mit diesen worten jhm thet zusprechen: Weil du dem Buch/ in welchem das Gesatz verfasset/ so grosse Ehr erzeigt/ daß du dafür mit sonderbarn Reuerentz/

Mußhaphum/ sonst AlCoran.
Abdesi/ ein Türckische Reynigung.
Ertogruls Traum.

Reuerentz/ vnd Ehrerzeigenden Geberden gestanden/ vnd dein Andächtigs Gebet verricht: wil auch ich so wol dich/ als deine Nachkommen/vnd dein gantzes Geschlecht/ dermassen segenreich vnd glückhafft machen: daß alle Menschen euch in dieser Welt auffs höchst ehren/vnd in sondern Würden allzeit halten sollen. Diß achten sie für ein Zeugnuß/so Gott jme/wegen seiner Andacht/selbst geben: darumb auch seine Posteritet vnd Nachkommen/so viel Glücks vnd Wolfarth erlangt sollen haben. Nun läßt sichs aber nicht gnugsam außreden/wie hoch das Musulmanisch Gsind die Träum vnd Nächtliche betriegliche Phantaseyen halt vnnd acht: welche sie/wenn jhnen im Schlaaff fürkommen/sehr fleissig pflegen zu mercken. Neben diesem wirdt von jhnen auch gemeldt/daß der Ertogrul auff ein zeit noch ein andern Traum gehabt/dadurch jhm seiner Nachkommen hohes Glück vnd Wolfarth gleichermassen verkündt vnd angedeut sey worden. Als der Ertogrul / sagen sie/auff ein mal in seiner Nächtlichen Ruhe lag/hat er ein wunderbarlichen schrecklichen Traum gehabt: darüber dann er erwacht/vnd angefangen diesem Traum nach zudencken/vnd Gott anzuruffen. Machte sich darnach auff auß seiner Ligerstatt / sprach seine Metten oder Frühegebet/den Musulmanern* Sabach Nemasi genannt. Verändert darnach sein Kleyd/vnd zoge gen Conia: verfügte sich daselbst zu einem Astrologo oder Sternseher vnd Warsager/mit Namen Abdul-aziz. Denselben schätzt man gar hocherfahren in der Kunst zu weissagen auß dem Lauff deß Hiffels vnd deß Gestirns. Andere schreiben/er hab seinen Traum einem Außleger der Träum angezeigt/der ein Scheich od heiliger Mann nach der Muhametaner meynung gewesen / Adebal genant: vnd hab auch jedermenniglich geweissagt/was eim jeglichen widerfahren würd: vnd solches dermassen/daß jn alles Volck gar sehr thet ehren/vnd auch der Sultan Aladin selbst hoch achtet/vñ wol gewagen war. Daneben hett dieser Mann grosse Gaab vnd Güter. Diesem Scheich soll der Ertogrul seinen Traum erzehlet/vnd gesagt haben: Mich dünckte nicht anderst im Schlaaff/denn daß ein Monschein in deiner Schoß auffgangen/ mir wer in meine Schoß kommen: vnd da solches geschehen/ wer auß meinem Nabel ein so grosser hoher Baum gewachsen/daß er mit seinem Schatten den gantzen Erdenkreiß thet bedecken. Vnd waren vnter diesem Schatten etliche Wäld / darauß Wässerlin rinneten/die von etlichen geschöpfft wurden/von andern in jre Weinberg vnd Gärten geführt/dieselben zu wässern/vnd endlich wider von andern in jre Brunnkasten geleitet. Als der Heilig Mann diesen Traum deß Ertoguls angehört/hat er darauff zu Antwort geben: Diß ist nicht ein schlechter Traum/sonder wol würdig/daß man jhn vielfaltig betrachte. Dann dir ein Sohn geborn soll werden/deß Nam wirdt heissen Osman. Derselb wirdt eins grossen streittbaren Gemühts seyn/ vnd viel Krieg führen. Dann ich dir glückliche Zeitung verkündige. Du wirst einen Hochrühmlichen König zum Sohn haben/der meine Tochter zum Weib wirdt nemmen: vnd von diesen Eheleuten soll ein grosse Anzahl vnserer Enickel vnd Nachkommen geboren werden/ die alle Königliche Würde erlangen/vnd Padischachler werden sollen.

Diß seind nu die Weissagungen/so hernach war worden/ vnd jrer meynung nach/ deß Ertoguls Andacht vñ Gottsforcht ein stattliche vnwidersprechliche Zeugnuß sollen geben haben. Derselb/wie auch zuvor gedacht/war nun mehr fast Alt worden: darumb noch bey seinem Leben der Osman/sampt seinen Brüdern/ das gemein Regiment der Oguzier dermassen thet versehen vnd führen: daß eben diß Türckisch/ grob vnnd Bäuwrisch Volck/jm mit gutem willen gehorsam leyste.

In der Nachbarschafft/ vmb den Ertogrul herumb/ hett zu der zeit Sultan Aladin der ander etlich Land vnd Burgvögt/vnd Statthalter: als nemlich in der Gegent/ Sultan Vngi genannt / vnd in der Statt Eski-scheher/ (hab auch etwa gefunden Eskisar geschrieben/welches so viel als Eski-chisar/das ist/Altenburg/ vnd den jetzigen Griechen Palæocastron) vnd noch in einer andern Statt/In-Vngi genannt. Vnter diesem Namen bedeut Sultan-Vngi so viel/als ein Ort vorm Sultan gelegen. Ist von Nicæa der Statt/ oder Isnic / wenn man gegen Auffgang der Sonn reysen wil/drey Tagreysen/oder vngefährlich biß in die 75. Asiatisch Meiln/welche den Römischen vnd Italienischen Meiln gleich. Eski-scheher heist Altestatt/auff Griechisch

Palæo-

Histori. Ertogrul Beg. 59

Palæapolis oder Archæapolis/ligt von Sultan-Vngi 24. jetztgedachter Meiln/das ist/ein Tagreyß. Daselbst auch In--Vngi zusuchē/welches ein Ort bedeut/vorm Nest gelegen. Mit diesen Landt vnd Burgvögten gemelter Ort/hielt Osman--beg eine sonders vertreuwliche Freundt vnd Kundtschafft/vn̄ pflegte sie derhalben offt zu besuchen. Insonderheit aber war jme der von In-Vngi lieb/vnd weil er wiste/daß auch er hinwider demselben lieb vnd werth/kam er deß mehr zu jm/vnd nam daselbst jm vnterweiln ein guts Müthlin. Nun trugs sich zu auff ein zeit/daß der Osman Beg/so noch jung war/auff Eskischeher od Eskisar sich verfügete/vn̄ auff m Weg zu einem Stättlin kam/von Türcken Itburni genannt/von Griechen Litbunum in Phrygia/ wie sichs ansehen läst. Als er in diesem Stättlin vngefährlich ein Weibsbild ersehen/dero Nam Malhatun/ward er in lieb gegen jhr entzündt:vnd weil diese Flammen täglichs/je lenger je mehr/zunamen:hat er zu letst ohn vorwissen seins Vatters einen von seinen Leuten abgefertiget/welcher sie dem Osman zum Weib begeren solt. Darauff die Malhatun geantwort/zwischen jr vnd dem Osman wer Standts vnd Reichthumb halben ein grosser vnterscheid. Nun pfleg man in Stifftung der Heurath/so ferr dieselben glücklich vnd nach wundsch gerahten sollen/diß für allen dingen/vnd nit on vrsach in acht nemmen: daß die/so zusammen heurahten sollen/nit allerdings vngleich seyen:Wölle derhalben jr nit gebüren/daß sie/vom nidrigen Standt geboren/einen Edlen Reichen Jüngling zu nemmen/einigs wegs begern solt:zu dem/daß es dem Osman statlichen grossen Frauwen/vn̄ dieselben zu werben/nicht würd mangeln. Vnter andern Vrsachen/darumb sie den Abgesandten mit einer solchen Antwort abfertiget/war diese die fürnembst:daß jr von etlichen eingeblasen/es wer dem Osman nit ernst/ vnd er suchte nicht ein rechtes Eheliche Bandt/ sondern nur ein Lust vnd Freud auff etlich wenig Tag: vnd wenn er als denn sein Muthwillen an jr gebüsset/würd er sie also geschendt/ mit einer jmmerwehrenden Schmach vnd Schandtflecken fahren vnd sitzen lassen. Hierauff kam der Osman zum Landvogt zu Eskisar/vnnd als er daselbst freundtlich empfangen/hub er an beym Trunck/wie zwischen guten Freunden pflegt zugeschehen/ dieses Weibßbilds zugedencken/jr schöne gestalt/neben der Jugent vnd höflichen Sitten vnd Geberden zu loben: auch hiemit jhm sein tragende Lieb gegen jhr zu bekennen/die jn gezwungen vn̄ sie zu werben:vnd beschließlich verschweig er auch nicht/welcher massen er den Korb davon getragen. Als der Landvogt diß angehört/ stellet er sich mit eusserm Geberd/vnd worten/als weiß jme deß Osmans Vorhaben gefiel: sagt daneben/es wer das Weibßbild wol werth/daß er ein solche Lieb zu jr trüg/vn̄ daß nicht on Göttliche schickung vnd fürsehung(so andächtig pflegen die Musulmaner zu reden)sie eben dem Osman allein beschert. Aber hiezwischen ward er gleich wie durch ein vnsichtbars Pfeil der Lieb dermassen verwundt/daß er anhub in grosser Brunst dieselb zu lieben/so der Osman gerühmbt/neben bekentnuß seiner Lieb/die er zu jr trüg. Setzt hiemit die Freundtschafft auff ein Seiten/vnd nam jm vor/das Weibßbildt für sich selbst zu erlangen. Er kundt aber/wie ein witziger Man er auch sonst war/dise neuwe Brunst seins Hertzen/ so nit gar verbergen/dz der Osman Beg dieselb nit auß etlichen Anzeigungen gespürt vn̄ vermerckt. Jedoch that Osman nit dergleichen/als ob ers wargenommen / sonder stellet sich/als wolt er etwas anders verrichten:stand auff/vnd gieng auß dem Panckett hinweg:rüfft einen seiner Leut zu sich/ der jhm am meisten vertrawt:befahl jm/er solt sich zu deß Weibs Vettern vnd Freunde verfügen/denselben in seinem Namen anmelden:sie solten jre Mumen od Basen auffs ehist anderst wohin/an ein sichers Ort führen/ so ferr jnen jhr Ehr lieb were/dero dann einer nachstellen würd/ wie er dessen in gewisse Erfahrung komen. Vn̄ nit lang nach diesem/suchte der Osman Vrsach vn̄ gelegenheit/wie er auch selbst von diesem vntrewen Freundt hinweg scheide möcht:nimt vrlaub von jm/vn̄ zeucht zum Landvogt zu In-Vngi/dessen Gemüth er für auffrichtig hielt. In dem er nu daselbst etlich Tag still lag/vn̄ sich theils mit jagē/theils mit freundlichen vertrewlichen gesprechen vn̄ panckētieren mit dem von In-Vngi(wie dan̄ junger Leut brauch ist)ergetzt:hat mitler weil d.r Herr von Eskisar/welchem auch die Gegent Sultan-Vngi befohlen/vnterthenig vn̄ gehorsam war/ einen vertrawten Diener auff Itburni abgefertiget/d' Malhatun Sachen vn̄ Gelegenheit

daselbst

daselbst außzukundtschafften/vñ jne zu berichtē/welcher massen alles daselbst beschaffen. Als derselb vernommen/wie Malhatun von dannen hinweg/vñ durch warnung deß Osman-begs/zu etlichen jren Freundē vñ Blutsverwandten anderst wohin verruckt ist/er widerumb zu seim Herrn gezogen/vnd jhme den gantzen Handel entdeckt. Vnglaublich ist zu sagen/wie hoch denselben diese Zeitung betrübt. Vnnd weil er sahe/welcher massen jm der Osman ein Nasen gedrähet/ward er alsbaldt ergrimbt/vnd schickte Leut zu dem von In--Vngi/ließ an jn begeren/er wölt jme den Osman vberliefern. Aber derselb kundt weder durch bitt/noch dröwen/solches zu thun/bewegt werden. Darumm der von Eskisar gleich als wütend vnd tobend worden/vñ als viel Volcks er jmmer kundt/vrplötzlich auß der Herrschafft Sultan--Vngi versamlet/vnd mit denselben auff In--Vngi zugeeylt. Vnter diesem Schloß Inungi war an einem Ort ein zerfallens wüstes Gebäw/welches vorzeiten ein Serai oder Pallast war gewesen/dem Landtvogt daselbst zur Wohnung verordnet: da er sampt seinem Weib/Kindern/Zugewandten/vnd dem gantzen Gesind pflegte sein Losament zu haben. Diß Ort hat er gleich zu seiner Ankunfft eingenommen/daselbst das Läger geschlagen/alsbald begert/man solt jme den Osman vbergeben. Darauff die/so in der Besatzung deß Schlosses bey dem Areb dem Landtvogt waren/gestracks angefangen sich von einander zutheilen/wegen vngleicher meynung. Dann etliche sprachen/man solt den Osman liefern/die Gefahr dadurch abzuwenden/darinn sie möchten gerahten/weil sie zu einer vnversehenen Belägerung gantz vnd gar nicht gerüst noch gefast: andere dagegen ab einer so schändtlichen That ein Abscheuwen trugen/vñ viel mehr vermeynten/auch das eusserist zu gedulden vnd zu leiden/dann daß sie ein solches solten begehen. Diese meynung hat zu letst die Oberhand gewonnen/weil man die Erbarkeit noch etwas in Acht nam/vnd betrachtet. Vnd ward darauff entschlossen/man solt sich deß Osmans annemmen/den sie nicht ohn verweiß einer grossen Vnthat vnd Verräterey seinem Feind könden liefern. Der Osman aber erschrack ab der vngleichheit der meynungen/welche sich anfänglich er cräugt/vnd selbst verrahten:vnd vermeynt derhalben/er solt vnd könde denen Banckelmütigen Leuten keins wegs mehr trauwen. Vnderwinde sich darauff einer Großmütigen vnd mercklichen That/vertrawt vnd berathschlagt die Sach mit seim Brudern Jundus/vñ mit denen gar wenig Personen/so damals er bey sich hette. Dann er zun Waaffen griff/was er auch ertappen kundt/begab sich auß dem Schloß herab/zohe den Feinden gestracks vnter Augen/vñ da sie jme begegneten/thet er sie dermassen empfangen: daß sie wie das zaghafft Wild sich ab deß Löwen Angriff miteinem grausen entsetzten/vñ widerumb zu den jrigen zu rück wichen. Hiemit der Osman sich allgemach auff den Weg ghen Sugut machte/sampt seinen Leuten: vnd wenn etliche jm nacheileten/vñ jn erreychten/wurden sie mit solcher Macht zu rück getrieben:daß sie nur durch schnelle Flucht sich saluiren vñ retten musten. Alsbald er aber seins Vattern Grundt vnd Boden erreycht/erschall von stundan das Geschrey von deß Osmans Gefahr allenthalben/wie jme sampt wenig Personen seiner Leut/von einer grossen Anzahl der Feind nachgesetzt würde. Darumb die dapfferiste mühtige junge Leut/so den Osman insonderheit lieb hetten/vnverzüglich auff jhre Rosß theten springen/flohen gleich herzu/jhn zu retten: griffen die an/ so dem Osman zuschaffen gaben:stritten wider sie auffs scherffist/vnd erlegten zuletst deß Eskisar Begen Leut/schlugen sie in die Flucht/führten jrer nit wenig gefangen hinweg. Neben andern kam jhnen in die Hend Michael Cosse/(andere pronuncierens Keusse) Landtvogt vñ Herr vber ein Schloß der Ort vnd End/welchem etliche den Namen Hirmen--Caia geben/andere nennens Ermeni--Caia. Solche wort sollen billich erklärt werden/wie dann ich bißher angefangen zu thun/vnd auch hernach zu thun willens. Dieser Michael hett in Türckischer Spraach den Zunamen Cosse/welcher so viel bedeut/als weit wir in vnserer Teutschen Spraach jhn Michel Amsel nennten. Die Griechen hetten jhn genennt Michael Cossiphus/welches wort den Türckischen Cosse etwas ähnlich. Jedoch seind etliche Dolmetschen/die jhn nennen Michel OhnBart. Das wort Ermeni--Caia/bedeut so viel als ein Stein oder Felsen deß Bergs Ormenij:dessen auch hiebevor/in diesem Buch meldung geschehen. Ward nu auch also dieser Michael Cosse

Marginalia:
- Der von Eskisar wirdt Osmans Feind.
- Osman in Gefahr.
- Osmans kecke That.
- Osman den seinen lieb.
- Michael Cosse gefangen.
- Was Cosse bedeut.
- Was Ermeni Caia.

Histori. Ertogrul Beg. 61

Cosse/ oder Michel Amsel/ gefangen: vnd da er zum Osman geführt/ hat sich der Osman seiner erbarmet/ vnd jm alsbald sein Missethat verziehen/ daß er sich wider jhn sampt den andern in diese Rüstung vnd Zug begeben/ vnd brauchen lassen. Durch diese vnverhoffte Gnad vnd Wolthat ward Michael Cosse dermassen bewegt/ daß er alsbald auff deß Osmans Seiten tratt/ vnd gantz vnd gar sich jhm ergab. Hat auch/ demnach er ein mal sich zum Osman geschlagen/ mit solcher Beständigkeit sich hernacher bey jm verhalten: daß er allzeit in schweren ernstlichen Treffen vnd Schlachten bey jm sich finden lassen/ vnd dem Osman in mancherley Gefährlichkeiten sich getrew vnd hold erzeigt. Dieses Michaels Nachkommen vnd Geschlecht haben biß zu vnser zeit gewehrt/ vnd seind mit einem berühmbten vnd wol bekannten Zunamen/ Michalogli genannt worden/ welches so viel bedeut/ als deß Michels Söhn oder Nachkommen. So dem also/ daß er ein geborner Griech gewesen/ vnd den Christlichen Glauben verlaugnet/ wie solches von etliche der vnsern gemeldt/ vñ folgends allhie von Türcken selbst bestetigt wirdt: hat er on zweiffel bey seinen Landsleuten/ das ist den Griechẽ/ eben Cossiphos geheissen: vnd haben folgends die Türcken diß Cossiphos in Cosse verändert/ welches in Türckischer Spraach so viel bedeut/ als Cossiphos in der Griechischen.

Michael wirdt dem Osman gar getrew.

Michalogli.

Da nun der Ertogrul Beg ein gar hohes Alter erreycht/ ist er endtlich auß dieser Welt verschieden: als er 93. Jar gelebt/ vnd 52. Jar seinen Oguziern vorgestanden. Die seinigen haben vmb jn leyd getragen/ ein stattliche Leich gehalten/ vnd jhn zu Sugut/ deß Orts er sich bey seinen Lebzeiten gemeinglich pflegen zu verhalten/ in ein schönes herrlichs Monument vnd Grab/ nach Musulmanischem Brauch/ gelegt. Von Sugut setz ich allhie kurtz hinzu/ daß diß wort ein Falberbaum oder Weiden bedeut/ wie solches auch Chalcocondyles anzeigt/ da er im ersten Buch seiner Histori meldt/ es sey ein Flecken gegen Mysia zu/ so von den Innwohnern Soguta werd genannt/ da auch ein Wasser desselben Namens. In diesem Marckt/ spricht er/ haben die Oguzier jren Sitz vnd Wohnung gehabt: thut auch hinzu/ man köndt jhn nennen/ den Flecken Itex. Dann der Dolmetsch hat eben diß Griechisch wort vnaußgelegt also bleiben lassen/ welches er doch hett sollen verdolmetschen Falber oder Weidendorff. Andere suchen den Vrsprung diß Namens Itea gar weit/ nemlich von Itea/ welches vor zeiten ein sonders Geschlecht etlicher Leut im grössern Phrygia/ in der Gegent Acamantis/ gewesen. Es war auch im selben Land Phrygia/ das grösser genannt/ ein Statt Acamantium: vnd läßt sich ansehen/ es habs Keyser Leo Aemoniam geheissen. Darumb sie weiter melden/ es lasse sich auß dem Laonico abnemmen/ Itea werd heutigs Tags Soguta genannt: weil der Laonicus sag/ der Flecken Soguta sey nicht fer: vom Land Mysia/ so mit Phrygia grentzt/ gelegen: vnd seyen von Soguta biß zum Schwartzenmeer/ biß in die 250. Stadia/ das ist 8. Teutsche Meiln vngefährlich: vnd man köndt diesen Flecken/ den Marckt Itex nennen. Auß diesen worten sehen vn spüren wir/ daß der Laonicus nit sagt/ Soguta sey vorzeiten Itea genannt worden: sonder daß diß wort Soguta/ auß Türckischer Spraach verdolmetscht/ köndt außgelegt werden Falberdorff. Dann Itea heißt auff Griechisch ein Weidenbaum. Im fall aber je diesem Ort der alte Nam Itea biß auff dieselb zeit blieben war/ zu welcher zeit es den Türcken in theil bekommen: möcht etwa nicht vnglaublich seyn/ daß die Türcken/ nach dem sie die Bedeutung deß Griechischen worts vernommen/ seinen alten Namen dem Marckt gelassen/ aber in jhre Spraach verwandelt. Ist zwar in Türckischen Historien fast gemein vnd wol bekannt/ wie hernacher zu sehen: vnd hab derhalben ein mal davon mein Meynung wöllen anzeigen.

Ertogruls todt.

Begräbnuß.

Von Sugut dem Ståt..

Itex Vicus Falberdorff.

Demnach aber der Ertogrul Beg verschieden/ vnd das Oguzisch Geschlecht der Türcken zusammen kommen/ vmb Gemein zu halten/ vnd sich zu berathschlagen/ was sie an statt deß abgestorbenen Herrn für ein Nachfahrn wolte verordnen: haben sie fast allesampt fürnemlich auff zween jre Augen gewendt/ vnd sorgfältig sich bedacht/ welchem vnter diesen beyden sie das Regiment solten befehlen. Dann ob sie wol meist theils der meynung/ man solt den andern Söhnen deß Ertogrul Begs eben den einigen Osman/ wegen ansehenlicher Gaben so wol deß Gemüths/ als auch der schönen Person/ fürziehen: so waren dennoch etliche Verstendige vnnd Erfahrne Leut vnter jhnen/

Die Oguzier halten gemein.

Osman vnd Dunder zu gleich in der Wahl.

f

Das ander Buch Musulmanischer ꝛc.

jhnen/welchen deß jungen Manns Alter verdächtig/als an jm selbst vnbeständig/vnd da die freye vollkomne Macht wegen der erlangten Obrigkeit dazu kommen solt/fast auff Vntugendt vnd Laster geneygt. Derhalben sichs ansehen ließ/sie würden jhre Wahl vnd Stimmen/wegen reiffen Verstands/vnd vielfaltiger Erfahrung/dem Dunder/Ertogruls Bruder/Osmans Vetter/geben. Aber der Dunder selbst/als ein Vernünfftiger alter Mann/vnd gar nicht Ehrgeitzig/hat jhme fürgenommen/keins wegs auff sein eygen Reputation vnd Erhöhung zu schauwen: sonder auff das/so ge= meiner Wolfarth der Nation am fürträglichsten seyn würde. Dann er für Au= gen sahe/wie gefährlich der Oguzier Sachen beschaffen/weil dieselben auff der ei= nen Seiten vnuersöhnliche Feindtschafft vnd Auffsatz von den Griechen hatten/denen weh thet/daß sie deß jrigen durch die Türcken beraubt/vnd die Außbreytung Musul= manischer Religion gantz verdrießlich vnd zu wider war: auff der andern Seiten sich nicht fast kundten verlassen auff den Schutz vnd Schirm/vnd auff den Beystand vnd Hülff der Sultanlar von Conia/welche die Barbarisch Tatarn vnter ein schändlichs Joch der Dienstbarkeit gebracht/vnd von Tag zu Tag nicht nachliessen auffzurei= ben. Vermeynte derwegen/solchen Mängeln vnd Gefährlichkeiten köndte nicht ein schwacher/außgezehrter/vnd wegen der vbrigen Jahr/langsamer träger alter Mann/ rath schaffen: sonder man müst dazu ein muntern/gehertzten/anschlägigen/vn̄ mit der Faust dapffern jungen Helden haben: mit welchen Tugenden er wol wiste/daß seins Bruders Sohn Osman für andern begabt. Derhalben er zuvor/vnnd ehe dann er sich zu der Gemein verfügt/sein Rath vnd Meynung den Oguziern in geheim entdeckt. Vnd da er folgends/als dazu erbetten/offentlich zu der Gemein kam/hat er jhrer aller Gemühter vnd Stimmen auff den Osman gericht vnnd gewendt: ist auch der jenig ge= west/die andern durch sein Exempel dest williger vnd lustiger zu machen/der nach ge= haltener Oration/darinn er gewündscht/daß solches dem Oguzischem Volck zu Wol= farth vnd Heyl gereychen möcht/dem Osman das Regiment zuerkannt/vnd guttwillig angelobt/demselben als seiner Obrigkeit zu gehorsamen. Hierauff alsbald ein frohlo= ckendes Geschrey der gantzen Gemein erfolgt/dadurch sie bezeugten/es wer von Gott selbst dieser Herr jnen bescheret: vnd wündschten jme daneben Glück vnd Heyl/vnd langwehrige Regierung.

Dunders ein= gezogene Witz.

Deß Dunders Motiuen.

Dunder beför= dert den Osman.

Osman ein Herr der Oguzier er= klärt.

Das

Das dritte Buch
HISTORIAE MVSVLMANAE
Türckischer Nation:
Vom Osman Chan.

Vff diese weiß hat Osman Beg das Regiment vber sein Volck *Anfang einer geringen Hertschafft.* vnd Nation erlangt/dessen Herrschafft gleichwol damals sich nicht weit erstreckt: vñ war auch/als bey einem groben vnd Bäwrischen Volck/noch ein solcher Pracht vnd stattlichs Wesen nicht vorhanden/wie bey andern höflichern Nationen an Königlichen vnd Fürstlichen Hoflägern im Brauch. Dann sie waren noch die vorigen Turki/vnd mit dem Vihe vmbfahrende Nomades/ vnnd hetten noch von jhnen selbst so viel nicht biß daher können erlangen/ daß sie jhnen fürgenommen/von jhren alten Bäwrischen Sitten/Bräuchen vnd Gewonheiten abzustehen. Darumb etliche der Türcken Historia deß Osmans vnuersehene erhebung zu dem hernach erfolgtem hohen Standt vnd Wesen/der Göttlichen Fürsehung allein zuschreiben/ vnd melden daneben/es sey jm ein solches Glück/als er am wenigsten daran gedacht/von Gott zuvor verkündt worden: in dem sie berichten/ wie daß die Sachen/so droben von seins Vattern Traum erzehlt worden/ auff folgende weiß dem Son im Schlaaff fürkommen. Es war/sagen sie/vnter den Oguziern ein Anddächtiger Mann/mit Namen Edebal. Derselb/vnangesehen er groß Reichthumb vñ stattliche vielertragende Landtgüter besaß/ war gleichwol durch ein sonderbare Andacht dahin bewegt vnd getrieben worden/daß er jme fürgenommen ein Leben zu führen/wie die Leut/so Weltlichen Pracht vñ vberfluß verachten/an schlechter Kleydung/Speiß/ vnd Tranck jnen lassen genügen/ nur allein sich auff die Betrachtung Himmlischer Sachen gantz vnd gar begeben/ vnd von den Musulmanischen Deruißlar/von den Christen wegen jres einsamen Lebens/Einsidler vnd Münch/ vnnd auch Andächtige Ordensleut genennt pflegen zu werden. Vnter andern Anzeigungen seiner Gottesforcht vnd Andacht/war nicht die geringste/daß er ein Jmaret oder Hospital/fürreysenden Leuten zu gut/auff seinen eygnen Vnkosten erbawt vnd gestifft: darinn ein jeglicher/wer nur wolt/einzukehren macht hette: vnd Edebal selbst reychte nicht allein den Gästen jre Notturfft/ sonder dienet jhnen auch/vnd wartet jrer/wie ein gemeiner Diener. Vnd weil der Osman im Brauch hette/daß auch er auff seinen Reysen vnd fürvber ziehen/in diß Jmaret pflegt einzukehren/vnd vngefährlich ein Nacht vber allhie rastet: hat er ein Traum gehabt/in welchem jn gedaucht/ als ob er ein Monschein gesehen/der auß deß Andächtigen Alten Manns Schoß sich herfür thet/vnd demnach er in seine/deß Osmans/Schoß kommen/ sey alsbald ein Baum auß seinem Nabel gewachsen/ deß Zweig sich vber das gantz Erdtrich außbreyt/vnd solches dermassen/ daß sie mit jrem Schatten die Berg/Bühel/vnd Wäld bedeckt/darauß Lebendigs Brunwassers quellen gelauffen/so von etlichen in jre Weinberg/ von andern in Rören zu etlichen dazu gemachten Brunnkästen geleyt worden. Als nun der Osman erwacht/ hat er dem Edebal diesen seinen Traum angezeigt vnnd erzehlet: welcher/alsbald er denselben angehört vnnd vernommen/ darauff gesagt: Mein lieber Osman/ich verkündige nicht allein dir/ sondern auch deinen Kindern/ Enickeln/ vnnd Nachkommen alle glückliche Wolfarth. Dann dir der höchst vnnd gütig Gott Königliche Macht vnnd Würde geschenckt. Dieser gantzer Erdenkreiß wirdt vnter dem Schatten deiner vnnd deiner Nachkommen Hertschung ruhen. Auch soll meine Tochter Malichon auß schickung Gottes dir vermählet werden. Vnd als er diese Wort geredt/ hat er gleich darauff seine Tochter Malichon jhme zum Weib versprochen. Es war vngefährlich/da der Edebal auff gedachte weiß deß Osmans Traum außlegte/von den jüngern oder Nachfolgern deß Edebals einer gegenwertig/ mit Namen Durud/welcher den Osman angesprochen vnd gesagt: Weil du/ Lieber Osman/

Dem Osman seiner vnd der Nachkommen Gewalt vorhin verkündt.

Türckische Deruißlar.

Edebals Jmaret. Von den Jmarcten siehe Pandect. im 20. Cap.

Osmans Traum.

Außlegung deß Traums.

Malichon deß Osmans Weib.

Durud Derniß.

f ij ju

Das dritte Buch Musulmanischer

zu Königlicher Hoheit vnd Gewalt kommen sollest/was wilt du dann vns schencken/
dich gegen vns danckbar zu erzeigen? Darauff Osman: Wenn euwer Weissagung/
sprach er/ ins Werck kommen wirdt/daß sie erfüllet: wil ich dir ein Stättlin schencken. Durud gab jhm zu antwort: Ich wil auch an diesem geringen Meyerhof mir genügen lassen/ wo du nur diese deine Zusag durch ein gerings Zeugnuß
eigner Handtschrifft bekrefftigest. Osman sprach/ ich kan nicht schreiben/ noch

Das Schwerdt vnd Becher der Deruisstar.

dir ein schrifftlichen Beweiß mittheilen. Allein nimb diese Wehr/ vnd diesen Becher/ als ein immerwehrendes Zeichen vnd Zeugnuß meiner Donation vnd Gab:
damit meine Nachkommen/als offt sie künfftiglich diese beyde stück in Henden deiner
Nachkommen sehen/ sie euch euwren Meyerhof zustellen/vnnd euch bey cuiwrem habenden Recht vnnd Gerechtigkeit gnedig erhalten/schützen/ vnnd Handhaben. Hiemit hat der Durud vom Osman das Wehr vnnd den Becher empfangen/ für sich
behalten/auch seinen Kindern vnnd Nachkommen vberantwort/ neben erinnerung/
solche Sachen fleissig auff zuheben. Daher dann noch heutigs Tags die Osmanischen König/als offt jhnen diese beyde stück von den Nachkommen diß Durud Deruis gezeigt werden/derselben sich gnedig annemmen/ begabens reichlich/ vnnd lassen
sie also fort passiren. Es schreiben die Türcken/es sey dieser Alt Edebal/ da er folgends gestorben/ von hundert vnd zwantzig Jahren gewest. Hett nur zwey Weiber

Edebal 120. Jar gelebt. Seine Weiber.

gehabt/das ein in seiner Jugendt/das ander als er schon eins ziemlichen Alters. Sein
Tochter/so er bey der ersten Frauwen gezeuget/hat er dem Osman vermählet. Sein
ander Weib soll eins Tazzedins/so der Nation ein Curd oder Chaldeer war/ Tochter gewesen seyn: von deren ein Tochter geboren/ welche der Vatter Edebal dem
Chairedin Basscha zum Weib geben. Diese Sachen sollen also vom Machmut

Machmut/Edebals Sohn.

Basscha/deß Edebals Sohn/ schrifftlich gefasset seyn. Es kan aber ein jeglicher
hierauß abnemmen/wie schlecht deß Osmans Gewalt vnd Reichthumb zu Eingang
seins Regiments gewesen. Daher dann nicht gar ohn Vrsach etliche geschrieben/unter welchen ist Georgius Rachouinus/dessen Buch beym Herrn Fausto Verantio zu
finden/sonst voller Fablen/daß der Osman im Brauch gehabt zur Feldtarbeit hinauß

Osman ein Ackerman.

zu ziehen/vnd wenn man jme von Hause sein Essen bracht/ hab er lassen trommeten:
vnd alsbald seine Bawrn/so nahend vmb jn herumb arbeyten/solchen Schall gehört/
seyen sie zu jme kommen/die Mahlzeit bey jm einzunemmen. Darumb also für vn für bey
einander gessen/vñ brüderlicher weiß vnter einander gelebt. Aber das Historisch Buch
gedachtes Herrn Verantzi/so auß dem Türckischen in Italienisch verdolmetscht/wie
droben gemeldt/erzehlet zwar merckliche Sachen von deß Osmans ersten Anfang vnd

Osmans vnd Romuli gleicher Anfang. † Pandect. im 157.Cap.

Auffnehmen/wie er gleich als der Romulus von Bäwrischer Arbeyt zum Königreich
erhöhet/vnd solches mit folgenden worten. Als auff ein Zeit/spricht der Autor/Osman
seine Felder bawete: trug sichs zu/daß ein † Carauana/ so von Prusa ghen Conia fahren wolt/eben im Derbent deß Bergs Erimeni/ wie die Türcken pflegen zu reden/ das
ist/in dem engen Passz oder Clausen deß Bergs Ormenij/von Strassenräubern angriffen vnd geplündert ward. Von diesem Hauffen kamen jrer drey durch mittel der
Flucht davon/vñ eben an das Ort/da der Osman mit seinem Feldtbaw zu schaffen hett.
In dem derselb diese Leut gesehen/fragt er sie/was solche Flucht bedeut/vnd von wannen sie also kemen gelauffen. Sie gaben zu antwort/ wie sie nicht weit von dannen
durch Strassenräuber vberfallen worden/vnd jhnen das jhrig genommen. Darauff
Osman sie gefragt/ im fall er gestracks an gemeldts Ort eylen würd/ ob er sie daselbst würd finden vnnd antreffen? Die Kauffleut sprachen/ es würden die Strassenräuber ohn allen zweiffel deß Orts verbleiben/ biß gegen Abendt/ damit sie von
Raub vnd die Beut davon brechten. Da diß Osman solches gehört/ gab er jhnen
guten Trost/vnd sprach/ sie solten Sorg vnnd Trauwrigkeit fahren lassen. Er

Osmans brauch die seinigen zu versamblen.

wölt jhnen ihre Güter vnd Wahren/ so man jhnen genommen/ wider zustellen. Nun
hette der Osman diesen Brauch/ daß er jhme täglichs/ als offt er seine Felder
vnnd Ecker pflegte zu bauwen/ auß seinem Hause viel Brots/ vnnd allerley
Zugemüß hinauß tragen ließ: vnnd wenn diese Speisen vorhanden / ließ er ein
weisses Fähndlin/ auß weisser Leinwath gemacht/ alsbald die Zeit deß Essens verhanden/

Histori. Osman Beg. 65

handen/an ein hohe Stangen auffstecken. Wenn man diß Zeichen sahe/lieffen alle deß
Osmans Bauwrn/so viel jrer auff den nähe den Ackerbauw versahen/oder sein Vihe
vnd Schaaff weydeten/ohn Verzug jrem Herrn zu/mit jme zu essen. Derhalbē/als er/
wegen dieser Kauffleut/so von Strassenräubern vbel tractiert dahin komē/diß Fähn-
lin auffstecken lassen: waren seine Leut von stundan vorhanden/weil sie meynten/es were das Essen schon fertig. Osman aber sprach jhnen auff folgende meynung zu: Lieben   *Osmans Er-*
Gesellen/es ist endtlich für vns die gewündschte Zeit vnd Gelegenheit komen/daß wir *mahnung an die*
Haab vnd Gut erlangen/auch in der Eyl groß Reichthumb erwerben können. Dann   *seinigen.*
ein Häufflein Strassenräuber hat in engen Paß deß Bergs Ormenij ein grosse Carauana angriffen/vnd derselben all jre Wahren vnd Güter mit Gewalt genomē. Hie
sehet jhr gegenwertig drey Kaufleut/so durch die Flucht entrunnen/vñ vns vmb hülff
anrüffen. Lasset vns in Namen Gottes fortrucken/vnd was andern Leuten vnbillicher
weiß zu Schaden vnd Nachtheil widerfahren / mit vnserm Nutz vnd vortheil rechen.
Solche deß Osmans Ermahnung hat seinen Leuten/wegen hoffnung stattlicher Auß-
beut vnd Gewins/fast wol gefallen. Machten sich alsbald auff/ein jeglicher nach
Hauß/seine Wehr vnd Waaffen zu reychen. Kamen darnach wider zum Osman/
folgten jhm als jrem Haupt/vnd suchten die Strassenrauber / vnd da sie dieselben an-
getroffen/thetten sie geschwind die Böswicht angreiffen. Der Strasseurauber waren in alles 30. Personen/der Osmanischen nur zween vnd zwantzig. Vñ haben nichts *Osman erlegt*
dest weniger diese/gleichwol schwächer an der Zahl/wider die stärcker so munter vnd *die Strassen-*
muhtig gekempfft: daß zu letst die Strassenräuber allesampt erlegt worden/vnd jnen   *räuber.*
nach Türckischem Brauch/die Köpff abgehackt. Darauff fordern sie die Kauffleut
zu sich/vnd sagen jhnen: Ihr mögt wol die Wahren/so euch dreyen zuständig/für euch
hinweg nemen: aber hütet euch/daß jr nichts vber das/so euwer ist/angreifft. Deßwe-
gē gedachte Kaufleut jre Wahren außklaubt/vñ auff ein Seit gelegt: die vbrigen Güter haben gleich die Osmanischen auff einen Hauffen getragen/vnd also ligen lassen.
Darauff auß Rath jres Haupts/so zwar auß der massen listig vnd spitzfündig/weil *Osmans*
jhnen eben dißmal so ein vnverhoffte Gelegenheit glücklicher verrichtung vorgestan- *Scharpffsinnig-*
den/grösser Sachen sich entschlossen zu vnterwinden/vnd zu den Kauffleuten gespro-   *keit.*
chen: Wir wöllen/daß jr diesen heutigen vnd den Morndrigen Tag allhie bey vns
sollet bleiben. Die Kauffleut gaben Antwort/sie weren nicht allein willig vnd bereyt/
dieselb zween Tag/sonder auch noch lenger/im fall es jnen also gefallen würd/daselbst
zu verharren. Die Vrsach aber/darumb sie diese Kauffleut allda begerten zu behalten/
war eben kein andere: dann allein/damit durch sie/wenn mans hinweg wölt ziehen las-
sen/weder das so geschehen/noch das weiter zu verrichten/außkommen möcht. Dann
weil sie die Clausen/oder den engen Paß/eingenomen: hetten sie gantz vnd gar keiner
gefährlichkeit/sich zubesorgen/noch zu förchten. Sonst hette das durchziehen an die- *Die Clausen*
sem Ort wol etwas gefahr auff sich/vnd zwar dermassen/daß zu der zeit nicht weniger/ *im Ormento den*
dann 50. Personen/sich vnterstehen dörffen/durch diesen engen Paß zu reysen: wie *Reysenden ge-*
heutigs Tags/spricht der Autor/so von Sultan Baiasits deß andern zeit eben diß   *fährlich.*
verstehet/kaum solches vnternemen/dörffen sechs oder acht Personen/vnangesehen/die
Landtstrassen jetzo wol sicher. Haben also diß Orts/nach Türckischem Brauch/ein
† Dundar verordnet: vñ seind jrer zwantzig/sampt dem Osman/auff Bilezug in gros- *† Pandect. lib*
ser eyl gezogen. Als sie daselbst ankommen/haben sie ein grosses Geschrey angefan-   *139. Cap.*
gen: vnd da der Schloßherr solchs gehört/hat er sie gefragt/was jr begern. Hierauff
machte sich Osman für die andern herfür/vnd sprach: er hett nit weit von seinem Hauß
Strassenräuber gesehen/so eine Carauana mit Gewalt angriffen: vnd weil er gar wenig seiner Leut bey sich gehabt/hett er wol müssen fliehen. Im fall aber jhme/dem
Herrn von Bilezug/gelieben würde/von seinen Leuten etliche jhnen zu zugeben: möcht
man samentlich auffseyn / den Räubern nachsetzen / dieselben leichtlich erlegen/vnnd
ein stattliche Beut davon tragen. Der von Bilezug gab zu Antwort / er hett seine
Leut nicht in solcher Anzahl beysammen/daß er auff dißmal köndt hinauß rucken. Os- *Osman vber-*
man sprach/es köndt diese Sach verricht werden/da er nur von den seinigen fünff *listet den von*
Personen wölt jhnen zugeben. Nun kennte der von Bilezug diese Türcken/als Be-   *Bilezug.*
f iij   nachbarte

nachbarte seiner Herrschafft / Flecken / vnd Dörffer. Derhalben er kein Argwohn geschöpfft / noch sich für jhnen befahrt / sonder alsbald sampt jnen sich auff den Weg begeben. Da sie an das Ort deß Dundars kommen / von welchem gesagt: hat der Osman sampt den seinigen deß von Bilezug Leut angriffen / dieselben all mit jhren Herrn erschlagen. Läßt darauff fünff Maulthier mit Kauffmanswahr vnd Güter laden / vnd verordnet zwölff von den seinigen / die auch etwas tragen solten / vnd schickt sie fort auff Bilezug: neben einem Befelch vnd Erinnerung / da man sie fragen würd / wo jhr Herr wer: solten sie antworten / er würd alsbald vorhanden seyn. Solten auch jhn den Bilezugischen zeigen / wie er auff den Fuß jhnen thet nachfolgen. Dann er auß sondern Bedencken gleich auff seine Leut folgen wolt / aber doch etwas hernach. Hiemit kamen die Osmanischen zum Schloß / vnd begerten / man solt die geladene Maulesel ins Schloß einlassen. Darauff theten die Thorhüter vnd Wächter das Schloßthor auff / weil sie die Güter für Augen sahen: vnd giengen hiemit die Türcken hinein / wurffen jhren Last / den sie trugen / von sich auff den Boden: griffen zu jren Säblen vnd Wehren / vnd namen in der Eyl das Schloßthor ein. In dem nuhn diese mit einander kempfften vnd stritten / kam Osman auch herzu / sprang den seinigen zu hülff / vnd nam das Schloß ein. Dieser glücklicher Anfang macht jhne dermassen ein Muth / daß er ohn allen Verzug etliche seiner Leut hieß auff das nechst Schloß Zupli zueylen / vnd gab jhnen zuvor mit kurtzen worten zu verstehen / wie sie sich verhalten / vnd die Sach angreiffen solten. Dieselben machten sich auff den Weg / eylten in vollem Lauff gestracks dem Schloß Zupli zu / vnnd theten dem Weg oder Schloßherrn daselbst zuwissen / laut deß Osmans Instruction: wie der Landtpfleger zu Bilezug in Erfahrung kommen / daß ein Carauana von vielen Schnapphanen beraubt worden / denen er gern wölt nachsetzen / im fall er etwas hülff von andern Orten köndt auffbringen. Wolt derhalben gebeten haben / jm Beystandt zu leysten. Der von Zupli sprach / er wölts gern thun. Nam alsbald fünffzehen Mann zu sich / vnd zohe sampt den Türcken auff Bilezug. Mitler weil hat der Osman / als deme wol bekandt / welche Straß der von Zupli ziehen würd / sampt die seinige sich auff m Weg versteckt / vn alßbald der von Zupli sich zu jnen genahet / griff der Osman sie vrplötzlich an / vnd weil sie wegen deß vnversehenen falls erschrocken / hat ers dermassen erlegt / vnd in stück zerhackt / daß keinem möglich mit dem Leben davon zukommen. Darnach gegen Abendt namen die Türcken der erschlagenen Kleydung / legten dieselben an statt der jhrigen an / vnd zohen auff Zupli. Die Leut im Schloß theten das Thor auff / theils durch die erst Finsternuß betrogen / vnd theils auch dadurch / daß sie die Türcken / nach der Christen Brauch bekleydet / für jhre Leut hetten angesehen. So bald die Türcken hinein gelassen / griffen sie zu jhren Wehren / fielen vber die Schloßleut / namen die Oberhandt / erschlugen alles / eroberten das Schloß / legten etliche der jhrigen hinein zu einer Besatzung / damit sie allenthalben herumb in der Nachbarschafft streyffen / rauben / vnd plündern köndten. Es stunden zu der zeit / da diese Sachen sich zutrugen / die Christen im Fried mit dem Sultan Aladin / wegen eins auffgerichten Anstands. Darumb schickten sie jre Leut ghen Conia zum Sultan Aladin / klagten vber den Osman / auff folgende weiß: In dem wir Christen / sprachen sie / auff den zu beyden Seiten angenommenen vnd bestätigten Friedsstandt vns gäntzlich verlassen / vn keiner Feindtschafft vns zu euch versehen / sonder euwern hochbetheuwerten vnnd mit dem Eyd bekrefftigten Zusagen trawen / auch derwegen vnsere Schlösser vn Bürg / wie bey Kriegsläufften / vn in offner Feindtschafft geschehen pflegt / nit starck gnug besetzen vn verwahren: sihe / da fährt euwer Osman Türck zu / on alle gegebne Vrsach / noch einigs wegs von vns beleydigt / vn nimbt vnsere Schlösser / Bilezug vnd Zupli / mit verrähterlichem Listt ein / nach dem er zugleich die Herrn / vnd auch die Knecht / denen die Schlösser zu verwahren befohlen / vmbbracht vnnd erwürgt. Hiedurch hat er deinem Namen / O König Aladin / ein Schandtflecken angehenckt. Gedenck du gerechter frommer Fürst / daß du ein so böse That straffest / den Friedbrüchigen Räuber darauß treibest / vnd den rechtmässigen Erben deren / so erschlagen / die abgetrungene Schlösser wider einraumest vnd zustellest. Solches der Christen begeren hielt Sultan Aladin in allweg der

Histori. Osman Beg. 67.

Billichkeit gemäß/sprach jhnen zu/sie solten getrost sein/vnd wider heimkehren: dann er diesen vbel rath finden/vnd als ein hohe Oberkeit eben das bey der Sachen thun wölt/so der gleichmässigen Justitz notturfft erfordern würd. Befahl daneben/als die Christen wider nach Hauß reyseten/es solten seine Leut dem Osman aufferlegen/auffs ehist in der Königlichen Statt Conia zu erscheinen/vnd sich einzustellen. Es hett jhm aber Osman wol träumen lassen/welcher massen die Christen vber jhn klagen würden. Vnd weil er jm für deß Sultan Aladins Zorn thet förchten/war er fast der meynung/er solt dieser Reyß müssig gehen/vnd sich darfür hüten: bevorab/weil auch die andern/so bey jhm waren/durchauß schlossen/es würd solches ohn gefahr nicht abge-
10 hen. Jedoch nam er jhm endtlich für/er wolt hinziehen: vnd ehe dann er sich auff die Reyß begab/macht er ein Testament/vnd ordnet all seine Sachen dermassen/als ge-dächt er nicht wider zu kommen: befahl daneben seinen Leuten/sie solten nicht vnter-lassen/seinen todt zu rechen/im fall etwas vber sein Versehen jm solt widerfahrn. Dar-auff zohe er hinweg an die Sultanisch Porten/vnd als er daselbst angelanget/vnd für den Sultan Aladin gelassen: hub derselb an/zorniger weiß jhn hefftig anzufahren/zu schelten vnd zu straffen/vnd mit einem dröuwenden Gesicht zu fragen/warumb er ander Leut Schlösser vnd Landgüter/ohn allen fug vnd recht eingenommen? was er jhm für ein Rucken in Sinn genommen/darauff er sich in anfahung einer so gefähr-lichen Sach verlassen? Osman antwort gantz keck vnnd vnverzagt/es hett jhn vor-
20 langst vbel verdrossen/daß die Land in der Christen Gewalt seyn solten/welche sie doch nicht dermassen regierten/wie es sich nach Göttlichen vnnd Menschlichen Rechten gebür/vnd viel weniger dieselben wider Gewaltsame Thaten böser Leut schützten vnd schirmeten. Alle Strassen seyen wegen plackerey/deß schändtlichen raubens/vnsicher: zu welchen Vnthaten die Christen durch die Finger sehen/vnnd gantz vnd gar sich nicht bemüheten/solche Feind Menschlicher Gemeinschafft vnd Ruhe/ja Landtfriedbrüchige Bößwichter/mit solchem Eyffer zu straffen/daß andere daran sich stossen/vnd ein Exempel möchten nemmen. Hub folgends an zu melden/vnnd zwar mit Ernsthafften worten/was neuwlich erst einer Carauana/so durch den engen Passz deß Bergs Ormenij wöllen ziehen/widerfahren. Thet darauff schliessen/es hett
30 jn derselb Vnwill so hoch verdrossen/daß nit allein die Strassenräuber/sonder auch dise Patronen vn Beschirmer derselbe in allweg müssen angreiffen vñ züchtigen/durch deren Vnfleiß vnd schändtlichs Nachsehen die Sachen dahin gerathen/daß gemeine freye Strassen nu mehr gar nit sicher. Es hett Sultan Aladin schon zuvor/auß An-zeigung der obberührten Kauffleut selbst/welchen Osman zu hülff komen war/gnugsa-men Bericht eingenommen/welcher massen die Sach eben sich zugetragē/vñ wie Männ-lich vnd geherzt der Osman solche Strassenräuber angriffen/oberwunden/vnd nach jrem Verdienst gestrafft hett. Ließ jm derhalben ein solche That heimlich im Hertzen wolgefallen/vnd hub an/sich etwas milder vnd glimpffiger gegen Osman zu erzei-gen. Derselb fuhr in seiner Verantwortung fort/vnd sprach: Jch hab zu der zeit/da ich
40 mit meinem Feldtbaw zu schaffen gehabt/wider so viel Räuber/ein so stattliche Cara-uana beschirmet vnd erhalten/vnd die Mörder erwürgt: auch hab ich innerhalb zweyer Tag/mit sonderbarer geschickligkheit/diese der Christen Schlösser vnnd Castell er-obert vnd eingenommen. Solt es dann nicht billicher seyn/daß dieselben Ort viel mehr in meinem Gewalt bleiben/der ich ein Musulman bin/dann in der losen nachlässigen Gaur Henden? Reimbt sichs auch nicht besser/daß ich sie wider den Gewalt der Mör-der vnd Strassenräuber schütz vnd handthab/mit gemeinem Nutz der ganzen Landt-schafft? Darauff sprach Sultan Aladin: Weist du aber nicht/daß zwischen mir vnd den Christen ein Fried vñ Vertrag auffgericht/in dem wir zu beyden Seiten an-gelobt vnd versprochen/einander gantz vnd gar nicht zu beleydigen: vnd daß gesagte
50 Christen auff solchen Vertrag sich verlassen/keiner Feindtlichen That sich vnterwun-den/noch einig Vrsach geben/dadurch diese Nachbarliche ruhe zerstört/vñ auffgehebt wer worden? Du aber hast gemacht/daß vnsers theils der Fried brochen/vnd hast mei-ner Reputation hiemit ein Schandtflecken angehengt. Osman antwort: O Sultan/ wir dörffen vns darauß einiger Schmach oder Verkleinerung nicht befahrn/wenn

f iiij wir

Osman vom Aladin citiert.

Osmans Testament/ehe dann er zum Aladin zeucht.

Aladin fährt den Osman vbel an.

Osmans Verantwortung.

Aladin wirdt milder gegen dem Osman.

Osmans ferrer Purgation.

Verweißt der Friedbrüchigen Händel.

Das dritte Buch Musulmanischer

Osmans Ablehnung.

wir gleich die Christen züchtigen/vnd vnsere Grenitz weiter erstrecken. Viel mehr würd vns das verweißlich seyn/wenn wir gestatten vnd leiden wolten/daß vns die Christen etwas solten entziehen. Sultan Aladin sprach: Du würdest wol vnd recht sagen/da zwischen vns vnd jhnen kein Band deß Friedes auffgericht wer. Hierauff antwort

Ein rechte Musulmanisch Antwort.

Osman: Wenn man mit den Christen fried machet/geschicht solches mit dem Mund/ aber nicht mit dem Hertzen. Sultan Aladin sagt dagegen/er wölte weder mit den Christen/noch andern Leuten in Feindtschafft stehen/noch Krieg führen: sonder hett jm fürgenommen/mit allen Menschen fried zu halten. Osman sprach: Du magst wol für vnd für in höchster ruhe vñ fried leben/ob du wilt. Allein sey mir durch dein Erlaubnuß zugelassen/ daß ich für mich etwas anfahen vnd verrichten mög. Sultan Aladin meldt darauff: Du sagst wol etwas/solt aber wissen/daß du in solche Kriegen vñ Treffen wider die Christen nicht wirst bestehen. Osman sprach: Ich wil sie dermassen empfangen vnd tractiern/wie sichs gebürt/ wenn du mirs nur erlauben wilt. Aladin

Aladins Vertrag mit dem Osman.

antwort: Es sey dir durch vnser Erlaubnuß zugelassen/deine Güter durch deine Geschicklichkeit vnd Mannheit zu erweitern. Vnd soll zwar alles dir bleiben/was du jenseit Bilezugs einnemmen vnd erobern wirst. Aber du solt mir mit dem Eyd zusagen/ daß du disseit Bilezugs nimmer/als lang ich bey Leben/nichts wöllest an dich ziehen noch einnemmen. Denselben Eyd hat Osman dem Aladin erstattet/welcher jhn alsbald mit seinem eygnen Säbel vmbgürtet: hat jm darauff glück gewündscht/vnd ein Ermahnung gethan/keck vnd muhtig zu seyn/vnd wie er angefangen/sich dapffer vnd

Osman auff Türckisch Ritter worden.

ritterlich zu verhalten. Hiemit ist Osman wider zu den seinigen kommen/vnd damit er das/so der Aladin sich zu jhm versahe/mit der That erzeigte: hat er seine Nachbarn/die Christen/nicht sondern ernst angriffen/vnd jhnen etliche Schlösser der Ort abgetrungen. Als solches dem Aladin fürkommen/hat er jm ein grünen Fahnen geschickt/vnd ein andere gattung Türckischer Fähnlin/dermassen zugericht/daß oben am Spieß vmb vnd vmb *Roßschwäntz oder Schweyff gebunden/vnd gleich herab henckten.

* Pandect. im 20. Cap.

Ließ jme daneben anzeigen/wie diese Roßschwerff/sampt dem Fahnen/jm von Sultan Aladin zu einer Andeutung glücklicher Wolfarth geschickt. Den Fahnen

Dem Osman neuwe Gaben vom Aladin geschickt.

solt er seinen Kriegßleuten zu tragen befehlen/den Spieß mit den Roßschwäntzen solt er an statt eins Fähndlins dermassen brauchen/daß in allen seinen Zügen jhme dieselben würden vorgetragen. Neben diesen Fähndlin/hat er auch dem Osman etlich Trummeln/Pfeiffen/vnnd Posaunen/sampt Pfeiffern/Trummelschlägern vnd Trommetern zugeschickt/vnd zwar diß alles durch einen geheimen Secretari: welchem der Sultan in seiner Abfertigung befohlen/er solt fleissig Auffachtung haben auff alles/was der Osman zu seiner Ankunfft thun würde. Ich wil auch/sprach er/ daß du nicht vor der zeit deß † Ikindi zu jhme kombst/so fast die dritt stund nach

† Pandect. im 210. Cap.

Mittag. Welchem Befelch deß Aladins er nachkommen. Vnd da er also zum Osman eben zur zeit deß Ikindi sich verfügt/hat man alsbald angefangen die Trummeln zu schlagen/zu pfeiffen/vnd in die Trommeten zu stossen. In dem nun der Osman ein solches Geschrey vnd Klang gemelder Instrumenten gehört/hat er sich alsbald auff die Füß gemacht/ist für vnd für auffrecht gestanden/biß sie auffgehört zu blasen. Als dann hat gemelder Osman angefangt sein Gebet zu verrichten. Vnd ist diese Gewonheit von der zeit an/biß daher blieben/daß alle *Capitschilar vnd alle Tzauschlar

* Pandect. im 228. Cap.

fast vmb die stund deß Ikindi sich zu der Sultanischen Porten verfügen/vñ auffrecht stehen/als lang gemelte Trummeln geschlagen/vnd Trommeten geblasen werden. Darnach sprechen sie jhr Gebet. Wenn aber ein solches Geschicht/pflegen alle deß Sultans Paucker/alle Pfeiffer vñ alle Trommeter vorhanden seyn. Vnd beschließlich wirdt diese Cerimoni nur zu Kriegßzeiten von Türcken gebraucht. Der Secretari/ so vom Sultan Aladin zum Osman war abgefertigt/hat wol achtung geben auff alles/ so der Osman in seiner Gegenwart thet/vnd bevorab/ auff die groß Ehr erzeigung/ so er deß Aladins Bottschafft bewiesen. Ist darauff ghen Conia zu ruck gezogen/ vnd hat seinem Fürsten von allem/so sich zugetragen/ bericht geben. Solches hat dem

Osman vom Secretari gelobt.

Aladin trefflich wol gefallen/vnd zwar dermassen/daß er jm abermals ein groß Gut geschickt/vnd anzeigen lassen: er hab jhn an Sohns statt angenommen/ vnd wöll jhn

vermahnt

Histori. Osman Beg.

vermahnt haben/sich dapffer vnd ritterlich zu verhalten. Dann er schon ein Testament gemacht/in welchem neben andern Sachen versehen/ daß nach deß Sultan Aladins todt/alle deß Königreichs fürnehme Stett dem Osman sollen eingeräumt werden:nemlich Conia/vorzeiten Iconium: b Manissa/ den Alten Magnesia: c Nigde/ denselben Ragidos: Ereglia/welches ist die Statt Heraclia/gelegen im Land Caria: d Angura/vorzeiten Ancyra: Siuri -- chisar/welcher Nam so viel bedeut/ als Spitzburg oder Scharpffenburg/vnd vom Cedrino wirdts in Griechischer Spraach/ der Saracener Oxylithus/das ist Spitzenfelß oder Scharpffenfelß genannt. e Kyotahie/ vorzeiten Cothaium: f Cara-chisar/heist so viel/als Schwartzenburg/oder auff Griechisch Maurocastron: sampt andern Schlössern vnd Stetten derselben Landt/so dem Sultan Aladin damals allesampt vnterthänig waren.

a Pandect. im 12. Cap.
b Im 8. Cap.
c Im 58. Cap.
d Im 10. vnd 63. Cap.
e Im 40. vnd 181. Cap.
f Im 144. Cap.

Bißhero gemeldte Sachen vnd Geschicht/vom gelegten Fundament vnd Grundtfest deß Osmanischen Gewalts/findt man erklärter massen in der Verantzischen Histori beschrieben. Das Hanivvaldisch Buch aber/so vom Murat-beg/ dem fürnemsten Dragoman der Porten/ auß etlichen außerlesenen Scribenten vnd Schrifften der Türcken zusammen gefasset/ gibt vns noch ein bessern vnd gründtlichern Bericht. Dann es vnterschiedlicher vnd glaubwürdiger anzeigt/welcher massen/vnd wie mächtig sehr Osman zugenommen in den ersten zehen Jaren nach Absterben seins Vatters: von welchen zehen Jaren ich droben ein Erinnerung gethan/ zu Eingang deß ersten Buchs dieser Histori/man solle nicht ohn Vrsach darauff acht haben.

Ein ander vnd besser Bericht.

Osmans erste zehen Jahr.

Hat derwegen Osman/jetzt gedachter Histori nach/als er newlich zum Regiment kommen/den ersten Zanck vnd Feindtschafft mit dem Herrn deß Schlosses Einegiol gehabt. Das wort Giol/dadurch ein See/oder stehend Wasser/ vnnd auch ein rinnender Fluß bedeut/gibt etwas Anzeigung/daß dieses Schloß/ an einem See/ oder an einem Fluß gelegen: es sey nu/daß der berühmbt See/genannt Ibane/ oder Iuane/ dessen droben im ersten Buch gedacht/ im Harone -- Resid Chalipha/ von Türcken durch diß Eine verstanden werd:oder viel mehr dafür zuhalten/daß der See Ibane von gemeldten Türcken hernach Aian-giol genannt/wie an seinem Ort der Leser erinnert soll werden. Sonst heist Eine auff Türckisch ein Spiegel/ vnd Eine giol ein klares lauters Wasser/wie ein Spiegel. Ich trag aber meins theils kein zweiffel/es sey der Griechisch Nam Nacolia dermassen von Türcken geändert in Einegiol/ jrem Brauche nach/so † anderstwo erklärt/daß er auch in jrer Spraach etwas solte bedeuten: vnd daß in allweg zu halte/ Einegiol sey bey den Türcken das Schloß in grössern Phrygia/vom Symeone Historico/vnd andern/ Hi-Nacolia/sampt dem Griechischen Articul genañt/als Hinagolia. Daneben wöllen die Leser in jren Sinn ein mal diß newen vñ schliessen/daß diese Schlösser vnd Städtlin/von welchen allhie meldung geschicht/ im grössern Phrygia gelegt: vñ daß gleichwol etliche d´selben in die Benachbarte Land/ Bithynia vñ Mysia gehörig. Der Herr diß Castells Einegiol/wirdt von Türcken genañt Aianicola/welches die Türcken auß dem Griechischen corrumpirt/weil man spürt/er hab Hagionicolaites geheissen/auff Teutsch/der von S. Niclaß. Dañ solche Namen/Hagiotheodorites/(ist so viel/als der von S. Theodor) Item Hagiochristophorites/(ist so viel/als der von S. Christoff) vñ andere mehr dergleichen/von etlichen d´Christen Heiligen also formiert/seyn den Griechen/so newlich gelebt/sehr breuchlich gewesen. Die Vrsach jres Zancks vñ Zwispalt soll seyn gewest/daß dieser Aianicola die Zurcken oder Osmanischen Sawrn/so mit dem Vihe hin vñ her der Weyd nachzogen/ als offt sie wegen der Sommerweyd bey seim Schloß fürober musten/auß lauterm Muthwillen/on einig gegebne rechtmässig Vrsach/pflegte zuverhindern vnd zu plagen. Vñ weil er die Osmanischen nit vnterließ zu beleydigen/ hat Osman sich bey dem Teggiur oder Herrn deß Schlosses Bilezug vber jn beschwert/vñ gebeten/es wölt derselb seinem Gsind vergöñen vnd bewilligen/daß sie möchten zu seinem Schloß jre Zuflucht haben/nur jre Sachen dahin sicher zu flöchnen/vnd in guter gewarsam daselbst zulassen. Solches begeren deß Osmans hat der von Bilezug bewilligt/ aber mit dem geding:daß nur allein jhre Weibßpersonen mit denen Sachen/so man dahin zu flöchnen bedacht/ins Schloß kommen solten/vnd den Türckischen Mannen gar nicht erlaubt noch gestattet werden/ einigs wegs hincin zuschmecken. Solches geding hat der

† Pandect. im 15. Cap.

Was Giol.

Aia Nicola Herr zu Nacolia.

Der Feindtschafft Vrsach.

Osmans listiger Anschlag.

Türckinnen erlaubt in Bilezug zu kommen.

Osman

Das dritte Buch Musulmanischer

Osman ihm lassen gefallen/vnd angenommen: vñ hat man hernacher das Schloß Bilezug den Türckischen Weibern eröffnet/welche zu zeiten/wann sie jre Sachen hinein führeten/dem von Bilezug/als Bäwrisch Leut/schlechte Gaben pflegten zu verehren. Es hette gemeldter Landtvogt zu Bilezug vor dieser zeit mit deß Osmans Vatter Ertogrul/wie auch/mit dem Osman selbst gute Nachbarschafft vnd Freundtschafft gehalten/in dem der von Einegiol ohn vnterlaß sich Feindtlich wider jhn gestellt. Darumb der Osman angefangen/ damit er sich eins so gefährlichen schädtlichen Nachbaurs möcht erledigen/auff mittel vnd Weg bedacht zu seyn/ wie er jhn köndt hinrichten. Kieset jhm endtlich auß seinen Leuten 70. Mann/mit welchen er jm fürnam/vber den Berg Ormenium zu passiren/das Schloß Einegiol vnversehener Sachen zu vberfallen/vnd außzubrennen. Aber dagegen/(als dann zwischen Nachbarn geschicht/so einander auffsetzig/vnd nachstellen) hett der Aianicola seine Kundtschaffter auch außgeschickt/alle deß Osmans Vorhaben vñ Anschläg außzukundtschafften/vnd zeitlich jme zu wissen zuthun. Da der vermerckt/ wohin sich deß Osmans Zug wenden würd: hat er vnverzüglich zu seinem Herrn geeylt/vnd denselben verwarnt/neben anzeigung/was der Osman jm fürzunemmen entschlossen. Darauff der von Einegiol alsbald ein gute Anzahl seiner Leut/an ein bequemes Ort/vnd engen Paß/ da der Feind fürvber must/versteckt: damit dieselben die fürvber ziehenden Osmanischen vnversehens angriffen/vnd entweder allesampt erlegten/ oder zum wenigsten an jrem Vorhaben verhinderten. Dagegen hett der Osman sich eben desselben Lists auch beholffen/vnnd ein Kundtschaffter auß seinen Leuten heimlich abgefertigt: (Türcken nennens Martelosen) welcher von stundan/ nach eingenommenen Rathschlegen der Feind/wider zum Osman kommen/vnd das Ort jhme zu wissen gethan/da der Aianicola sein Kriegsvolck wirdt heimlich verbergen. Darauff Osman sampt den seinen zu der Stell/da diese versteckt/gestracks fortgeruckt/ vnnd deß Feinds starcken Hauffen nur mit einem Fußvolck angriffen. Da ward zu beyden Seiten dapffer vnd Männlich gefochten vnd gestritten/auch nicht on groß Blutvergiessen vnd Niderlag der Leut eins vnd deß andern theils: vnd ward vnter andern der Bai--Hozza erschlagen/ ein Sohn Sarugatins/so deß Osmans Bruder. Derselb ward begraben/ da der Berg Ormenius auffhört/ auff einem Feldt eins Meyerhofes/ der vom Hamza Beg sein Namen bekommen. Neben seinem Monument vnd Grab ist noch heutigs Tags ein groß † Carauansarai verhanden/so vorzeiten erbauwt/ fürreysende Leuth daselbst zu beherbergen: aber jetzo stäts öd vnd wüst/ als ein zerfallens Gebeuw. Nach dem diß Treffen geschehen/haben folgends die Osmanischen/ohn all Verhindernuß vnd Eintrag deß Teggiurs von Einegiol/der Ort jre Summerweyd gesucht vnd genommen. Auch hat der Osman bald darauff ein Nächtlichen Zug sampt den seinen angestellt/ist durch deß von Einegiol Herrschafft passiert/ vnd hat das Schloß Coltze/ (den Griechen Thalce genannt) nahend bey Einegioli gelegen/vrplötzlich vnd vnversehens vberfallen/die Christen drinnen vmbbracht/das Schloß in Brandt gesteckt/vñ im Rauch ghen Himmel geschickt. Da es nun Tag worden/hat diese deß Osmans That in derselben Gegent ein grossen Rumor erregt. Dann die Christen auß der gantzen Landtschafft herumb sich versamlet/vnd einen vnter jnen zum Teggiur von Caratze--Chisar abgefertigt/demselben in jhrem Namen zu melden vnd anzuzeigen: Es hetten die Außländischen Türcken/so anderst woher in diß jr Land kommen/ vnd weil die Innwohner auß einem sondern Mitleiden sich nicht fast darwider gesetzt/ neben jhnen eingenisst/vnd sich der Ort nidergelassen/endtlich angefangen/jre Hend weiter außzustrecken/vnd viel theil jhres Vatterlands einzunemmen. Im fall sie lenger zu diesem gemeldter Türcken Muthwillen durch die Finger sehen wolten/ würden dieselben sich vnterstehen/sie allesampt jrer Vätterlichen Sitz vñ Güter zu vertreiben. Es wer zum höchsten von nöthen/ daß sie zu letst auß dem so wol einem jeden insonderheit/als auch allen in gemein schädlichem Schlaaff sich theten ermuntern/jre Macht zusammen stiessen/diese Frembdling vertrieben/ so ander Leut Gütern nachzustellen nicht vnterliessen. Man müst diesem Vbel/ welches schon sich weit außstreckte/ zum aller ehisten rath finden vnd begegnen. Es würd sie folgends die Sach vergeblich gereuwen/ da sie

Osman stellet dem von Einegiol nach.

Der Türcken vnd Griechen Kundschaffter.

Martelosen.

Bal Hozza erschlagen.

† Pandect. im 247. Cap.

Das Schloß Coltze zerstört.

Klag vber den Osman.

lenger

Histori. Osman Beg.

lenger warten vnd zusehen würden/auch endtlich hiedurch verursachen/daß man jhme kein Hülff noch Rath schaffen köndte.

Durch diese seiner Nachbarn Erinnerung ward der Beg von Caratze-chisar dermassen bewegt/daß er jhnen nicht ein geringe Anzahl seiner Leut zu hülff geschickt/ denselben seinen Bruder Calanoues oder Calanos zum Haupt verordnet/ vnd daneben befohlen/sie solten auff Einegiol ziehen/vnd daselbst zu den andern stossen. *Osman Feindtlich angriffen.*

Als auff der andern Seiten Osman vernommen/wie diß Volck wider jn würd versamlet:hat er auch seine Kriegsleut zu sich gefordert/darauff an das ort geeylt/dem die Türcken den Namen Essici geben/ so verfälscht auß dem Griechischen Opsicio. *Opsicium.*
10 Dann ich viel ehe glauben wil/es werd Opsicium allhie verstanden/dann Ariciana/so *Ariciana.* beym Keyser Leon ein Stättlin deß Lands Bithynia/ zum Ertzbischofflichen Stul der Statt Nicra gehörig. Man zeucht daselbst vber den Berg Tomalitze/ vorzeiten Tumolus vnd Tmolus genannt: darinn auch in derselben Reser das Stättlin Mesotumolus gefunden wirdt/welches diesen seinen Namen bekommen vom halben Berg *Mesotumolus.* Tumolo/nemlich vom Ort/da es gelege. Seind also der Osman vnd die Christen an obgemeldten Ort auff einander gestossen/habē ein hefftigs streiten vñ fechten gehaltē/in welchem deß Osmans Bruder Sarugatin vnter andern erschlagen vnd vmbkommen. Es melden die Türcken/daß an dem Ort/da Sarugatin erwürgt/ ein Baum gewest/ *Sarugatin kompt im Treffen vmb.* in jrer Spraach Tzam genannt/welcher zu zeiten wie ein Ampel pflegen zu leuchten.
20 Vnd heissen sie diesen Sarugatin/einen Schid/oder Seligen/vnd Märtyrer:weil er in diesem Streitt von Christen erschlagen vnd erlegt. Auch ist der Calanos/deß Teggiurs von Caratzechisar Bruder/in diesem Treffen vmbkommen. Desselben Bauch *Calanos erschlagen.* hat Osman befohlen auff zu schneiden vnd auff zu reissen/ das Eingeweyd herauß zu schütten/vnd jhn also wie ein Hundt lassen begraben. Auß welcher Vrsach das Ort noch zu jetziger zeit auff Türckisch Mesari-Kepec genennt wirdt/welches so viel heist/ *Mesari Kepec.* als ein Hundsgruben/oder Hundsgrab:vnd haben die Alten Griechen ein solchen Namen in jhrer Spraach einem andern Ort geben/vnd wegen einer andern Vrsach/ in dem derselb Platz eben diesen Namen Kynos-sima bekommen. Seins Bruders *Begräbnuß zu* Sarugatins Leich hat der Osman auff Sugut lassen führen/vnd daselbst neben dem *Sugut.*
30 Monument seins Vatters Ertogruls zur Erden bestattet.

Als aber der Sultan Aladin der ander/diese Zeitung bekommen/wie der Sarugatin erschlagen/vnd zwischen den Osmanischen vnd Christen ein blutigs Treffen gehalten worden:ist solches jm sehr zu Hertzen gangen. Hat daneben gesagt/er spüre wol/ *Der Germeanogli/Osmans* welcher massen der Teggiur von Caratzechisar diesen Türcken auffsetzig. Hab derwegen vom Beg oder vom Herrn German-ogli (solches wort bedeut ein Sohn deß *Feindt.* Germeans/von dessen Vatter droben ihn andern Buch gesagt) sich lassen verhetzen/ vñ mit sampt seinen Christen/dem Osmanier Feind zugefallen/die Türcken angriffen/ vnd durch diese Niderlag vnbillicher weiß beleydigt. Damit er nu dem Osman zu verstehen geb/welcher massen er jn gantz wol gewogen/vñ wie grossen Verdruß er an deß
40 von Caratze-Chisar That trug/durch ein mercklich Anzeigung bezeugete: hat er jhm sein Stättlin Eski-schecher/ das ist Altstatt/ sampt desselben Bezirck vnnd Gebiet/ *Aladin schenckt* geschenckt: auch jhm erlaubt/Cara-Chisar (ist einerley mit Caratzechisar) zu belägern/einzunemmen/vnd zu plündern. Alsbald hat Osman/ demnach er deß Sultan *dem Osman ein Statt.* Aladins geneygten Willen gegen jhm/ auch die stattliche freye Vbergab/ gedachter Statt Eskischeher/sampt der Acht erklärung wider den Teggiur zu Carachisar vernommen/durch ein scharpffe strenge Belägerung mit seinem eygnen Kriegsvolck/vnd *Carachisar Beg* der Hülff/so Sultan Aladin der ander jn zugeschickt/das Schloß Carachisar gantz *in die Acht gethan.* vnd gar beschlossen/vnd vmbgeben/auch endtlich in seinen Gewalt bracht. Alle Christen/ so im Schloß vorhanden/ wurden biß auff den letzten Mann erwürgt: der *Osman Executor.*
50 Schloßherr von Türcken Teggiur genannt/kam lebendig dem Osman in die Hend: *Eroberung Ca-* welcher den gantzen Raub vnd Beut vnter die Kriegsleut hat außgetheilt/ allein das *rachisar.* fünfft theil außgenommen/nach ordnung deß Gesatzes/daselb fünfft theil seins Brudern Jundus Sohn/ dem Ac-temur geliessert/ (dieser Nam Ac-temur heist ein *Theil der Beut* weisses glitzendes Eisen oder Kling/vnd Schwerdt) vnd also mit andern Gaben vnd *für den Sultan.*
Schanckun-

Das dritte Buch Musulmanischer

Raittung der Zeit.

Schanckungen dem Sultan Aladin/ diß Namens dem andern zugeschickt. Osman war damals im 35. Jar seins Alters/ vnd schreiben die Türcken/ Cara--chisar sey von jhm erobert worden/ nach der Musulmanlar Propheten Muhamets Absterben/ im 687. Jar/ das ist eben noch jnerhalb deß Jars/ in welchem der Vatter Ertogrul jm mit todt abgangen. Daß aber gemeldts Muhametisch Jar sich auff das 1290. Jar nach Christi Geburt reimbt/ ist an † einem Ort deß Türckischen Pandectis erwiesen worden. Derhalben diß erst Jar/ vnter den ersten zehen Jahren nach deß Ertoguls todt/ wol zu mercken: wie dann derselben zehen Jar schon mehr dann ein mal gedacht worden/ vnd noch am gebürenden Ort zu gedencken.

† *Im 11. Cap.*

Osman Gasi/ das ist Streitt-bar.

Nach dem der Osman Gasi (diesen Zunamen hat man jhm geben/ so viel bedeutent/ als bey den Griechen Stratioticus/ das ist der Rittersmann oder Streittbar) das Schloß Carachisar durch Kriegsgewalt eingenommen/ vnnd Eskisar auß freyer Vbergebung vnd Schanckung deß Sultan Aladins/ sampt der Gegent jetztgemeldter Statt/ erlangt: hat er nicht ein geringen Muth geschöpfft/ wegen so glücklich erstreckter Herrschafft/ vnd newlich so wol auffgerichteten Gewalts: vnd keins wegs jm fürgenommen sich zu ruhe zu begeben: sonder mit allem fleiß/ vnd auß allen krefften fort zuschreiten/ damit er noch ein grössers zu dem/ das er schon erobert/ möcht zuwegen bringen.

Osmans Berathschlagung mit seim Bruder.

Auff daß er nichts vnfürsichtiglich sich vnterstund anzugreiffen/ hat er für andern/ seinen eygnen Brudern Jundus zu Rath gezogen/ vnd in gefragt/ was man fürnemmen vnd anheben möcht: oder wie er vermeynte/ man die Christen möcht angreiffen. Jundus/ als mehr beherzt/ dann witzig/ gab zu antwort: er sehe für gut an/ man solt dem Sieg nachsetzen: vnd weil der Benachbarten Christen Gemühter/ wegen Einnemmung der Vestung Carachisar noch in schrecken/ solt man nach demselben die nechsten feindtlich angreiffen/ vn die anstossenden Herrschafften vnd Gegent derm.sen mit vnabläßlichem Streyffen eröden vnd verwüsten: daß zu letst/ nach Außtilgung vnd Vertreibung der Christen/ all jr Gebiet den Türcken möcht in die Hende gerahten. Diese meynung deß Jundus hat dem Osman etwas zu scharpff vnd vnmild gedaucht zu seyn/ noch auff guten Rath/ vnd vernünfftiges Bedencken beruhend/ vnnd gegründet. Dann vnser Schloß Carachisar/ sprach er/ welches wir neuwlich erst erobert/ wirdt man künfftig mit einer starcken Besatzung müssen erhalten: damit dasselb/ im fall/ es nicht besetzt solt seyn/ nicht widerumb von den Feinden werd eingenommen. Nun ist vnmöglich/ daß die Besatzung ohn Prouiant sich köndt erhalten/ welche sie niergende anders/ dann auß der Gegent vmb Carachisar herumb/ nemmen vnd suchen können. Wenn aber dieselb Landtschafft von vns selbst verhergt/ vnd zu einer öde vnd Wüstin solt gericht werden/ kan man nit anderst schliessen/ dann daß es vm dasselb vnser Schloß vnd Statt Carachisar auß seyn wirdt. Dann so wir begeren/ daß vnser Carachisar an Prouiant reich vnd wol versehen sey: müssen wir der Benachbarten Acker vnd Bauwersleut verschonen. Sonst wirdt mans dafür achten/ als ob wir vnser Statt vnd Schloß mit eygnen Henden wölten zerstören. Beschließlich/ ist für vns nichts rathsamer/ dañ daß wir mit allen Nachbarn vm vns her/ entweder Freundtschafft halten/ oder vns dergleichen stellen/ als ob wir begerten mit jnen Freundtschafft zu erhalten. Wie bißher mit dem von Bilezug geschehen/ biß vns ein gute Gelegenheit zustehe/ solche Freundtschafft mit jnen nach vnserm Vortheil zu treffen/ oder auch vnversehens abzuschneiden. Diß Exempel von dem von Bilezug/ zohe der Osman derhalben an/ weil die Türcken biß daher mit demselben in keinen Mißverstandt noch Feindtschafft gestanden/ sonder hetten viel mehr zu beyden Seiten sich zu einander/ on alles Mißtrauwen gehalten/ wie auch zuvor gemeldt. Gleichßfalls hetten auch die Osmanischen mit dem Schloßherrn auff Hirmen-caia gar ein auffrechte Treuwmeynende Freundtschafft zu halten angefangen/ der ein Christ war/ vnd (wie droben auch gedacht) Michael Cosse/ oder Michel Ansel ward genant. Haben hiemit jhnen fürgenommen/ auch gegen andern Christen vnd Benachbarten gleicher weiß sich zu stellen/ allein außgenommen den Germeanogli/ der ein Musulmanischer Fürst oder Landther war/ vnd weil er dem Osman sampt den seinigen auffsetzig/ hett er auch hergegen an jhnen beschwerliche Feinde/ wie dann solches mit der That erfuhr. Vnd

Deß Jundus gäher Rath.

Osmans hohe Fürsichtigkeit.

Osman helt sich auff Machiauellisch. Der von Bileszug dem Osman nicht feindt.

Freundtschafft mit dem Cosse da er noch ein Christ.

Offene Feindtschafft mit dem Germeanogli.

waren

Histori. Osman Beg. 73

waren gedachte Zwitracht vnd Feindtschafften zwischen dem Osman vnd dem Germeanogli/ den Christen sehr lieb vnd angenehm: weil sie vermeynten für beyder Gewalt dest sicherer zu seyn / wie viel feindtlicher vnd schärpffer sie wider einander seyn würden/vnd so wol durch heimlichs nachstellen/als offens angreiffen/einer den andern auffreiben. Auch hat der Osman sich beflissen/wie er möcht seine Stättlin vñ Märckt *Osman verbessert seine Stättlin.* zierlicher schöner machen/vnd erbauwen/vnd durch Gewerb zu guter Nahrung vnd Reichthumb bringen. Derhalben er neben dem warmen Bad/ so im Stättlin Eskisar/ein Tempel zum Gottesdienst erbawet/sampt einem Marckt/darauff man allerley Wahren möcht verhandlen: vñ hat demselben etliche Freyheiten vnd Priuilegia geben/ *Befreyhung deß Marckts zu Eskisat.*
10 damit die/so zu diesem Marckt kommen würden/nicht zweiffelten/es würd solches mit jrem nutz geschehen/vnd daß sie wegen jrer Güter sich daselbst nicht zu befahren. Darvmb alle Nachbarn in grosser Anzahl zulieffen/ die Wahren zu kauffen vnd zu verhandlen: vnnd wenn sie jhren Handel verricht/ vnd nottürfftige Sachen dagegen einkaufft/ zogen sie wider in aller sicherheit heim/ein jeglicher zu seinem Hause zu. Auff ein *Osman sahe die Personen nit an.* zeit trug sichs zu/daß etliche deß Germeans Vnterthanen/ diesen Marckt zu Eskisar besuchten/vnd daß auch zu derselben zeit etliche Bürger von Bilezug/sonst friedsame Leut/vnnd jhres Glaubens Christen/ gleichsfalls auff gemeldten Marckt mit jhren Wahren sich verfügten/ dieselben allda zu verhandlen. In dem kaufft ein Germianischer etwas von einem Bilezügischen/ braucht darauff ein Muthwillen/
20 trutzte den Verkäuffer/ vnd wolt jhn nicht zahlen. Der Christ/ ein Bürger zu Bilezug/ gieng zum Osman: vnd klagt/ welcher massen jhm der Germeanischer vnrecht thet. Osman hieß deß Germeans Vnterthan/vnangesehen er ein Musulman war / zu sich ruffen vnd führen: ließ jhn vnd ein Carabaz wol abschmieren/ vnd befahl jm darauff/ er solt von stundan dem Christen sein Gelt vñ die verkauffte Wahr/ erlegen. Hat daneben ein Mandat lassen publiciren/dadurch verbotten/es solt niemandt einigerley *Osmans Manbaren dem Christen zu Bilezug.* weiß die Bürger zu Bilezug beleydigen. Kurtz davon zu reden/ hat er sich so eyferich erzeigt in erhaltung der Billichkeit vnd Gerechtigkeit: daß auch die Weiber von Bilezug sich nicht scheuchten auff den Eskisarischen Marckt zu kommen/jhre Wahren daselbst andern zu verkauffen/vnd frembde Wahren/so dagegen jnen von nöthen/ wider
30 ein zukauffen: vnd wenn sie dermassen jre Sachen verricht/ machten sie sich auff den Weg/ vnd zogen gantz sicher auff Bilezug: So gar verliessen sie sich auff deß Osmans *Osmans Auffrichtigkeit.* Auffrichtigkeit/ dessen Schutz vnd Schirm sie sich/ sampt jren Gütern/ gantz sicherlich zuvertrauwen/ kein bedencken hatten.

Ob nun der Osman wol mit diesen jetzt gemeldten Sachen vmbgieng/ so ließ er *Osman greifft wider zun Waaffen.* doch mitler weil auß seinem Hertzen die Gedancken nicht kommen/ wie er möcht wider zun Waaffen greiffen/vnd seine Grenitzen weiter erstrecken. Er hett aber für vnd für bey sich den Michael Cosse/ dessen etlich mal gedacht worden/ nemlich den Herrn deß Schlosses Hirmen--Caia/so ein Christ war: auß dessen Herrschafft vnd Gebiet Hirmen--Caia/ schier alle deß Osmans streittbare Leut jhre Diener namen. Diesen *Osmans Berachschlagung mit dem Cosse.*
40 Michael hat der Osman auff ein zeit angesprochen/vnd jhm zu verstehen geben/wie er willens/einen Streyff mit seinem Kriegsvolck gegen Taraxe--Jenitzesi zu thun/welcher Nam so viel bedeut/als das new Taraxe. Taraxe aber ist von den newen Griechischen Historicis/ als dem Europalati/ein Statt in Bithynia/ von andern Taras genannt/ vnd vom Ptolemæo Taraxion. Vnd hat darauff Osman begert zu wissen/ was deß Michaels Meynung wer/ diß sein Vorhaben belangend. Darauff jm der Michael *Michaels Rath.* zu antwort geben. Es thet jm deß Osmans Rath vnd Anschlag/ wegen diß Zugs/ gefallen: wölt aber für gut ansehen/ man zöhe durch die Ort oben Sorcon/(welchem Namen das alt wort Sandaraca fast ähnlich) vnd oben Saru--Caia/(heist auff Türckisch so viel/als Gelbenfelß/vnd möcht bey den Alten Saricha gewest seyn) vnd oben
50 Bes--tas/ an welchem Ort war ein Imaret oder Spital gestifft/ die fürreysenden vnd auch jn forma zu beherbergen/vnd vmb sonst zu speisen. Daselbst/ sprach gedachter Michael/ würden sie dest leichter vnd bequemer fortkommen: vnd meldt daneben/ man köndt auch mit besser Gelegenheit dahin die Kriegsleut bescheiden vnd versamlen/ so hin vnd her zerstreuwt/ jr Losamenter an vnterschiedlichen Orten hetten. Item köndt

g   man

Mudurni/ein Statt.
Comopolis.

Samsama Tzausch.

Türcken Arglist/sich demütig zu stellen.

Osman folgt deß Michaels Rath.

Die von Sorcon ergeben sich dem Osman.

Samsama denen von Sorcon fürgesetzt.

Osmans geschwinder List.

Christen förchten sich vorm Osman.

man von dannen deß leichter auff die Statt Mudurni streyffen/vñ derselben ein grossen Schaden zufügen. Diß Mudurni nennen die Alten Modrini. Keyser Leo/der Weise/thut melden: es sey gelegen in Bithynia/vñ gehör vnter den Mitropoliten oder Ertzbischoff zu Nicæa. Keyser Constantinus Porphyrogennetes nennts Comopolin/ nicht mit einem andern Namen/wie etliche vermeynt/vnd gefehlt: sonder als ein offenen Marckt oder Stättlin/so von Griechen auch Comopolichnia werden genañt. Zu letst/zeigt er auch ein andern Vortheil auß diesem Zug/daß nemlich der Samsama Tzausch nicht weit von dannen sich verhielte: welchem angezeigt köndt werden/daß er alles der Feindt thun vnd lassen durch Kundtschaffter ließ außspechen vnd erkündigen/ auch munter auff alle Gelegenheit acht geb: vnd im fall ein guter Vortheil sich etwa thet eräugen/zu guter glücklicher Verrichtung/ solt ers vnverzüglich jnen durch seine Leut zu empieten. Dieser Samsama Tzausch/von welchem wir jetzo reden/war einer auß der Zahl deren/welche mit dem Ertogrul in diese Land kommen waren: vnd als er zuvor nit weit von Einegiol sich nider gelassen/daselbst ohn vnterlaß von denen Christen zu Einegiol geplagt vnnd angefochten ward: hett er sich endtlich von dannen gemacht/vnd in die Nachbarschafft der Statt Mudurni begeben/da er dann seinen Sitz hett/vñ stellete sich mit allem möglichen fleiß/als ob er der Christen bester Freundt wer/ nur allein damit man jhn daselbst ließ bleiben/vnd geduldete. Er hett einen Bruder mit namen Sulmissa. Beyder Haußhaltung vnd Gesind war fast groß/vnnd hetten in Kriegßsachen ein guten Namen vnd Rhum erlangt.

Dieser Rath vnd Fürschlag deß Michaels gefiel dem Osman gar wol/ der eben auß dieser Vrsach befohlen/es solten seine Kriegßleut beym Imaret Bestas sich versamlen. Als er nu dahin gelangt/ vnd sein Kriegsvolck daselbst angetroffen: hat man den Spitalmeister deß Imarets gefragt/an welchem Ort man zum besten vnd bequemisten den Furth gehaben möcht/durch das Wasser Sacari (von Griechen Sangarius genannt) zu watten vnd zu reiten. Welcher darauff geantwort/es können Kriegßleut allenthalben vber diß Wasser kommen. Darumb sie alsbald jhren Pferden ein Gerstenfutter (dem Landsbrauch nach) geben/ vnnd da die Rossz daffelb verzehrt/ seind sie gleich auffgesessen/vnd zum Vrfar deß Wassers geritten. Daselbst haben sie den Samsama Tzausch angetroffen/ aller dings auff diesen Zug gerüst vnd außgeputzt/ welcher sie ghen Sorcon geführt. Alle Christen/so daselbst wohneten/ kennten diesen Tzausch. Darumb sie von stundan/als sie diß Türckisch Volck bey jhm sahen/ als sämptlich Mann vnd Weiber / mit Anzeigung einer Demuth vnnd Vnterthenigkeit jhm entgegen gezogen. Vnter andern kam auch ein Christ/so Hertznstandts: welchen der Osman zu sich berüffen lassen/ sprach mit jm gehalten/ vnd zu letst mit diesem Geding ein Fried mit allen auffgericht: daß sie dem Samsama Tzausch in allem/ so derselb jhnen aufferlegen vnd befehlen würde/ mit gutem Willen gehorsamen solten. Darnach seind sie fortgeruckt auß gemeldtem Ort / vnd haben biß in die Gegent deß Stättlins Gouinuc gestreyfft / alles geplündert / vnnd auch die Keser vmb neuw Taraxe verwüst. Von dannen zohen sie gegen Ag--giul--felanos / das durch Philomilium deß Landts Phrygiæ verstanden wirdt/ der Anzeigung nach. Sonst heist Ag--giul auff Türckisch ein weisse Rosen. Kamen also zu deß Michaels Schloß Hirmen--caia/ vnd ruckten folgends auff Carachisar. Es zohe der Michael Cosse vor dem andern Volck deß Osmans her/ auff ein guts stück wegs: vnd sie wurden von jm an ein Ort geführt/ Culauus genannt. Bey den Griechen hats/ meins erachtens/den Namen Caloes gehabt. Ob sie nuhn wol in diesem Zug gar ein stattliche Beut/vnd groß Reichthumb erlangt/ so haben sie doch keine Leut zu Schlauen gemacht/ noch mit sich in Gefängkuuß hinweg geführt: damit sie die Gemühter der Innwohner deß Landts durch das Joch der Dienstbarkeit nicht schreckten/ vñ gleich anfänglich abwendig/ vnd jnen auffsetzig machten: sonder daß dieselben auß hoffnung/etwas sicherer zu leben/allgemach in Gewohnheit kämen/ dem Osman zu gehorsamen/vñ vnterthenig zu seyn. Als aber alle die Christen/so der Ort vnd End allenthalben wohneten/sahen vñ merckten/daß der Osman auff diese manier angefangen mit jnen zu kriegen: haben sie sich entschlossen/seiner müssig zu gehen/ vnd alles möglichen

fleisses

Histori. Osman Beg.

fleisses sich zu hüten/damit jm kein Vrsach durch einig Iniuri oder Beleydigung geben würd/sie Feindtlich wider anzugreiffen. Jedoch ließ Osman insonderheit jhme die Bürger zu Bilezug wol befohlen seyn/vnd thet sie gleich als ehren. Darumb er dann auff ein Zeit/als er gefragt/warumb er die von Bilezug so lieb vnd werth hielt/ zu Antwort geben: Solches geschicht derhalben/daß sie vns zu der zeit/als wir vnsers Vatterlands vertrieben/arm vnd elend/als frembdling/aller erst in diese Land kamen/ freundtlich vnd mitleidenlich empfangen vnd auffgenommen/auch dermassen gegen vns sich für vnd für verhalten/wie frommen getreuwen Nachbarn wol anstehet. Darvmb wir auch sie lieben vnd ehren/vnd mit allem möglichen fleiß jhnen guts zu thun nicht vnterlassen. *Osmans danckbarkeit gegen denen von Bilezug.*

Als aber hernach ein Feindtschafft entstande zwischen beyden Herren der Schlösser/Bilezug/vnd Cupri--chisar/(andere pronuncierens Tzupri--chisar) welches so viel bedeut/als Brückenburg/vnd ist nahend bey Jeni--scheher gelegen/ Neapolis auff Griechisch/in vnser Spraach Newstatt: ist der von Cuprichisar oder Brückenburg/der erst gewest/so zun Waaffen griffen/vnd sich Feindtlich wider den von Bilezug angefangen zu erzeigen. Darauff hat der von Bilezug an den Osman geschickt/ vnd hülff von jm begert: daneben deß Osmans nehisten Vetter/ so zun Geschwistrigen Kindern mit jn/mit Namen Dunder/zum Hoffmeister vñ seinen Obersten Statthalter gemacht. Osman war der meynung/man solt keins wegs einem Nachbarn hülff abschlagen: vnd hat derhalben seine Kriegßleut zu sich genommen/ vnnd ohn allen verzug zu dem von Bilezug sein Volck gestossen. Hielt folgends ein Treffen mit dem von Cuprichisar/erlegt denselben im Streitt/ vnd schlug jhn dermassen in die Flucht/daß er seinem Schloss zueylen must. Osman folgte jhn nach in der Flucht/vnd alsbald er Cuprichisar erreycht/führet e gestracks seine Leut dem Schloß zu/belägert dasselb/ließ Sturm anlauffen/erschlug den Schloßherrn/vnd macht sich der Burg mächtig. Durch diesen glücklichen Sieg vnd Wolfarth/so gleichwol er nur deß Osmans Ritterlicher Faust hett sollen zuschreiben/ ward der Teggiur zu Bilezug vber die massen hochmütig vnd auffgeblasen: ließ nicht weit von einem Dorff/ JnzirBingar genannt/(das letzt Wort bedeut ein Brunnen) gar ein stattlichs Panckhet neben einem Brunnen zurüsten: schenckt daselbst dem Osman/ nach deren Völcker Brauch/gar köstliche newe Ehrkleyder. Erzeigte sich daneben fast kostfrey gegen deß Osmans Kriegßleuten/streckt die Hend auß/ vnd bot sie denselben zu küssen. Dieser Hochmuth hat den Osman dermassen verdrossen/daß er wegen grimmigs Zorns kaum sich damals erhalten kundt/daß er nicht an jhn Handt anlegt. Jedoch hat er diesen Zorn/als fast jm möglich/verbissen: zum Dunder sich verfügt/ seins Vattern Bruders/auch Dunder genant/Sohn: demselben geklagt vber deß von Bilezug vnleidlichen Trutz vnd Hochmuth/der seine Hend den Türcken zu küssen gebotten: fragt jhn dißfalls rath/wie meynte/dieser stoltzer Mann zu züchtigen wer. Darauff Dunder geantwort/er sehe nicht für gut an/daß man wider den von Bilezug jetzes fürnehmen wölt/ vnd zeigte diß seines Bedenckens Vrsachen an/ mit folgenden kurtzen worten. Wir haben/sprach er/auff einer Seiten den Germeanogli/so vns auß dermassen auffsetzig. Von allen andern Seiten werden wir allenthalben vmbgeben von Christen/ welche gleichsfalls vns feindtlich hassen. Da du nun auch diesen dir wilt zum Feinde machen/werden wir auß verzweifflung einer satten Gegenwehr wider so viel Feinde vñ Widersächer/ auß diesen Landen gantz vnd gar müssen weichen. Diese deß Dunders Antwort hat den Osman gar hart verschmecht vnnd verdrossen/weil er jhm selbst ein Argwohn vnd meynung schöpfft/ derselb würd sich vnterstehen zu verhindern/damit die That/ so er jhm fürgenommen/ nicht köndt verrichten. Hat derhalben in der eyl sein Armbrust oder Flitschbogen ergriffen/vnd mit einem Pfeil auff jhn geschossen/ dadurch der Dunder getroffen/ alsbald nider gesuncken/vnd gestorben. Ward an der Landtstraß begraben/ da man von Cuprichisar zu einem Dorff/ Kiasir--bingar genannt/ pflegt zu gehen. Man findt in etlichen Historien/daß der Herr von Bilezug/ der von dieser Handlung gantz vnd gar noch nichts erfahren/neben einem Brunnen/in einem Thal/nicht weit von Bilezug gelegen/ ein Parckhet an *Der Christen vnglückhaffte Zwitracht.*

Türcken hülff den Christen schädlich.

Deß von Bilezug Hochmuth nach dem Sieg.

Dunder einer andern meynung/ dann Osman.

Osman bringt seinen Vetter vmb.

gestellt/

76 Das dritte Buch Musulmanischer

gestellt/vnd den Osman dazu geladen. Da solches vorhanden/sagen diese Historici/ haben schier alle Kriegßleut der Besatzung Bilezug/ jren Herrn daselbst gelassen/ vnd seind ins Schloß gezogen: weil sie vermeynt/ er würd die Nacht ins Schloß nicht kommen. Darumb der Osman/ so ein zimlich Anzahl seiner Leut bey jhm hett/ vnnd sahe/ daß er dem von Bilezug vberlegen/ ein solche Gelegenheit für die Hande genommen/ gesagten von Bilezug/ sampt den seinen vberfallen/ angriffen/ vnnd alle sampt erwürgt. Legt darnach mit seinen Leuten der erschlagnen Kleyder an/ zeucht zum Schloß hinauff/ befilcht im Namen vnd in der gestalt deß Schloßherrn/ man solt jhm das Thor öffnen:vnd demnach er von den Thorwärtern eingelassen/ nam er mit seinen Soldaten das Schloß ein. Auff diese weiß/ wöllen etlich/ gemelte Sach sich hab zugetragen. Daran ist zwar kein zweiffel/ daß der Dunder vmbbracht/ allein wegen dieser Ursach/ daß sichs ansehen ließ/ er würd verhindern/ damit Bilezug vom Osman nicht würd eingenommen. Es seind aber etlich ander/ so schreiben vnd melden/ Bilezug sey auff ein ander manier/ die jetzt angezeigt soll werden/ vom Osman erobert.

Dann es hett jhm Michael Cosse fürgenommen/ seine Tochter dem Teggiur/ das ist Landtpfleger/ oder Herrn der Landtschafft/ Gelfilanos genannt/ zu verheurahten. Ob dieselb Gegent jren Namen hab von der Statt Philadelphia/ so zimlich von gemelten Orten gleich wol abgelegen/ oder ob man durch Gelfilanos eben das Celuianon verstehen soll/ kan ich bey mir noch nicht schliessen. Es schreiben zwar die Alten/ das Feldt/ oder die Ebne/ Campus Celuianus genannt/ sey beym Berg Tmolus oder Tumolus gelegen: von welchem Berg/ jetzt Tomalitze/ droben gemeldt/ daß vmb denselben herumb den Oguziern jhr erster Sitz vnd Wohnung erlaubt sey worden. Hat verwegen gedachter Michael Cosse bestellt/ alles fertig zu machen/ was zu einer solchen stattlichen vnnd herrlichen Hochzeit gehörig. Daneben alle benachbarter Schlösser Herrn durch Abfertigung Ansehenlicher fürnehmer Leut vnter den Christen/ zur Hochzeit laden/ vnd außtrücklich jhnen zu entpieten lassen: sie solten auch wegen dieser Vrsach der Hochzeit beywohnen/ damit sie kundtschafft mit dem Osman köndten machen/ die jnen zu vielen Sachen würd ersprießlich seyn. Er hett/ seins theils fürnemlich sich beflissen/ daß sie zu beyden Seiten ein mal durch jetziger Hochzeit Gelegenheit möchten zusammen kommen/ vnd anfangen/ den Osman besser zu kennen/ welchem ohn zweiffel ein grosses Glück zu einem hohen Befelch ober die Türcken fürstehe/ vnnd der noch viel Landt vnd Leut vnter seinen Gewalt werd bringen. Man möcht etwa mittel vnd weg finden/ daß sie durch Auffrichtung einer Freundtschafft mit gedachtem Osman/ sich selbst/ sampt jren Herrschafften/ Haab vn̄ Gut/ wol köndten versichern: auch gantz vnd gar kein Vrsach mehr haben/ sich für jm zu förchten.

Seind also zu dieser Hochzeit alle Teggiur der benachtbarten Schlösser kommen/ vnd jhre Geschenck oder Gaben mit sich bracht/ dieselben dem Breutigam vnnd der Braut/ gewöhnlichem Brauche nach/ zu verehren. Vnter allen aber erzeigte sich der Osman mit seinen Præsenten vnd Verehrungen am aller stattlichisten. Dann er neben andern Gaben in grosser Anzahl/ auch gantze Herden Schaaff vnd Castronen ließ vberlieffern. Darob theten sich die Christen hoch verwundern. Berathschlagten sich heimlicher weiß vnter einander/ vnnd sprachen: Ein so glücklicher Anfang deß Osmans Sachen/ vnnd gegenwertiger Standt/ bedeut ohn allen zweiffel ein solches auffnemmen/ vnnd fortgang derselben: daß er innerhalb einer kurtzen Zeit seinen Gewalt wirdt stercken/ die Christen angreiffen/ vnnd alle sampt der Ort vnnd End vertreiben: es were dann/ sie bey zeiten jhren Sachen Rath suchen/ vnd die Gefahr/ welche vor Augen/ so wol von jhnen selbst/ als auch von all dem jhrigen/ abwenden wolten. Man müst ohn weitern Verzug/ ein dapffere That wagen/ da sie anderst gedächten sich zu retten/ vnd zu erhalten: vnnd etwa mit einem listigen Rath vnd Anschlag dem Osman ein Luder zurichten/ damit er jhnen in jhre Netz gerahten/ vnnd also möcht vmbbracht werden. Als dieser Rath jhnen gefallen/ haben sie dem Teggiur von Bilezug insonderheit befohlen/ er wölte

darauff

Osman hat acht auff die Gelegenheit.

Osmans Kriegßpoß.

Ein ander außführlicher Bericht.

Das Feldt oder Ebne Celuianos.

Deß Michaels Tochter Hochzeit.

Die Nachbarn zur Hochzeit geladen.

Osmans stattliche Geschenck.

Der Christen heimlich Anschläg wider den Osman.

Dem von Bilezug die Execution befohlen.

Histori. Osman Beg.

darauff bedacht seyn/als der jme sonst am meisten durch Freundtschafft verwandt/damit der Osman verführt/vnd ins Netz gebracht möcht werden. Derselb Landtherr war vnter jhnen allen der fürnembst/wegen Ansehens vnd Reichthumbs: auch daneben allerley Betrugs vñ Arglistigkeit voll. Osman aber/als der seinen verschlagenen Kopff vnd Art wol kennte/pflegte immerdar sich zu stellen/als hielt er jn gar in hohen Ehren/ vnd erzeigte sich wol gegen jhm/wenn sie zusammen kamen/mit dem Gesicht/vnd allen Geberden/gantz lieblich: aber doch dermassen/daß er sich vor jhm etwas demütiglich vnd einer Armuth annahm. Damit nun dieser listiger Fuchs/ der von Bilezug/ein Anfang zu obberührtem Anschlag machte: sprach er dem Osman gantz freundtlich zu/ thet jhme zu wissen/wie er innerhalb einer kurtzen Zeit sein Hochzeitliches Beyläger zu halten entschlossen. Wölt jhn hiemit fleissig auff dißmal gebeten haben/ sich bey gemeldten Hochzeitlichen freuden finden zu lassen/vnd ein zustellen/ dieselben mit seiner Gegenwart zu ehren vnd zu zieren/als der jhm vnnd den seinigen insonderheit ein angenehmer willkommer Gast seyn werd. So wölt er auch künfftig nicht vnterlassen/ wenn die Zeit deß Beylägers würd verhanden seyn/seine Leut als jm abzufertigen/vnd abermals jhn hierumb mit weiterm Anhalten zu ersuchen. Gleichwol war diß alles anderst wohin nicht gemeynt/denn damit der Osman vnterm Deckmantel vñ Schein dieser Hochzeit/auch durch diese Gelegenheit verführt vnd betrogen würd/ vnnd also der Landtherrn List/dadurch sie jhm nachstelleten/nicht mercken köndt: sonder guttwillig in jren Gewalt kem/gefangen vnd vmbbracht würd. Belangendt gedachte Hochzeit/ hetts ein solche Meynung/ daß der von Bilezug sich verheurathen wolt mit deß Schloßherrn Tochter von Jar--chisar/welches wort so viel bedeut/als Hochburg oder Gächburg. Auff dieses Beyläger wurden abermals alle der Benachbarten Schlösser Teggiur vnd Herrn geladen/vnd für gut angesehen/ man solt (wie gesagt) auch den Osman dazu berüffen. Damit er nach seiner Ankunfft auff Bilezug/alsbald würd ergriffen vnd erwürgt. Insonderheit ward von jhnen der Michael Cosse gefordert/vnd die gantze Meynung vnd Anschlag jhm entdeckt vnd mitgetheilt: weil sie bey sich entschlossen/ eben diesen in verschickung an den Osman zu brauchen/ welcher jhm sehr vertrawt: vnd würd der Michael fast leichtlich jhn können bereden/damit er alles mißtrawen fahren ließ/vnd zum Hochzeitlichen Fest erschien. Es hett aber der Osman auch zuvor/vnd ehe dann gedachter Michael zu jme kam/so bald er vernommen/ welcher massen man sich auff die Hochzeit thet rüsten/ein Anzahl Schaaff vnd anders Vihes durch seine Leut auff Bilezug geschickt/vnd dem Herrn daselbst anzeigen lassen: wie deß Osmans Bruder Jundus jhm diese Schaaff thet verehren/dieselben abzuthun/vnd denen für zustellen/so zur Hochzeit kommen würden. Den Osman selbst belangend/wenn man jn laden würd/vnd er zur Hochzeit erscheinen/wolt er auch seine Gaben vnd Præsent mit sich bringen/ nicht dermassen beschaffen/ wie der Herr von Bilezug wol würdig wer/ sonder nach seinem geringen vnd schlechten Vermögen. Hett eygentlich jhm fürgenommen/nicht außzubleiben: vnangesehen/ er nit mit grossem Pracht/sonder vil mehr nach seinem armen Wesen sich geringlich einstellen würd: nur allein dadurch bey jedermenigklich zu bezeugen/wie guttwilliglich er dem Herrn von Bilezug zu allen angenehmen Diensten sich verpflicht erkenne. Diß Geschenck vberlifferung/ sampt deß Osmans anerbieten / hat dem von Bilezug sehr wol gefallen: weil er guter Hoffnung war/es würd jm in der Poß gantz wol gerahten. Ließ derhalben den Michael Cosse zu sich berüffen/vnd bath jhn / er wölt seinet wegen vmb so viel sich bemühen/vnd zum Osman reysen/denselben zur Hochzeit zu laden. Stellet jme daneben etliche zum theil Güldine/zum theil Silberine Geschenck zu/neben andern Sachen dem Osman in seinem Namen zu liefern/damit er dest williger wer zu erscheinen. Diese Werbung vnd Bottschafft hat der Michael Cosse gern jhm lassen aufferlegen/sich darauff zum Osman verfügt / die Ladung verricht. Folgends hat er jm auch obgemeldter Herrn der Christen heimlichen Rath vnd Anschlag offenbart/ dadurch sie jn/ vnterm Schein der Freundtschafft / bey wehrender Hochzeit vmbzubringen/mit einander entschlossen: thet jhn daneben warnen vnd erinnern/er wölt sich höchstes fleisses für jhrem listigen nachstellen hüten/vnd wol verwahren. Hierauff der

Osman kan sich meisterlich stellen.

Parisisch Hochzeit/ aber vngleiches Außgangs.

Dem Osman wirdt nachgestellt.

Ein subtiler Fundt deß Osmans.

Osman verkauffte dem von Bilezug ein Fuchsschwantz.

Cosse zum Osman verschickt.

Cosse verwarnt den Osman.

Osman

Oſman mit außführlichen worten dem Michael hohen danck geſagt/ wegen dieſer jm erzeigten Trew/Lieb/vnd Freundtſchafft/dardurch er ſich bewieſen als einen Retter ſeins Leibs vnd Lebens. Schenckt jm nicht allein von ſtundan gar groſſe/ ſtattliche/ außerleſene Gaben: ſonder macht jhn auch durch verheiſſung gröſſer Sachen/ jhm noch mehr gewogen: neben einer Erinnerung/ auch künfftiglich in gleichmäſſiger huld vnd Freundtſchafft gegen dem Oſman zu verharren vnd fort zufahren. Was den von Bileʒug belangt/ ſprach er/muß man noch ferrer die angefangene diſſimulation brauchen: vnd wenn du zu ruck wider zu jm kompſt/ ſolt du jm/ als meinem geliebten Bruder/ meine dienſt vnd alles guts von meint wegen vermelden. Daneben anzeigen/welcher maſſen ich wol erkenn/wie groſſen vnluſt er vnſert halben das Jar vber einnemm/in dem er vnſere Sachen in ſein Schloſſz läſt flöchnen. Er wiß aber wol/wie vnverſöhnliche Feindtſchafften wir für vñ für mit deß Germean Fürſten Sohn haben. Darumb ich jn bitten laß/ er wöll nur diß Jar vber/vns noch zu gefallen ſeyn/vñ gemelden Vnluſt vnd Verdruß gedultiglich leiden. Dañ wir in kurtzem für vnſer Herden vnd Vihe die Sommerweyd dermaſſen ſuchen vnd beſtehen wöllen/daß wir jhme nicht mehr beſchwerlich ſeyen. Mittler weil wöll er meiner Schwieger/vnnd auch meine Sachen in ſein Schloſſz/wie bißhero geſchehen/zu tragen vnd zu führen vergönnen: vnd demnach er auß ſonderbarer freundtlicher neygung zu vns/biß daher ſich nit geweigert/ vnſer Sachen in ſein gewarſam auff vñ anzunemen/wöll er noch diß einzig letſt mal vns zu laſſen vñ bewilligē/daß vnſere Güter jme vertrawt/gar ein geringe zeit in ſo guter ſicherheit ſeyn mögen. Beſchließlich/ſolt du jm auch melden vnd zu wiſſen thun/ wie mein Schwieger/ ſampt jrer Tochter/meinem Weib/nichts höhers wündſchen/ dañ daß ſie ein mal die trefflich herrliche Matrona/deß von Bileʒug Fraw Mutter beſuchē möchten/damit ſie kundtſchafft hinführo mit einander hetten. Dieſer Vrſach halben/wöll ich bedacht/im fall er mirs ſchaffen wöll/ ſie beyde mit mir auff die Hochzeit zu führen.

Als obgeſagter Michael dieſe deß Oſmans Antwort dem von Bileʒug angezeiget/ hat er darob ein ſonders wolgefallen gehabt: von ſtundan denſelben wider zum Oſman geſchickt/vnd jhm anzeigen laſſen/zu welcher Zeit/ vnnd an welchem Tag/ Ort vnd End/ das Hochzeitlich Feſt gehalten ſolt werden: auch abermals jhm aufferlegt/ beym Oſman ſtarck an zuhalten/ ſich durch kein andere Geſchäfft verhindern zu laſſen: ſondern ſeiner Zuſag eingedenck zu ſeyn/dieſelben Hände lan ein Ort ſetzen/vnd durch ſeine viel gewündſchte Ankunfft die trewhertzigen Freund ergetzen. Hierauff der Oſman geantwort: Es pfleg ſein Gſindlin/nach Türckiſchem Brauch/ für vnd für zu Feld/vnd vnterm Himmel ſich verhalten/vnd begert nicht faſt/daß man ſich innerhalb der Mauren zu Bileʒug loſiere/welches Ort ohn das nicht weit/ noch raumbs gnug hab/für ein groſſe menung Volcks. Wölle derhalben er für gut anſehen/daß man nicht im Schloſſz/ ſonder auſſerthalb deſſelben/an einem weiten vnd breyten Platz/ das vorhabend Feſt halte. Dieſen deß Oſmans Rath ließ der von Bileʒug jhm auch gefallen. Verordnet darauff ein Ort/ſo von einem Brunnen Zakir-Bigiuari genannt/ da man die Freundenfeſt halten ſolt. Als der Tag deß Beylägers vorhanden/ vnd der Oſman/laut ſeiner Zuſag/erſcheinen ſolt: thet er ſich auff die Reyß/ vnnd verrichtung der That/ ſo vor einer guten Zeit er jhm fürgenommen/ bereyten vnd rüſten. Nuhn hett er für vnd für biß daher jhm in Brauch gehabt/ als offter ſeine Sachen auff Bileʒug ſchicken wolt/vnd daſelbſt gleich als an einem ſichern Ort legen/daß er ſolche Sachen zuſammen ließ packen/auff Ochſen laden / vnd Weibsperſonen vbergeben/ die ſie ſolten ins Schloſſz führen. Alſo thet er ſich auch zu dieſer zeit in die Sach ſchicken/ſtellet ſich nicht anderſt/ dann als wölt er ſein Haußrath vnd etlich Geſchirr ins Schloſſz ſchicken/ließ damit groſſe Seck füllen vñ einpacken: aber an ſtatt der Wahren vnd Haußraths/verbarg er etlich gerüſte Kriegsleut drinnen/vnd befahl/man ſolt gedachte Seck alſo gefüllt/vnd eingepackt mit ſchlechtem Tuch bedecken/vielen Ochſen ordenlich an einander gebunden auffladen/vnd auff Bileʒug führen: jedoch hat er auch ſeine Leut zuvor erinnert/ſie ſolten nicht bey Sonnenſchein/ ſonder wenn die erſte Finſternuß herzu rucken würde/ins Schloſſz hinein ziehen.

Darnach hat er ein Anzahl außerleſener Kriegsleut/ ſo dapffer vor der Fauſt/
in

Histori. Osman Beg.

in Weißkleydung angelegt/vnd ist mit jhnen allgemach auff Bilezug fort gezogen/ damit er gegen Abends dahin möcht gelangen. Dann er hett mit denen/so er auff die Ochsen hett laden/vnd auff Bilezug führen lassen/dermassen angelegt: daß eben zu der zeit/da sie würden ins Schloß ziehen/ auch der Osman zum Herrn von Bilezug sampt den seinen kom̄en solt. In dem nun der Abend herbey thet schleichen/ erinnerten den von Bilezug seine Diener/wie der Osman gar bald mit seinem Frauwenzimmer vorhanden würd seyn. Es vermeynt aber der von Bilezug/ der Osman kem wegen der Vrsach etwas spater/damit seine Türckische Weiber von den Christen nicht gesehen würden/dafür sie sich pflegen zu hüten. Nicht lang hernach führet er seine Kriegßleut

20 herzu/ in Frawen Kleyder angethan/gieng stracks zu dem von Bilezug/ vnnd sprach: Mein Bruder/ich bitt dich fleissig/wöllest diesen vnsern Weibßbildern die Ehr erzeigen/daß du sie nach vnserm Brauch/an ein besonders Ort führen lassest/da sie von Rossen absteigen/vnd ein Abtritt haben mögen: damit wegen so viel Herrn/die allhie gegenwertig seyn werden/sie sich nicht zu scheuwen. Trefflich froh war der von Bilezug/wegen deß Osmans Ankunfft/vnd sprach bey jm selbst: Wie gewünscht/vñ on alle mein Mühe kompt dieser Türck/sampt seim Gsind/Hab vnd Gut/vñ geliebtisten Sachen/ mir in die Hend: gleich als weñ er mit fleiß sich selbst/sampt allen den seinigen/mir hett wöllen vberlieffern vnd zustellen. Gieng hiemit jnen entgegen/ vnd nach gewohnlicher Ehr erzeigung/ließ er sie an ein Ort führen/welches er jnen zum Losament verordnet.

20 Fast vmb dieselb zeit war das ander theil der Osmanischen Kriegßleut zum Schloß Bilezug kom̄en/vnd da sie durch obgemeldten Betrug in das Castell eingelassen/seind sie auß den Säcken vñ Ballen/also gerüst/wie sie waren/herauß gesprungen/haben jre blosse Säbel in die Hand gefasst/ dem Schloßthor zugeeylet/die Thorhüter erwürgt/ das Schloß eingenom̄en: vñ zwar solches dest leichter verricht/weil jederman/auß dem Schloß an das Ort gangen/da die Hochzeit gehalten solt werden/vnd derhalben gar wenig im Schloß verhanden/dasselb zu verwahren. Auff der andern Seiten/an dem Ort/da man die Hochzeit halten solt/war der von Bilezug noch nit in sein Schlaaffkam̄er gangen/als der Osman sich stellet vñ annam/gleich wolt er sich auff die Flucht begeben: saß auff zu Roß/vñ thet eben dasselb auch Michael Cosse/sampt den andern

30 Osmanische. Von stundan ward dem Herrn von Bilezug seine Diener angezeiget/wie der Osman davon flohe. Damals war der von Bilezug etwas mit eim Trunck vberladen/darumb er vrplözlich entrüstward/ saß zu Roß/ nam ein Anzahl seiner Diener mit sich/vnd eylte dem Osman nach. Es ist nit weit vom Schloß Bilezug ein Thal/ durch welches ein Bächlin laufft/mit Namen Caldurlik. Daselbst erreychet den Osman obgedachter von Bilezug/ setzt jhm Feindlich zu/ vnnd ward von jhm erschlagen. Nuhn wist Osman schon damals für gewiß/ daß seine Leut Bilezug erobert. Darumb er noch ein andern geschwinden Kriegßpossen jm fürgenom̄en. Dann er vnverzüglich eben dieselb Nacht mit den seinigen dem Schloß Jar-chisar zu gezogen/daher man dem von Bilezug die Braut zuführen solt: hat zu früher Tagzeit vn-

40 versehens das Castell vberfallen: den Schloßherrn/ so der Braut Vatter/ sampt der Braut/vnd einer grossen Anzahl jhrer Blutsfreunde/ die alle sampt auff die Hochzeit kom̄en solten/auffgehebt vñ gefangen genom̄en. Ließ jn auch an diesem glücklichen wol gerahtnen bißher auffgefangner Sachen noch nicht genügen/sonder befahl von stundan dem Durgut-Alp/(das ist/dem Durgut/geborn auß der Alpen oder Elpen Gschlecht/ von dem † anderstwo gesagt) einem Streittbarn vnnd Kriegßerfahrnen dapffern Mann/ er solt mit einer Anzahl Kriegßleut auff Einegiol ziehen/ das Schloß geschwindt vmbgeben/ damit niemandt davon kem/ biß der Osman mit dem vbrigen Volck auch vorhanden seyn würd. Darauff gemeldter Durgut-Alp (als der zum höchsten sorg trug/ es möcht etwa für seiner Ankunfft ein Geschrey

50 oder Kundtschafft vorhin lauffen/ dadurch der Herr von Einegiol verwarnet/ mit Namen Aianicola/sich auß dem Staub machte) gar geschwindt davon geeylt/ das Schloß mit seinen zugegebnen Soldaten vmbringt/ vnnd alsbald belägert. Mittler weil hat der Osman vngesäumbt die Gefangenen/ sampt der andern Beut/ so man erlangt/auff Bilezug führen lassen; alle ding daselbst wol bestellt vnnd

ange-

Das dritte Buch Musulmanischer

Nacolia erobert.

angeordnet/ so zur Besatzung vnd Erhaltung deß Schlosses nothwendig: vnd ist auch er alsbald mit dem vbrigen Volck auff Einegiol zugezogen. Nach seiner Ankunfft hat er das Castell/ im fall mans erobert/ den Kriegßleuten preiß geben: dadurch es schier in einem Augenblick eingenommen worden/ der Schloßherr von den Kriegßleuten in der Furia zu stücken zerhauwen/ was Mannlich erwürgt/ der Weibßbilder verschont/ damit mans für Schlauin vnd Leibeygne zu brauchen. Vnd war die Vrsach/ darumb die Türcken solche grausamkeit wider die von Einegiol vbten/ eben diese/ daß dieselben auch vor der zeit auff die Musulmanlar vnflätig grewlich gestreyfft vnd gewütet hetten/ vnd jrer nicht ein geringe Anzahl erwürgt.

Die Lulufer wird dem Vrchan geben.

Der ander Sohn Osmans/ in diesem vnd folgendem Buch/ Aladin genannt.

† *Pandect. im 16. Cap.*

Der Lulufer Gebäuw. Lulufers Söhn.

Man findt geschrieben in Türckischen Historien/ daß der Osman deß Herrn von Jar--chisar Tochter/ deß erschlagenen von Bilezug Gespons vnd Braut/ Lulufer genannt/ seinem Sohn Vrchan/ welcher damals nicht allein erwachsen/ sonder auch sein Mannlichs alter erreychet/ vermählet hab. Neben diesem Vrchan/ hett er noch ein andern Sohn: welchen er vber sein Gesind/ so mit dem Haupt vnd andern Vihe von einer Weyd zur andern pflegte zuziehen/ gesetzt vnd verordnet. Deß Vrchans Hochzeitlich Beyläger mit der Lulufer/ ward nit lang hernach/ auß Befelch deß Osmans/ gehalten. Diß ist die Sultana Lulufer/ so in der Statt Burusa (die Alten hiessens Prusa) vnter der Burgmauwr/ nicht weit von der † Caplize/ das ist vom natürlich warmen Bad/ ein Jmaret oder Hospital/ die fürreysende Leut daselbst zu herbergen vnd vmb sonst zu speisen/ gestifft. Sie hat auch daselbst ein Brück gebawt/ vnd hat man dem Wasser gleichßfalls nach jhr den Namen Lulufer geben. Auch war sie deß Sultan Murat Gasi/ das ist/ deß Streittbarn/ vnd deß Suleiman Bassa Mutter. Nach jhrem todt ward sie neben jrem Mann/ dem Sultan Vrchan/ zu Burusa begraben.

Osmans Gerechtigkeit im Regiment.

Demnach der Osman so viel Schlösser erobert/ hat er in derselben Resier höchstes fleisses starcke Justitz gehalten. Dadurch die Bauwersleut/ so zu vorauß denen Orten vnd Enden/ wegen forcht der Türcken/ hinweg geflohen/ bewegt worden/ wider zu Hauß vnd Hof/ vnd auff jre Güter von jnen selbst zu kehren: haben hernach in höchster sicherheit deß jhrigen können geniessen. So waren auch wol Christen/ die wegen diß rühigen friedsamen Wesens/ auß andern Orten in deß Osmans Gebiet in grosser Anzahl zogen/ vnd sich daselbst nider liessen. Folgends hat der Osman/ nach einnemmung dieser Castell vnd Schlösser/ nemlich Bilezug/ Jarchisar/ Einegiol/ vnd Genischeher/ welches so viel als die Newstatt/ 20. Wellisch Meiln von Nicæa gelegen/ jenem nach eroberung aller dieser Schlösser Gebiet/ Herrschafften/ vn anstossenden Grenitz/ ein neuwen Zug wider die Statt Isnic für sich genommen/ so bey den Alten Nicæa genannt: hat alle Päß vnd Strassen/ inn vnd auß der Statt gehend/ auff allen Seiten dermassen durch seine Belägerung gesperret vnd verschlossen: daß gar kein Prouiant/ kein andere den Bürgern vnd Einwohnern nottürfftige Sachen einigs wegs in die Statt kondten geführt werden. Daher sich ein grosse Theuwrung aller ding in der Statt erhaben/ vnd als die Bürger hiedurch kleinmühtig vnd verzagt/ ward einer von jhnen zu Wasser vbers Meer ghen Constantinopol abgefertigt/ vmb hülff vnnd entsatzung anzuhalten. Derselb hat diese Werbung mit solchem ernst vnd fleiß verricht/ daß endtlich denen von Jsnic wider die Türcken hülff versprochen vnd zugesagt ward.

Belägerung der Statt Isnic.

Osman berathschlagt sich mit den seinen.

Als der Osman solches erfahren/ hat er die Rittersleut/ so bey jm waren/ angesprochen vnd jnen fürgehalten/ wie zugleich durch ein doppelt vngelegenheit angesprengt würde. Dann es werd ein groß Kriegsvolck wider jn von Constantinopol kommen/ vnd in dem er gedenckt Mannlich diesen zu begegnen/ vnd jnen sich zu widersetzen: werd noch ein ander Gefahr dazu schlagen/ daß er für Augen sehe/ wie allenthalben alle Christen auff ein mal sich vnterstehen werden/ jn Feindtlich anzugreiffen. Wolt Gott/ sprach er/ wir köndten nur ein Mittel finden/ die von Constantinopol/ so den Belägerten zu hülff kommen/ vnd sie entsetzen sollen/ zu schlagen vnd zu erlegen. Darauff die Rittersleut geantwort/ sie weren nit starck gnug an Leuten/ daß sie zu gleich der Belägerung köndten außwarten/ vnd daneben so wol denen von Constantinopol/ als auch den Anatolischen Hauffen der Christen im Feldt begegnen. Allein sey noch ein einigs Mittel vnd

Rath

Histori. Osman Beg. 81

Rath vorhanden/ damit diesen Vngelegenheiten abzuhelffen: daß sie nemlich den Sultan Aladin vmb hülff ersuchten/vnd ein Volck an jm begerten/welches in diesem fall jhnen Beystandt wider gedachte Feind möcht leysten. Diesen rath hat jm der Osman lassen gefallen/alsbald einen auß der Zahl seiner vertrawten Leut auff Conia/zum Sultan Aladin/dessen Hofläger daselbst/abgefertigt: demselben/ vnter andern mehr Sachen/befohlen vnd aufferlegt: er solt fleissig vnd außführlich beym Sultan Aladin anbringen/was bißhero von den Osmanischen/vnd wie glücklich verricht:auch daneben vermelden/wie bald vnd leichtlich sie den vollkommen stattlichen Sieg wider die Christen erlangen köndten/da sie nur etwas hülff von jhme gehaben möchten. Diese Bottschafft war dem Sultan Aladin fast angenehm/vnnd hat insonderheit gern vernommen/was jnt von deß Osmans glücklichem verrichten wider die Christen referiert. Derwegen jhm einen Fahnen/ sampt etlichen Feldtrummeln vnnd Paucken/zu einer sondern Verehrung geschickt: auch seinen Leuten befohlen/ sie solten auß der Gegent der Statt/welche der Vrsach halben/daß andere Stett mehr den selben Namen haben/ zu einem Vnterscheid Sahibun Carachisar von Türcken genennt wirdt/ das ist/deß Sahibs oder Fürsten Schwartzburg/vnd auß den andern daselbst gelegen Landen vnd Gebieten/dem Osman am Volck ein so starcke Hülff zuschicken / als jmmer auffgebracht möcht werden.

Dem Osman gerahten/ hülff vom Aladin zu begeren.

Bottschafft an Sultan Aladin.

Vberschickung eins Fahnen.

In dem nuhn dieser Abgesandter/ so vom Osman an den Sultan Aladin verschickt/auff der Reyß war:haben etliche Kriegßleut von Constantinopol vber Meer zufahren angefangen/ vnd bey Dil anzuländen. Dasselb Dil ist von Constantinopol vngefährlich 45. Asiatisch oder Wellisch Meiln/oder zwo geringe Tagreysen abgelegen/der Statt Nicæa zu: vnd wirdt in Türckischer Spraach/ also von der Zung genannt. Welche Christen nun daselbst zu Wasser angelangt/ lagen allhie auß Vrsach/daß ein Geschrey kommen/vnd hin vnd her außgebreyt worden/ wie die Türcken davon geflohen/in solcher Sicherheit/Vermessenheit/ vnd Verachtung deß Feindes/ wider allen Kriegßbrauch/daß sie auch gar kein Wacht hielten. Es war aber zwischen deß Osmans Läger vor der Statt Isnic/vnd zwischen obgemeldten Dil / das Castell Jalac-hisar/welcher Nam so viel/ als Miltzburg bedeut. Auß diesem Schloß war ein Außspecher oder Kundtschaffter außgeschickt/ vnd eben den Osmanischen in die Hend gerahten: vnd da er zum Osman gefüret/hat er gutwillig/ vnd vngetrungener weiß bekennt/was der Christen Vorhaben/ thun vnd lassen: auch wie liederlich vnd nachlässig sie mit jhren Sachen vmbgiengen. Als solches Osman verstanden/ ist er in der eyl sampt den seinigen auffgewest/ auff Dil gerückt/die von Constantinopol vbergeführte Christen vnversehenlich vberfallen/theils mit dem Schwerdt erschlagé/theils gezwungen auß forcht deß todes ins Meer zu fliehen : da gleich eben die/ welche durch deß Feindes Schwerdt auffm Land nicht hingericht/ im Wasser ersoffen vnd vmbkommen. Nach dem hin vnd her diese Niderlag im Land erschallet/ hat das Kriegßvolck/so noch vbers Meer nicht gefahren/die Sägel gewendt/vnd sich wider auff Constantinopol verfügt. Gleichsfalls seind auch die Osmanischen Kriegßleut/mit einer reichen Beut/wider dahin gezogen/von dannen sie kommen waren.

Der Christen Sicherheit.

Kundtschaffter gefangen.

Christen vnversehenlich vbereylet.

Diß ist nu der Haniwaldischen Histori Bericht/dem ich bißher hab folgen wöllen. Aber gleich an diesem Ort theilt sie sich ab von andern Historien / vnd wil nicht/ daß der Osman/nach erlangten Sieg bey Dil wider die Christen/ zu der Beläherung Isnic wiederumb sich begeben/wie solches bald hernach zu sehen/ viel weniger gedenckt sie mit dem geringsten wort/daß Isnic vom Osman erobert worden. Dagegen meldt die Türckisch Chronick/wie auch die Griechen/es sey vom Osman Isnic eingenommen worden: aber wöllen daneben zu beyden theilen/ es habens die Christen wider erobert: schreiben auch/ wie nach deß Osmans todt diese Statt abermals von seinem Sohn Orchan vmblägert/vn endlich dermassen vnters Türckisch Joch kommen sey/daß sie nach der zeit nie mehr den Griechen wider zu theil worden. Der Griech Laonicus meldt mit wenig worten/es hab der Osman/nach eroberung der Griechischen Länder in Aia/ vmb die Stett Nicæa vnnd Philadelphia sich angenommen. Jedoch hab er der Philadelphia nichts können abgewinnen/darauß klärlich verstanden wirdt/daß er

Vngleiche Berichte der Historien.

Ob Nicæa vom Osman eingenommen.

der

Das dritte Buch Musulmanischer

der andern/ nemlich Nicæa/ mächtig worden. Deß Herrn Verantzij Buch erzehlt vnd bericht auff folgende weiß wol außführlich/ was die andern kurtz angezeigt.

Belägerung Jsnic/ auß dem Verantij Buch.

Der Vrchan Gasi/spricht der Autor/das ist der Streittbar oder Ritterßmann/ ist mit seins Vattern Kriegßvolck auff Jsnic gezogen/vnd hat sich dafür gelägert. Es war aber Jsnic zu der zeit ein wol befestigte schöne Statt/allenthalben durch den See/ sümpffig vnd wässerig Ort/dermassen vmbgeben:daß man jr niergendt kundt zukommen.

Anzahl der Christen in der Statt.

Daneben war ein grosse mening Volcks in der Statt/ vnd findt man geschrieben/es hab die Statt vier Thor gehabt/vnd seyen die Leut also drinnen abgetheilt gewesen:daß tausendt Pferdt auff ein jedes Thor/ ohn das vbrig Kriegßvolck/ bestellt vnd verordnet. Darauß dann abzunemmen/was diß für ein edle treffliche Statt geweßt. Dagegen war das Türckisch Kriegßvolck zu der zeit noch in geringer Anzahl/ aber ein jeglicher vnter jhren Ritterßleuten war einem Dracken gleich: vnnd ob wol viel Christen nur vber einem einzigen derselben sich hetten gemacht/ so wer doch er für jhnen nicht gefloben. Auch war ein sonderbare Andacht bey jhnen/ das durch sie von Gott (nach jhrer Scribenten Meynung) stätigen Sieg erlangten. Als nuhn die Türcken gar nahend zur Statt mit jhrem Läger geruckt/ haben sie alsbald die Gegent vmb Jsnic herumb geplündert vnnd erööst. Vnd ob wol die Christen zu mehrmaln auß der Statt gefallen/Mannlich vnd Großmühtig mit dem Feind gestritten: so blieb dennoch der Sieg gemeinglich auff der Türcken Seiten/ vnd musten die Christen mit der Flucht davon/vnd wider in die Statt weichen.

Durch streitten vnd scharmützlen nichts verricht.

Darauß die Musulmanier gnugsam spüren kundten/sie würden der Statt gar nicht etwa durch stürmen/oder sonst durch Gewalt/mächtig werden: theils wegen jhres grossen Begriffs/theils auch wegen der Wasser herumb/ damit sie dermassen allenthalben vmbgeben/daß der Feind keins wegs sein Kriegßvolck an die Stattmaurn kundt führen. Darumb die Türcken an das theil der Statt sich verfügt/ da man von Genischeher oder von der Newstatt/dero kurtz hiebevor gedacht worden/ in Jsnic pflegt zu ziehen: haben daselbst auff einem nahend dran gelegnem Berg ein Vestung gebawet/ damit man ein Besatzung hinein möcht legen. Als dieselb fertig/ haben sie der jhrigen etlich hinein verordnet/welche die Vestung bewachen vnd erhalten/vnd den Belägerten/als offt sie würden ausserhalb der Stattmaurn herfür kommen/ohn vnterlaß zu schaffen solten geben. Vnter andern war damals bey den Türcken einer/ mit Namen Tazzi Ali/ das ist Ali der Windt oder Jaghundt/ ein scharpffsinniger trutziger Mann:darumb auch jhm der Befelch vber die Besatzung gemelter Vestin/welche in alles biß auff die 400. Mann starck/ geben wardt/ die Statt Jsnic damit zu belägern. Es ist noch heutigs Tags von dieser Vestung etwas vorhanden/vnd wirdt Ali-Tazzi-chisar/das ist Ali-Windspurg/genannt. Jedoch ists ein zerfallens Gebäu/ bey einem Dorff/ da man ein hohen Felsen sicht/darauß ein Brunn lebendigs vnnd küles Wassers entspringt/welcher auch den Namen Tazzi Ali noch heut behalt.

Ein newwe Weiß die Statt zu erobern.

Die von Jsnic endtlich abgemattet.

Als diese Vestung von den Türcken außgeführt/hat der Belägerten Christen Macht dermassen angefangen abzunemmen/daß sie genöttigt vnd gezwungen/innerhalb der Stattmaurn sich zu verhalten. Dann die Ritterßleut/so allhie in der Besatzung lagen/griffen sie ohn vnterlaß an/ mit streyffen vnd ansprengen: vnd liessen nicht zu/ daß die Christen für die Statt hinauß durfften schmecken. Darumb gemeldte Christen diese der Türcken Belägerung vnnd Gewalt wol ein zeitlang auffgehalten/ aber weil jre Krefft täglichen abgiengen/vnd geschwächt wurden: haben sie/ deß zeitlicher zu rettung jres Leibs vnd Lebens/vnd all deß jrigen Rath zu suchen/für gut angesehen vnd beschlossen/man solt einen auß jrem Mittel zum Teggiur oder Fürsten zu Constantinopol/ welcher jr Herr/ abfertigen: vnd jhme theils durch denselben/theils auch schrifftlich anmelden lassen:welcher massen der belägerten Statt Jsnic Sachen auffs eusseriste kommen/vn̄ in höchster Gefahr stecketen:weil die/so drinnen/von Türcken gar in die Stattmaurn getrieben vnd eingesperret: noch einigs Orts herauß sich köndten wagen oder begeben/jre notturfft von Proviant/vnd anderm/ in die Statt zu führen. Aller Hertzen vnd Gemühter weren auß der massen sehr betrübt vnd erschrocken. Im fall

Der Belägerten Bottschafft an den Keyser zu Constantinopol.

fall nicht von dannen/ohn einigen Verzug/etwas Hülff vnd Entsatzung jhnen zugeschickt würd/wer es mit jnen gar auß. Dann sie den Türcken in kurtzer zeit in die Hend gerahten/vnd bey jnen als elendige Sclauen vn Leibeygne/sampt jren Weib vnd Kindern/in schwerer Dienstbarkeit jr Leben schliessen müsten: oder durch hunger vnd mangel Leiblicher notturfft/eins betrüblichen Todts sterben. Diese klägliche Sachen haben sie befohlen dem Keyser zu Constantinopol für zuhalten/vnter dessen Gebiet vnnd Gehorsam die Statt damals noch begriffen. Als aber der Fürst von Constantinopol solches angehört vnd vernommen/hat er Befelch geben/ man solt viel Schiff zu rüsten/vnd ein gute Anzahl Kriegßleut darauff bestellen: damit er ein wol außgestaffierte Armata wider die Türcken abfertigen/vnnd dieselben zwingen möcht/ die Belägerung Iſnic zu verlassen. Hiemeben hat er auch vbers Kriegßvolck/ vnnd vber die gantz Armata/gar ein tauglichen Obersten bestellt vnd verordnet/ der die Sach munter vnd dapffer angreiffen solt. So ward auch beschlossen/es solt die Armata/nach jrer Abfahrt von Constantinopol/gestracks einer Ebne zu schiffen/ so nicht weit von Iſnic/vnd Jalac — Qua/da ist Miltzfeldt/ genannt: daselbst das Kriegßvolck an Landt setzen/vnd von dannen auff Iſnic lassen ziehen/damit sie die Türcken/so vor der Statt lagen/onversehens möchten obereylen. In dem diß alles gesagter massen von den Christen berathschlagt/zugerüst/vnnd angeordnet ward/ auch alle ding schon fertig/ vnd die Armata zur Abfahrt bereyt/ an daß bestimbt Ort zu schiffen: hat ein Türckischer Kundtschaffter/so ghen Constantinopol geschickt/der Christen Vorhaben vnd Anschleg außzuspehen/ alle diese Sachen vernommen. Vnd demnach er die Außrüstung der Schiff selbst gesehen/vnd daneben verstanden/wohin sie fahren vnd anländen solten:ist er eylends mit dieser Zeitung von Constantinopol gerucht/vnd hat auffs aller geschwindist zu seinen Türcken sich verfügt:vnd der Christen Vorhaben offenbart/ daß sie nemlich/auß jhren Schiffen/an einem Ort/Jalac — Qua genannt/ jhr Kriegßvolck an Land setzen würden.Alsbald die Türcken diese Kundtschafft gehabt/ haben sie der jhrigen ein ziemliche Anzahl zusammen bracht/vnd seind vnverzüglich an das Gestad deß Meers gezogen/da der Christen Schiff ankosmen solten: sich daselbst versteckt/deß Feinds Ankunfft zu erwarten. Auff der andern Seiten haben die Christen mit jren Schiffen gegen obgedachtes Feldt die Sägel gericht/seind allda zu Land gefahren/haben ohn verzug noch bey wehrender Nacht angefangen sich auffs Land zu begeben/auch jre Rüstungen vnd Rosß fertig zu machen. In dem sie aber mit diesen Sachen vmbgiengen/sihe/da huben die Türcken vnversehens an/ein Feldtgeschrey zu machen/in dem sie den Namen Gottes in jrer Spraach zum dritten mal pflegen zu widerholen/nemlich Alla/Alla/Allahu: gaben daneben jren Rossen die Sporen/ griffen zu jren Säbeln/setzten in die Feind/erschlugen derselben ein grosse Anzahl. Die vbrigen gaben die Flucht/sprengten zum theil ins Meer/vnd erſoffen/oder da es jnen etwas glücklicher gerieth/eylten sie den Schiffen zu/sprungen hinein/ ſalvierten sich wie sie kundten vnd mochten. Es kam zwar nicht ein gering Anzahl der Christen allhie vmb/ wie dann auch gar wenig auß jnen widerumb zu Constantinopol angelangt.Ehe dann aber sie die Statt erreycht/war schon das Geschrey von der Christen Niderlag zu Constantinopol ankommen vnd erschollen:darumb der Teggiur oder Fürst der Statt/als er diesen betrüblichen Fall seiner Leut verstanden/ mercklich darüber betrübt worden/vnd fast ergrimbt: in welchem Zorn er sich etlicher Dröwort wider die Türcken ließ vernemmen.Weil aber diß ein vergeblicher Zorn/als dem es an notturfftigem Gewalt vn Macht thet mangeln: kundt er jm anderst nicht gethun/ dann daß er zu letst eben den Vnfall/so sich zugetragen/für Lieb vnd mit Gedult annahm. Auff der andern Seiten/da die Beldgerten Christen in der Statt von jrer Entsatzung vnd Hülff auß Constantinopol/aber schon vom Feindt erlegt/die trauwrige Zeitung bekommen: ist jhnen auch ein grosses Hertzenleyd zugestanden/ huben an jhr Elend zu beklagen/ vertrieben die Zeit Tag vnd Nacht in betrübnuß vnd seufftzen gantz erbärmlich. Zu letst giengen sie zu Rath/wie geschehen pflegt/wenn man durchauß wil verzagen/vnd schlossen vnter einander/man müst einerley von zweyen für die Hand nemmen: entweder daß sie die Statt verliessen/Haab vnd Gut in Windt schlügen/vnd sich davon machten:oder

daß

Das dritte Buch Musulmanischer

Isnic auffgeb. daß sie sich ergeben/vnd den Feind für jhren Herrn erkenneten. Ward endtlich also diese letste Meynung von allen/gleichwol wider jren Willen / eingangen vnd für gut angesehen: vnd den Türcken die Statt auffgeben/ welche gar ein groß Gut vnd Beut drinnen von den Bürgern erlangt.

Auff diese weiß wirdt im Buch deß Herrn Verantzij die Histori von einnemmung der Statt Isnic durch die Türcken/als der Osman noch beym Regiment vnd Leben beschrieben vnd gelesen: vñ folgen am selben Ort noch andere mehr Sachen vom auffnemmen vnd fortschreiten der Türcken/darvnter zwar etliche Barbarische Fabeln gefunden werden/welche gleichwol ich dem Leser zu lieb verdolmetschen/ vnd allhie setzen wil: damit man nicht vermeyn/als ob ich etwas ohn Vrsach/ dessen meldung die Türcken gethan/vergessen oder nach gelassen.

Türcken schreiben fort. Nach dem die Statt Isnic/(meldt gesagtes Buch)von Türcken erobert/haben die Ritterßleut Rath gehalten/wie den Sachen ferrer zu thun : vnd darauff angefangen gegen der Ebne/von welcher droben gemeldt/ daß sie Jalac-Oua geheissen/oder

Jalac Oua/ Miltzfeld. Miltzfeld in vnser Spraach/jren Streyff zu nemmen. Dann dieselb Ebne war voller Schlösser/Märckt/Dörffer/ vnd wol erbawtes Lands/vnnd waren die Berg/ so voller Wäld vnd Holtzes jetzo zwischen Isnic vnd Constantinopol gesehen werden/zu der zeit dermassen durchauß erbawt vñ bewohnt: daß schier an denen Orten gar kein Baum/wegen menig der Stättlin/Schlösser/vnd Dörffer/gefunden ward. Jedoch ist zu letst gemeldte Gegent/vnd Landtschafft/zu einer Wildtnuß vnd Einöd worden: vnd seind derhalben daselbst Bäum/vnd Wäld/vnd allerley Holtz gewachsen. Wiewol andere wöllen/es seyen auch vor langen Jaren zuvor/ die Ort vnd End vnerbawt/ vnd mit Bäumen verwachsen gewesen : aber doch hab mans hernach / auß folgender

Ein Türckisch Mährlin. Vrsach/angefangen zu räumen/zu erbawen/vnd zu bewohnen. Dann es war/sagen sie/ein Keyser zu Constantinopol/der hett ein Tochter fast schön/ vnd holdseligig wandelß/so der Vatter sehr lieb war. Es trug sich aber zu/durch einen vrplötzlichen fall/ daß diß vberauß hüpsch Fräwlin wegen einer vngewohnlichen Kretz anhub kranck zu werden/dadurch sich alle die vorige schöne Gestalt thet verlieren. Solcher Vnfall vervrsachet dem Keyser/jrem Herrn Vatter/ gar ein grossen Schmertzen. Hat derwegen alle so voi seines Gebiets/als frembde Artzt lassen zusammen fordern/ein grossen Vnkosten angewendt/damit er möcht der Tochter rathen vnd helffen lassen. Es haben aber weder so viel Artzt/noch Artzeneyen jehtes können verrichten. Darumb der Vatter/wegen der Tochter vblen Kranckheit/von tag zu tag ie lenger ie grössern Schmertzen empfand/ vnd fordert zu letst seine Räth zusammen/begert an dieselben/sie wolten jrgend ein gelegens Ort außforschen/an welchem seine Tochter jhr Wohnung haben möcht / etwa ziemlich weit von seim Gesicht: damit er sie täglich solcher gestalt nicht dörfft anschawen/vnd jrethalben ein stätigs betrübnuß einnemmen. In dem nu die

Erfindung eins warmen Bads. Räth jres Fürsten Befelch nachsetzen/vnd für das Kranck Fräwlin ein bequemes Ort suchten : hat sichs vngefährlich zugetragen/daß gegen Constantinopol vber / in dieser Ebne deß Asier oder Anatoli Lands/von welcher jetzo geredt/Jalac--oua oder Miltzfeld genannt/ein warmes/von Natur siedendes/vnd reichlich auß der Erd quellendes Wasser gefunden ward. Darumb sie diß Ort für das Fräwlin/zu einer Wohnung/ fast an bequemisten geschätzt : haben dahin ein stattlichs Gebäw lassen legen/alle gebürliche Notturfft verordnet/vnd das Fräwlin hieher geführt/ damit sie eben an dem Ort jr Losament hett/da das warm Wasser/wie gemeldt/herfür thet quellen. Es pflegte zu zeiten der betrübt Vatter auff ein Fusta/oder kleinere Galea sich begeben/vnd dahin sich führen lassen/seine Tochter zu besuchen : aber wenn er sahe/wie gar heßlich sie worden/stieß jhn dermassen ein so grosses Hertzleyd an/daß er gezwungen ward/ auß begierd seinen Schmertzen zu miltern/ bevorab weil er wegen der Tochter Gesundheit schier verzagt/widerumb auff Constantinopol zu kehren. Das Fräwlin aber blieb stäts an jrem Ort/biß endtlich sie eins Tags auff ein hohe Galerey hinauff thet steig/ daselbst hinab schawet/vnd deß heissen rinnenden Wassers Brunnen vnnd Fluß ansichtig ward/darauß sie dann etwas ergehens schöpffet. In dem sahe sie vngefährlich ein schwartzes Schwein/ohn Bürsten/als wenn man jm dieselben mit fleiß hett außgezogen/

gezogen/daher gehen. Daſſelb machte ſich nahend zum warmen Waſſer/welchet ſich in einem Kaat oder Lacken nahend dabey/vnd verbarg ſich zu letſt dermaſſen: daß man nichts an jhm ſehen kundt/dann allein die Ohren.Vnd da es ein zeitlang daſelbſt blieben ligen/machet es ſich wider auff/vnd zohe ſein Straſſen. Nach etlichen Tagen ſahe ſie diß Schwein abermals dahin kommen/vnd eben dermaſſen ſich verhalten/wie zuvor. Vnd kurtz zu melden/blieb es ein zeitlang bey angefangener Gewohnheit/biß endtlich jhm die Bürſten wider gewachſen/vnd es rauch/vnd ſchön/vnd feyſt worden. Da nun das Fräwlin geſpürt vnd gemerckt/welcher maſſen diß Schwein eben in dieſem Kaat oder Lacken/zu ſeiner vorigen Geſundtheit kommen/hub ſie an/auch jhret wegen etwas Hoffnung zu ſchöpffen/vnd in jrem Gemüth zu betrachten:welcher maſſen ſie anfänglich diß Schwein ohn Bürſten/grindig vnd heßlich geſehen: demnach es aber in obgemeldte Lacken gangen/vnd ein zeitlang/zu vnterſchiedlichen maln/ſich daſelbſt verſteckt vnd auffgehalten/nicht allein ſeins Grinds vnnd der Glett erlediget/ ſondern auch feyſt wer worden. Gleichßfalls köndt geſchehen/daß auch ſie durch Gottes Gnad vnd Hülff zu jhrem ſchaden etwas Raths vnd Artzney möcht finden/da ſie würd in gedachte Lacken gehen/vnd deß warmen Bads brauchen. Machte ſich derhalben von ſtundan auff/verbarg ſich drinn/vnnd thet alles/was ſie zuvor gemerckt/ vom Schwein geſchehen. Widerholet ſolches gar offt/vnd continuirts auff ein zeitlang/biß ſie zu letſt/ohn zweiffel durch Gottes Hülff geneſen/vnd geheylt worden/auch neben dem Geſundt jr vorige geſtalt erlangt. Alsbald thet ſie jrem Herrn Vatter zu wiſſen/ſie wer jrer Kranckheit erlediget: welche Bottſchafft den Keyſer vber die maſſen erfrewt. Iſt darauff von ſtundan in ein Juſta getretten/zum Fräuwlin geeyst/daſſelb geſundt vnd rein gefunden. Solches war jhm ein vnglaubliche Freuwd zu ſehen/vnd fragt ſie gleich/welcher maſſen ſie doch wider zu jrem Geſundt wer komen. Deſſen ſie den Vatter ordenlich bericht/vnd die Fürſt auß ſolchem jrem anzeigen die ſondere krafft diß waſſers geſpürt/hat er ein ſehr ſchön vñ groß Gebew nebē dem warmen Waſſer laſſen legen vnd auffführen/in welchem allerley Bäder begriffen ſampt den Brunkaſtē vnd Röhren/vnd was zu einem ſolchen Keyſerlichen Baw gehörig/von welchē gemeldt/es hab zu der zeit ſeins gleichen niergends gehabt. Vñ weil das waſſer daſelbſt vber die maſſen heiß war/hat er auch kalt Waſſer durch Röhren dahin führen laſſen: darumb dann vnterm Boden gewelbte Waſſergeng gemacht/ſo biß ans Meer reychten/wie dieſelben noch heutigs Tags vorhanden/vñ ſich biß zum Meer erſtrecken. Vñ ob wol zu der zeit die Ort daſelbſt herum gantz vnd gar öd/vnerbauwt/vñ vnbewohnt waren: ſo hat ſichs doch zugetragen/daß nach auffgerichten jetztgemeldtem Gebeuw daſelbſt/neben dem newlich erfundenem warmen Waſſer/alles allenthalben mehr von Leuten bewohnt/vñ mit vielen Dörffern/Caſtellen/vñ Stättlin geziert worden. Item weil dieſe Gelegenheit vnd Gegent allenthalben birgicht vñ rauch/ſeind auch folgends hieher die Chriſten auß forcht der Türcken geflohen vnd gewichen:vnd war diß die ander Vrſach/daß mans allgemach beſſer erbauwt. Es ſoll aber gedachte Gegent vnter der Türcken Gewalt durch ein erdichtes vermeynt Wunderwerck/auff folgende weiß/ kommen ſeyn. Auff ein zeit/ſagen ſie/kam zu dieſem warmen Bad ein Türckiſcher Einſidel/auß deren Zahl/welche ſie Iſic oder Jeſchic/die Chriſten ſchlecht Einſidler neñen. Der hat die Leut deß Orts angefangen zu ermahnen/ſie ſolten die Muſulmaniſch Religion annemen. Vnd trug dieſer Iſic in ſeiner Hand ein höltzinen Säbel oder Wehr. Da die Chriſten ſolches geſehen/haben ſie den Einſidler mit eim gelächter empfangen. Sie feyerten damals ein Feſt/vnd war breuchlich/daß zu der zeit/weñ diß Feſt gehaltē ward/die Chriſten allenthalben in groſſer Anzahl dieſem warmen Bad zulieffen. Darumb auch dieſer Türckiſcher Deruiſch vñ Münch ſich zu gedachter Verſammlung der Chriſten verfügt/vñ etwas fleiß wöllen anwenden/ſie zu ſeinem Glauben mit guten worten zu locken vnd zu bereden. Es waren aber die Chriſten damals ſchon voller Weins/vnd theten derhalben dieſen Menſchen vmbgeben/ſagten ſpöttlicher weiß zu jm: Lieber Deruis/im fall wir das nit wolten annemmen/dazu du vns wilt bereden/ was würdſtu mit vns anfangen? Du biſt allein/vnd vnbewehrt. Darauff der Iſic geantwort: Meynet jr dann/ich ſey on Wehr? Sihe/diß iſt mein Schwerdt. Zeigt jhnen hiemit

Ein Schwein ſucht hülff im warmen Waſſer.

Deß warmen Waſſers krafft offenbart.

Deß Keyſers Tochter kompt wider zu jrer Geſundtheit.

Neuwer Baw beym warmen Waſſer.

In der Nachbaurſchafft deß warmen Bads alles erbawt worden.

Türckiſch Fabul von einem jrem Einſidel.

Das dritte Buch Musulmanischer

Deß Einsidlers hölzin Wehr.

hiemit seinen hölzinen Sábel oder Wehr/vnd sprach weiter: Es sey dann/daß jr zum Musulmanischen Glauben trettet/wil euch alle mit diesem Wehr hinrichtn. Darvber lachten die Christen/vnd einer vnter jnen/so trunckner dann die andern/stellte sich dem Deruis vnter Augen/vnd befahl jm/er solt auff jhn zuhauwen/damit man seins Sábels schärpffe möcht spüren.

Türckisch Miracul.

Hierauff gemeldter Deruis den Namen Gottes auff Türckisch außgesprochen/vnd alsbald mit seinem Wehr auff den Truncknen Christen gehauwen/denselben dermassen in zwey theil von einander gehackt/daß jm vrplötzlich die Seel außgieng: vnangesehen/er ein zeitlang auffrecht blieb stehen. Da huben die Christen abermals an zu lachen/trieben jr gespött darauß/vnd sprachen: Ey wie scharpff ist dieser dein Sábel. Wilt du also wider vns streitten? Der Münch sagt: Was dunckt euch? Es beweg vnd stoß jn einer vnter euch ein wenig/so werdet jr sehen/ was jm widerfahren. Hiemit traten die Christen näher zu jm/vnd sahen/daß er schon verschieden. In dem sie auch jhn angriffen/fiel er nider auff den Boden/vnnd war in zwey stück von einander gehauwen. Es schreiben auch die Türcken/wie die Christen/ nach dem sie diß Wunderzeichen gesehen/theils dem Deruis glaubt haben/vnd Musulmanlar worden: theils auß denen Orten gewichen/vnd anders wohin sich begeben. Wöllen daneben/man soll nit daran zweiffeln/daß diese Gegent durch gesagten Deruis vnter der Türcken Gehorsam kommen/welcher nach der zeit daselbst blieben/ vnd zu letst mit todt abgangen. Auch hab man nach seinem todt vber sein Monument vnd Grab gleich wie ein Capellen gebauwt/auff Türckisch Ziarettoia genannt/ dahin die Leut folgends jre Walfahrten auß Andacht gehabt.

Der Türcken Ziarettoia.

Diß seind nuhn die Ort vnd End/von denen wir in der Verantzischen Histori lesen/daß die Türcken daselbst/nach erobrung der Statt Isnic/eingefallen vn schaden gethan. Neben zu wil ich das auch gemeldt haben/daß der Griechisch Historicus Laonicus in der andern Belägerung der Statt Nicæa/eins Stättlins am Meer gelegen/ Philocrini genannt/welches so viel heist als ein lieber Brunn/meldung thut: vnnd gedenckt auch/wie die Hülff von Constantinopel/so die Statt Nicæa hett sollen entsetzen/daselbst angefahren/vnd von Türcken erlegt worden. Derselb Nam Philocrini oder lieblicher Brunn/ läßt sich ansehen/als deut er auff jetztgemeldten Brunnen deß warmen Wassers: dessen vrsprung die Türcken durch das jetzterzehltes Mährlin haben wöllen erklären.

Philocrini ein Brünlin am Meer.

Damit wir aber jetzt auff vnsern vorigen Bericht vnd Vorhaben wider kommen/ ist zu mercken/daß in der Haniwaldischen Histori deß Murat Dragomans/wie gleich wol auch zuvor gemeldt/der Isnickischen Statt erobrung/bey wehrendem Regiment deß Osmans/gar nit gedacht wirt: welche doch meins erachtens nit nichten in einigen zweiffel zuziehen/weil die Griechen vñ Türcken zugleich davon schreiben. Der Murat aber wil/es sey der Osman/nach der Christen Niderlag bey Dil/nit wider auff Isnic kommen/sonder hab derselben Statt Belägerung entweder gar nit mehr geacht/od sonst wöllen fahren lassen:welches zwar nit fast der Warheit ähnlich scheint zu seyn/weil in Kriegßsachen nicht anderst pflegt procediert zu werden/ dann daß man alsbald/wenn die Feind geschlagen/welche sich ein belägerten Ort zu entsetzen vnterwünden/die Belägerten hefftiger einsperret/vnd tringt/sich zu ergeben:vnd pflegt dißfalls die Auffgebung/wenn all Hoffnung vnd zuversicht der Rettung vnd Entsatzung hinweg vñ vergebens/gemeiniglich erfolgen. Damit ich nun nach dem mich richte/ so der Warheit am meisten gemäß in Historien gefunden wirdt: sag ich/ es sey der Osman nach der Dillischen Schlacht wider für die Statt Isnic gerückt: vnd daß dieselb/nach dem die Belägerten an aller hülff vnd rettung verzweiffelt/von jm eingenommen worden. Darnach hab er sich/nach erlangtem so stattlichem Sieg/nit allein der eroberten Schlacht bey Dil/sonder auch ergebner Statt Isnic/gleich als mit einem herrlichen Triumpff zu den seinigen wöllen verfügen. In dem aber sein Schwieger(dann jetzt komm ich wider auff deß Murat Dragomans Bericht vnd Histori)die Zeitung durch ein gemeins Landgschrey bekommen/wie grosse Sachen von jm verricht/ist dadurch bewegt worden/ jhm auff zwo Tagreysen/sampt dem gantzen daheim gelassenem Gesind/ wie sonderin frohlocken vnd Glückswündschung entgegen zu ziehen. Da sie nu in höchsten freuden

Wie die Geschicht recht auff einander gefolge.

Histori. Osman Beg. 87

freuden zusammen kommen/hat sich desselben Tags noch ein anders zugetragen/dadurch deß Osmans Glück vnd Wolfarth nicht wenig zugenommen/sonder heuffig gemehrt worden. Dann gleich vmb die Stund deß Jkindi/welche fast die dritte nach Mittag/ wurden jm stattliche Gaben vnd Geschenck vom Sultan Aladin gebracht vnd gelief= fert: nemlich Heer vnd Feldtpaucken/Trummeten vnd Posaunen/ein Fahn/die höchst Gerechtigkeit oder Priuilegium Fürstlicher Würde/ein Säbel/vnd ein Königliche Mente oder Mantel. Von stundan seind alle die Hoferrn vnnd Befelchsleut vber das Kriegßvolck zugefahren/vnd haben jr beste Mente vnd Ehrkleyder angelegt/vnnd seind also zu der Gemein/oder offenen Versamlung/in Türckischer Spraach Diuan genannt/kommen: sich ordenlich nach einander/ein jeglicher an sein Ort/gestellt. Os= man Gasi begerte darauff an seine Schwieger/sie wölt auffstehen/vnd ist er auch selbst so lang auffrecht gestanden/biß der Heerpaucken vnd Trummeten gethön fürvber. Daher der Sultanlar Königlicher Brauch entstanden/die Osmanisch Neubet (also wirdts von jhnen genannt)zuschlagen: das ist/daß man das Feldtspiel/ Trummeten vnd Heerpaucken/durch einander läßt gehen. Vnd ist von der Zeit an/biß auff die Re= gierung Sultan Muhamet deß andern/der ein Son Sultan Murat Chan deß an= dern gewest/ein solcher Osmanischer Brauch vnd Gewohnheit blieben vnd gehalten worden: daß so viel vnd offt/man in Krieg ziehen solt/diese Neubet durch Trummen vnd Heerpaucken verricht ward. So lang auch diese Cerimoni pflegte zu wehren/stan= den die Fürsten auffrecht auff iren Füssen: dadurch anzudeuten/daß weder sitzen noch ruhen mehr statt noch raum köndt haben/alsbald die zeit einer Kriegßexpedition vor= handen. Pflegten also auch die gantze zeit deß wehrenden Feldtzugs vber/als offt vor Mittags/vnd auch gegen Abendt/diese Neubet oder diß Spiel gieng/so wol der König selbst/als auch seine Vezirlar oder Räth/vnd die Hoferrn/auff jren Füssen on vnter= laß so lang auffrecht zu stehen/biß dieser Klang der Heerpaucken vnd Trummeten für vber. Nach dem Sultan Muhamet aber/ist zwar diese Cerimoni/auffrecht zu stehen/ in Abgang kommen: jedoch hat man gleichwol die Neubet selbst/wie sie durch König= liche Satzung verordnet vnd angestellt/dem alten Brauche nach gehalten.

Als man diese Heerpaucken/sampt dem Fahnen/vnd andern angedeuten Gaben vnd Præsenten/auß Sultan Aladins Befelch/ dem Osman vberlieffert: hat er das fünffte theil der gantzen Beut/so man von Feinden erobert/nach Ordnung deß Geseses/ sampt solches neben andern köstlichsten Geschencken/dem Sultan Ala= din vberschickt. Er hett zwar wol selbst im Sinn/ auff Conia zu ziehen/ dem Sultan Aladin sich zu erzeigen: aber zu der zeit ward er noch wegen etlicher Geschäfft verhin= dert. Dieselb Reyß wolt er auch darumb für sich nemmen/ damit er noch grössere Gunst beym Sultan Aladin möcht erwerben/ vnd eben erlangen/ daß er von jhm für einen Erben vnd Nachfahrn im Sultanat würd erklärt. Dann dieser Sultan Ala= din der ander/Kei-Cubadis Sohn/hett keinen weder von jhm geborn/ noch an Kinds statt angenommenen Erben: allein hett er dem Osman obgedachte Heerpaucken sampt dem Fahnen geschickt/villeicht dadurch zu verstehen zu geben/daß er jm fürgenommen/ denselben zu adoptirn. Ob nu der Osman Gasi noch bey Lebzeit deß Sultan Aladins das Priuilegium vñ die Gerechtigkeit der Sultanischen Dignitet vñ Würde erlangt: so hat er doch/bey jedermenniglich zu bezeugen/welcher massen er den Sultan Aladin in höchsten Ehren vñ sonderbarn Reuerentz hielt/weder die Herrligkeit allerley Müntz= sorten schlagen zu lassen/noch das Gebet/welches die Türcken Hutbe nennen/ vñ auff allen Wochenfesten in offentlicher versamlung wegẽ deß Heyls vñ Wolfart jres Für= sten pflegen zu halten/bey seinem Leben für sich wöllen brauchen: sonder beydes gedach= tem Sultan Aladin vorbehalten/vñ in seinem Namen beydes lassen verrichten. Dem= nach er aber obberührte Geschäfft vnd Händel zu etwas richtigem bracht/ vnd schon nach aller notturfft auff diese Reyß zum Sultan Aladin/außgerüst vnd versehen: kam gleich in derselben Stund/da er auff seyn wolt/ein Geschrey vnd Zeitung/ dadurch er vernam/wie der Sultan Aladin/auß diesem zum andern Leben verruckt/ vnd weil er keinen Son verlassen/der sein natürlicher rechtmässiger Erb hett können seyn/wer sein Oberster Rath/ so mit einem Türckischen wort noch heutigs Tags auch von Grie=

h ij chen

Das dritte Buch Musulmanischer

Sahib/deß Saladins Nachfahr.

chen Vezir-azemes pflegt genannt werden/alsbald an seins Herrn stell im Sultanat succedirt. Derselb hieß mit seinem Namen Sahib/ welches sonst so viel bedeut/als ein Fürst oder Oberster Herr. Solche zeitung kam dem Osman fast schmertzlich für/ bevorab weil ju nit wenig gerewen thet/daß er die fürgenommene Reyß zum Sultan zuvor eingestellt vñ auffgezogen. Jedoch schickt er sich in solchem Vnfall zu gedult vnd mäßigung deß leyds/in betrachtung deß willen Gottes/dem nit zu widerstreben.

Osman nimbt sich deß Fürstenstands an.

Damit es aber nit ein Ansehen hett/als wolt er sich vñ die Gerechtigkeit/ so er vom Sultan Aladin/bey desselben Lebzeiten noch erlangt/wenig annemen/sonder sie fahren lassen vñ nit achten: hat er von stundan befohlen vnd geordnet/daß ein Schrifft oder Gesatzerfahrner/auch andächtiger Mann/mit Namen Dursun Fakiche/ Richter vñ Bischoff seyn solt in seiner Statt Caratzechisar/das ist Schwartzburg: vnd solt auch die Hutbe/das ist/das Gemein Gebet wegen deß Fürsten Glück/ Heyl/ vnd Wolfahrt/im Namen deß Osmans selbst hinführo verrichten. Es pflegte dieser Dursun Fakiche vor der zeit die

† Pandect. im 210. Cap.

Musulmanlar Tag vñ Nacht † fünff mal zum Gebet ermahnen/vnd jnen das Gebet vorsprechen: war auch vorlangst dem Edebal/Osmans Schweher/dessen oben gedacht/ wol bekañt gewest. Als die Benachbarten diß vorhaben deß Osmans vernomen/ seind viel Leut auß der Herrschafft deß Germean Fürsten/vnd auß andern Gegenten/in deß Osmans erobert Land gezogen: haben entweder zu Caratzechisar/oder in andern seinen Stetten sich nidergelassen/vñ also deß Osmans Vnterthanen an der Zahl fast gemehret.

Die erst Hutbe im namen deß Osmans.

Auff diese weiß hat man zum aller ersten das Gebet Hutbe für den Osman/als der nu Sultan worden/zu Caratzechisar gehalten. Jedoch findt man etliche Türckische Scribenten/welche melden/es seyen dem Osman die Heertrumeln sampt dem Fahnen noch zuvor/vñ ehe/dañ Bilezug von jm eingenomen/nemlich etlich Jar vor dieser zeit/ vom Sultan Aladin/als anzeigungen mitgetheilter Fürstl. Hoheit geschickt vnd verehrt worde. Vñ ist eben diß jre meynung/daß zu der zeit/da Caratzechisar vom Osman erobert/der Sultan Aladin jme die zeichen jetztgedachter hoher Würden durch dem A-

† Deß droben gedacht/wie er an den Sultan verschickt.

tetemur/seins Brudern Jundus Son/zugeschickt hab. Schreiben auch daneben/es hab gemeldter Sultan Aladin/als er befohlen/ jme den Fahnen zu liefern/dem Actemur aufferlegt: Er solt in seinem Namen dem Osman anzeigen/was er köndt den Christen/ als Feinden der Musul. Religion/mit Gewalt entziehen vnd nemmen/möcht er durch erlaubnuß vnd mit gutem willen deß Sultan Aladins wol für sich behalten. Deßgleichen wolt er dem Osman die Gerechtigkeit zu müntzen erlaubt haben/sampt dem Gebet Hutbe/ in seinem eygnen Namen/vnd wegen seiner Wolfarth/ am Freytag zu sprechen/nemlich an der Musulmanlar wochentlichem Festtag: welche beyde herrlichkeiten nur Königlicher Hoheit gebüren. Dem sey nu/wie jm wöll/so weiß man doch eygentlich auß der Türckischen Histori/daß gleich darauff/als gedachter Dursun Fakiche vom Osman zu einem Richter vnd Bischoff verordnet/die erst Hutbe durch jn für den Osman in der Statt Caratzechisar von der Cantzel öffentlich gesprochen vnd verricht sey worden. Item daß nach angenamter Fürstl. Würd/ der Osman auch das erst

Das erst Bairam/bey der Regierung Osmans.

Bairam Fest/ so die Musulmanlar feyren/ wie die Christen jhr Osterfest/ in seiner Statt Eskischehar (heist so viel als Altstatt) angeordnet vnd befohlen zu halten: an welchem Ort dañ auch damals das Gebet Hutbe/zum glückseligen Eingang deß Osmanischen Regiments oder Reichs/in der gemeinen versamlung verricht ward. Vnd

Das erst Jar deß Reichs Osman Chans.

hat man nach angehabenem offtgemeldtem Hutbe Gebet/ im Namen deß Osmans/ welchen nach dieser zeit die Türckē jren Chan oder König genent/folgends angefangen das erst Jar der Fürstl. Regierung Osmans zuschreiben: welcher Regierung Anbegin fellt eben in das 699. Jar nach dem todt der Musulmanlar Propheten Muhamets. Es neuen auch hiemit die ersten 10. Jar Osmans/nach absterben seins Vatters/ jr end/ von welchem ich droben die Leser erinnert. Dann es starb jm der Vatter Ertogrul im 687. Muhametischen Jar/welches sich auff das 1290. nach Christi Geburt zeucht/od/ auff das nechst davor. Nu hett er nach seins Vatters todt gantz zehen Jar mit einnemmung so viel Schlösser/ Stett/ Märckt/ Land/vñ Herrschafften/ zugebracht. Vñ als

Nach einnemmung Nicæa tracht Osman höher.

er endlich Nicæa/die grosse Statt erobert/ auch vnlangst hernach deß Sultan Aladins todt darauff erfolgt: hat er gentzlich jm fürgenommen vnd entschlossen/demnach

schü-

sein Macht vnd Gewalt so trefflich zugenommen/ gesterckt/ vnnd eingewurtzelt/ dem Königlichen Wesen nach zutrachten/vnd bey einer so guten gewündschten Gelegenheit/ der Fürstlichen Herrschung ein Anfang zu machen: darauß zwar gantz vnnd gar erscheinet/daß diese Sachen damals durch Himmlische schickung vnd fürsehung auff diesen Weg gericht/damit nach Abgang deß Aladinischen Hauses/gleich das Osmanisch Geschlecht mit einem vber die massen glückhafften Eingang in desselben Fußstapffen möcht tretten. Daß aber ein so mercklicher Anfang diß grösten Reichs von jewelten her/auff das Jahr nach Christi Geburt 1300. zu referieren: ist leichtlich abzunemmen auß denen Sachen/so jetztgemeldt/vnd sonst etlich mal von mir zuvor angezeigt.

Demnach nun gesagter massen das † Hutbe Gebet angeordnet vnd bestellt/ ist der Osman noch weiter fort gefahren/andere mehr Fürstliche Gerechtigkeiten/ so gemeinclich von vnsern Juristen Regalia genannt werden/ jm selbst anzumassen. Hat darauff befohlen/ 2 in seinem Namen allerley Müntz auß vnterschidlichen Metallen zu machen. Darnach hat er auß eygner Macht die 3 Cadilar/oder Richter eingesetzt: welche dem Volck diß newen Fürstenthumbs in allen/so wol jhr Gesatz vnd Cerimonien belangend/als Bürgerlichen/vnd Kriegßsachen/das Recht sprechen kündten vnd solten. Hat neben diesen auch einen Obersten Profosen oder Capitan della Justicia verordnet/welchen sie pflegen in jrer Spraach den Subassa zu nemmen. 4 Vnnd kam vnlangst hernach auß deß Germean Fürsten Gebiet einer zum Osman/ both jhm ein Summa Gelts an/vnd begerte die Maut oder Zoln von jm zu bestehen/ so Batz auff Türckisch genannt/ vnd wegen der Wahren/ welche man gehn Marckt führt/erlegt wirdt: damit er dieselb Maut zu fordern/ vnd einzunemmen/ macht hett. Darauff fragt jn Osman: Was verstehestu durch das wort Batz? Er sprach: Diß wort Batz bedeut: so viel/daß welcher ein gewisse Ladung vñ Last etlicher Güter vnd Wahren ghen Marckt/ sie daselbst zu verkauffen vnd zu verhandlen/ führen läßt: derwegen mir/ auß deinem Befelch/die Maut zahl vnd erlege. Osman fragt weiter: Sag mir an/ob die/ so die Märckt besuchen in vnsern Herrschafften/einigs wegs dir verpflicht seind/ daß du Gelt von jnen sollest fordern? Hierauff gab jener jhm zu antwort: In allen Königreichen/vnd aller Fürsten Landen/ist dieser Brauch auffkommen: daß ein jeglicher König oder Fürst wegen der Güter vnd Wahren/ so von einem Ort zum andern geführt werden/jm ein gesatze Maut wil erlegt vnd bezalt haben. Als der Osman diß verstanden/fragt er jhn noch weiter: Fleußt dann diese Gewohnheit auß einem Göttlichen Recht her/ oder hat vnser Prophet derselben gedacht/ oder pflegen die König vñ Fürsten aller Völcker vnd Nationen/wenn sie newlich zum Regiment kommen/ ein solches Recht von jnen selbst einzuführen vnd zu ordnen? Diß Recht/sagt der ander/haben die König vnd Sultanlar gleich von Anfang für vnd für gehabt. Darauff ward der Osman bewegt/vnd sprach im Zorn: Troll dich hinweg du Bößwicht/ vnnd komm mir nicht mehr vnter die Augen. Sonst wil ich dir deinen verdienten Lohn geben/ vnd dich gebürlich straffen. Dann welcher mit seiner eygnen Hand/ oder sonst mit seinem sauwren Schweiß/mühe vnd arbeit/mit seinem eygnen Vnkosten/etwas erworben/erlangt/vnd für sich gebracht/wie sol der auß einigem Rechten mir verpflicht seyn/ deßwegen etwas zu erlegen vnd zu zahlen? Da deß Osmans Vnterthanen diß gehört/gaben sie jn folgenden Bericht: Es ist breuchlich/ O Chan/(also nennen die Türcken jhren Fürsten) daß man denen etwas besoldung pflegt zu reychen/ welche Marcktrichter/ oder sonst Marcktdiener seind/ auff den Marckt bestellt: damit dieselben nicht jr eygne Sachen verabsaumen müssen/vñ on gebürlich vnterhaltung/oder on etwas Vortheil diß jr Ampt verrichten. Solche Besoldung aber muß man auch etwa her nemmen. Hierauff ist nu vom Osman dieser Bescheyd vñ Ordnung erfolgt: Weil die Sachen also beschaffen/ wie jr bericht: soll ein jeder hinfürro schuldig seyn/für ein jede Ladung oder Fuhr seiner Wahren vñ Güter/zween † Ax oder Asperlin/oder zween Weißpfenning zu erlegen: im fall er solche seine Wahren auffm Marckt verkauffen oder verhandlen kan. Da sie aber nicht verkaufft werden/soll er auch nichts zahlen. Diß Gesatz oder diese Ordnung hat der Osman im Anfang seiner Fürstlichen Regierung publicirt

Marginalien:
† Das erst vnter den Regalien/Hutbe.
2 Das ander/ die Müntz.
3 Das dritt/einsetzung der Richter.
4 Das vierdte/ Maut vñ Zöll.
Batz/ein Maut.
Osman disputiert von der Gerechtigkeit der Zöll.
Daß man etwas zu mauten schuldig.
Das fünffte/ Satzordnungen.
Osmans erst Gesatz/von der Maut.
† Pandect. lib. 18. Cap.

Das dritte Buch Musulmanischer

Timarn oder Lehenguͤter in [...].
Pandect. im 156.Cap.

blicirt vnd auffgericht. Nicht lang hernach/hat er noch ein anders Gesatz/auff folgende meynung/publicirt. Ein jeder/so * Timarn/von jårlichen einkom̃en der Doͤrffer/
oder ander Landtguͤter/durch vnser freye Gab vnd Miltigkeit bekom̃en vnd erlangt/
soll derselben dermassen geniessen/daß niemandt durchauß macht hab/ohn billich vnd
rechtmaͤssig vrsache/jm solche betruͤglicher weiß/oder durch Gewalt ab zustricken. Vñ
da er mit todt wuͤrd abgehen/woͤllen vnd ordnen wir/daß gedachte Timar seinem Son
heimfallen:vnangesehen/derselb noch Vnmuͤndig/vnd seine Jar nicht erreycht:jedoch
mit dem geding/daß weñ Feldzuͤg vorhanden/an statt deß Pupillen/andere verordnet/
außgeruͤst/vnd geschickt werden:biß der Pupill selbst erwachsen/vnd zum Kriegswe-

Merck/daß der Tarckischen EinsaularOrd nung/Canonisch genannt.

sen tauglich. Da nun jemandt so frech seyn wuͤrde/daß er wider diß Canonisch Gesatz
sich vnterstehen woͤlt zu handlen/oder dasselb zu åndern:oder auch vnsern Nachkom̃en/
Erben/vnd Nachfahrn im Reich/wuͤrde rathen/dasselb abzuschaffen/oder zu veraͤn-
dern:solle hiemit durch vnsern Fluch alle beyde/so wol der es abschafft/oder aͤndert/als
der zum abschaffen oder åndern Rath geben wirdt/dermassen vermaledeit seyn:daß jhnen Gott nit mehr gnedig sey/sonder daß sie zu gleich von der rechten meynung in Religions Sachen abtruͤnnig werden/vnd all jr Gluͤck / Heyl / vnnd Wolfarth muͤssen
verlieren.

Diese Constitutionen vnd Satzordnungen hat der Osman gleich im Anfang
seins Fuͤrstlichen Regiments publicirt/wie dann in der Haniwaldischen Histori beyde
gefunden werden. Vnd nennens die Tuͤrcken noch mit einem Griechischen wort/Kano-
ni Osmanum/das ist/Osmans Canones/oder Reglen vnd Gesatz.

Das sechste vertheilung der Timar vnd Lehen. Sanzacat zu Caratzechisar. Was Subassa. Sanzacat zu Jarchisar.

Folgends hat Osman die eroberten Landt vnd Herrschafften vnter die seinigen
außgetheilet/damit sie von jnen theils als Jnhabern besessen/theils regirt wuͤrden. Das
Paner zu Caratzechisar/das ist/das Sanzacat oder die Landtschafft daselbst/hat er seinem Sohn Vrchan verlihen vnd vbergeben. Vnter demselben hat er zu einem Capitan della Justicia/oder zu einem Obersten Profoß / Subassa von jnen genannt/ den
Jundus verordnet/welcher sein/deß Osmans/ Leiblicher Bruder war. Die Gegent
Jarchisar/das ist vmb Hohenburg/oder Gaͤchburg/hat er dem Chasan Alp befohlen:
welcher ein gehertzter dapfferer Mann/vnd auß dem Aiemier oder Persierlandt mit

Sanzacat Nacolia.

deß Osmans Anhern/dem Suleiman Schach/kommen war. Das Castell Einegiol
oder Nacolia/sampt seinem District vñ Gebiet/hat er dem Durgut Alp eingeraumbt.

Durgut Ili. †Pandect. im 163.Cap.

Vñ ist zwar dieser fuͤrtrefflicher Helden gedaͤchtnuß noch auff heutigen Tag in denen
Landen nicht verloschen/weil jre Monument vnd Begraͤbnussen noch vorhanden/vnd
insonderheit weil nach dem Durgut ein theil deß Lands † Durgut-ili genannt/das ist
Durgutslandt/welchen Namen es noch behelt. Seinem Schweher/dem Edebal/hat
er Bilezug das Schloß zu einem Timar geschenckt:daneben geordnet/daß auch sein
Weib daselbst bey jhrer Mutter/so noch bey Leben war/sich verhalten soll. Fuͤr sich

Hemscheher die erst Osmanisch Porta.

selbst hat er die Statt Genischeher/das ist die Newstatt/zum Hofflaͤger erwehlet:vñ haben in derselben Statt deß Osmans streitbare Maͤnner oder Ritterßleut/auff Tuͤr-
ckisch Gasilar genannt/jnen Haͤuser gebawt/vnd sich allda nider gelassen. Darumb der

Begscheher.

Osman selbst der Statt vorigen Namen Genischeher od' Newstatt/veraͤndert in Beg-
scheher/welchs so viel bedeut als Fuͤrstenstatt/oder Herrnstatt. Er ließ jm auch die Ge-
dancken/wie er das new Fuͤrstenthum̃ erweitern vnd mehren kuͤndt/nimmer auß m̃ Siñ
kommen. Derhalben pflegt er zu zeiten/sampt seinem Sohn Vrchan/ in die zu nechst

Cuprichisar von Osman genom̃en.

gelegenen vnd anstossenden Gegenden auß zufallen vnd zu streyffen/vnd hat insonderheit das Schloß Cuprichisar/(heist so viel/als Bruͤckenburg) sampt desselben District vnd zugehoͤrigen Gebiet/nicht nachgelassen so lang anzugreiffen/zu berauben/vñ
zu pluͤndern:biß er auch dasselb/mit seiner gantzen Resier vnnd Landvogtey / in seinen
Gewalt bracht. Es moͤcht aber jemandt villeicht meynen/daß etwa durch diesen Namen jenes Schloß Cupri-chisar oder Bruͤckenburg nicht verstanden werd/ dessen
droben gedacht/vñ außtruͤcklich gemeldt/es habs mit seinen Leuten Osman/wegen deß
Herrn von Bilezug belaͤgert/den Schloßherrn drinnen erschlagen/vnd folgends das
Schloß eingenom̃en:gleich als wenn jm dasselb keiner/nach dem ers ein mal einge-
nom̃en/ bey der taͤglich an denen Orten einreissenden vntertruckung der Christen/
wider

wider hett können abtringen/oder mit Gewalt abzwingen. Man muß aber diß vnaus
gesehen/in allweg nur allhie das Cuprichisar verstehen/welches zuvor Osman für den
von Bilezug / vnnd nicht für sich selbst/ eingenommen: vnd von dem droben im ersten Buch dieser Histori/auß dem Symeone Magistro Officiorum angezeigt wor-
den/man habs in Griechischer Spraach Penteg cphyros genennt/von den Fünff Brü- *Penteʒephy-*
cken/so der groß Keyser Justinianus vber das Wasser Sangari gebawt/welche durch *ros/Fünff Brů-*
diß Schlossz dermassen geschützt vnd bewacht/ daß ohn erlaubnuß vnd zulassung der *ckenburg.*
Besatzung daselbst/niemand darvber kommen noch passieren kundt: wie dann erzehlet
am obgemeldten Ort/daß die Keyserin Irene dahin ein Kriegsvolck abgefertigt/vnd
10 dem Harone-Resid/da er sampt seinen Agarenern zu Chrysopoli gegen Constantino- *Chrosopolis/*
pol vber/vnd bey Chalcedon sein Läger geschlagen/den Passz/widerumb in Soria zu *jetzt Scutari.*
kehren/verlegt hab. Also war nu diß eben das Schlossz der Brücken/oder besser zu red/
der Fünff Brücken vber den Sangari/daran gar viel gelegen/zu ferrer fortsetzung angefangener Sachen/welches zu dieser zeit Osman sampt seinem Son Vrchan/vnter
seinen Gehorsam gebracht. Folgends seyn beyde/Vatter vn̄ Son/mit jren Kriegsleuten in die Gegent fortgeruckt/so Marmora genannt/vnd wirdt hiedurch der Bezirck *Marmora*
vnd Vmbkraiß der Statt Marmora verstanden/so gegen Philadelphia der Statt/vn̄
dem Land Lydia sich erstreckt. Die Landtleut daselbst/alle Christen/seind gutwillig dem
Osman entgegen gezogen/vnd ime zu gehorsamen sich an erboten. Darauff Osman
20 sie die Huldigung leysten lassen/in sein Schutz vnd Schirm angenommen/ vnnd sich
gantz gnedig gegen jnen erzeigt: auch keins wegs gestattet/daß sie beleydigt würde/son-
der jhnen vergunt/jhrer Landt vnd anderer Güter frey vnd sicher/on allen Eintrag zu
geniessen. Darnach zoh er ab mit seinem Kriegsvolck auff Genischeher/da sein Fürstlich Hofläger/oder sein Porta war/nach Türckischem Brauch zu reden: ist daselbst ein
zeitlang still gelegen/damit die Rossz etwas möchten außruhen. Hat auch in eroberten Herz vnd Landtschafften/vnter sein Kriegsvolck Timar vnnd Landtgüter außgetheilt: davon sie sich zu erhalten / auch künfftig desst munterer vnnd lustiger weren / in
Kriegssachen vnd Zügen sich brauchen zu lassen.

Als nun die Benachbarten Landtherrn sahen / wie glücklich diß neuw Reich deß *Die Christen*
30 Osmans von Tag zu Tag/je lenger je mehr thet fortschreiten vnd zunemmen: haben *tretten zusam-*
sie für gut angesehen/all jre Macht bey zeiten zusammen zu thun/vn̄ die Sachen auff *men wider den*
ein Schlacht zu setzen vnd zu wagen/auch mit etwas Gefahr: wie die zu thun pflegen/ *Osman.*
so in einer Feuwers noth die Heuser einreissen vnd vber ein Hauffen werffen/die Flammen dadurch zu leschen/damit die Brunst nicht weiter einriß. Es waren aber / neben
etlichen andern/diese vier: nemlich der Herr von Burusa oder Prusa/der † Edrenos/ *† Pandect. im*
der Bitanos/vnd der von * Teke. Von den andern ist anderstwo gesagt worden/vom *16.Cap.*
Bitanos sollen die Leser wissen/ daß also genannt worden der Herz oder Pfleger Bi- *Daselbst im*
thyniæ/wo nicht deß gantzen Lands/zum wenigsten der also genanten Statt in Mysia. *57.Cap.*
Die Griechen haben jhn genennt Bithynixos. Seind also diese Herrn zusammen
40 kommen/vnd haben Rath gehalten/wie der Sachen zu thun. Daselbst thet man die *Vrsachen deß*
gemeine Gefahr für Augen stellen/vnd welcher massen Osman der Türck zwischen jh- *Kriegs.*
nen gewachsen. Wie auch die gantze Landtschafft entweder durch Fewer vnd Schwerdt
verwüst vnd verhergt/oder vnters Joch der Dienstbarkeit bracht würd. Es sey deß
Vbels kein auffhören noch End. Da sie würden in jhrer Saumseligkeit fortfahren/
vnd gemeins Vnfalls nicht achten: würd sichs ohn allen zweiffel bald zutragen/daß jre
Sachen gantz vnd gar zu Boden giengen. Man müst auffs ehist aller Landtherrn der
Christen/an denen Orten/ alle Kriegsmacht zusammen stossen/vnd den Osman entweder mit den seinigen auffs Haupt erlegen/oder auß dem Land vertreiben.

Ward hiemit ein gemeiner Feldtzug beschlossen/ein stattlichs groß Kriegsvolck *Osman zeucht*
50 zusammen bracht/vnd on verzug wider den Osman geführt. Derselb hett schon vorhin *den Feinden vn-*
vernommen/was diese wider jn anzufahen vorhabens. Darumb er dann sich bestes ver- *ter Augen.*
mögens an Kriegsleuten gesterckt/vn̄ den Feind vnter Augen gezogen. Da er zu einem
Schlossz kommen/von Türcken Coion-hisar genañt/gleich als Schaaffsburg in vnser
Spraach: hat er sein kundtschafft gehabt/wie die Christē fortgeruckt/zu einem nahende

h iiii dabey

Das dritte Buch Musulmanischer

dabey gelegnem Ort/dem vngleiche Namen geben werden/vom Murat Dragoman Dipnanos/vom Dolmetschen der Verantzischen Histori/ wie auch vom Theodoro Spandugino dem Griechē/Dimbos: welche zwey Namen/ gleichwol etwas corrumpiert/doch einerley Vrsprung haben/ nemlich vom Griechischen wort Dipotamos/ mit welchem diß Ort genennt worden/ wegen zweyer fürfliessenden Wasser. Vom Griechischen Historico Curopalate wirdts gesetzt in Phrygia/ so mit der Bithynia grenitzt/vnd ein Königlich oder Keyserlich Schloß vnd Burg genannt. Ist dero wegen gestracks auff sie zugezogen/ vnd hat daselbst ein ernstlich Streitten vnd Treffen mit den Christen gehalten/in welchem zu beyden Seiten ein grosse Anzahl Leut auffm Platz blieben/so wol von Türcken/als Christen/welche zu letst vom Osman vberwunden worden. Vnter andern ward erschlagen der Ai--dogdi/(solches wort bedeut so viel/als der leuchtend Mon)vnd für ein Schid oder Märtyrer geraitet. Derselb war ein Sohn Jundus/ Osmans Bruders/ welchen die Verantzisch Histori Jundus--Alp nennet/von dem Namen † anderstwo meldung geschehen. Aidogdi ward begraben an einem Ort/neben der Landtstraß/ da man von Coionhisar auff Dipotamos pflegt zuziehen/vñ pflegte damals der gemeine Mann diß Ort Dimbes Synhoro zu nennen/mit einem verkehrten Namen auß dem alten Griechischen Dipotamu Synhoron/dadurch die Greniten Dipotami bedeut. Sein Grab ward mit Steinen/ nach Türckischem Brauch vmbgeben/vñ ist noch heutigs Tags dem gemeinen Man sehr wol bekannt. Dann es die Krafft soll haben/daß wenn ein Roß in der Reser die Stichkranckheit im Bauch bekompt/ vnnd zum dritten mahl vmb diß Grab geführt wirdt: alsbald die Aberglaubigen Leut dafür halten/es werd derselben Kranckheit erlediget. Auch pflegt der gemeine Mann bey den Türcken/ so diß Orts fürüber zeucht/ den Grund von diesem Grab mit sich hinweg zu tragen/ die Fieber damit zu heylen. Dann wenn jemanden ein Fieber anstosset/nemmen sie ein wenig von gesagter Erd/vermischen mit Wasser/gebens dem Krancken auß zutrincken/ vnd glauben/ sie werden dadurch vom Fieber erlöst.

Demnach der Osman den Sieg wider die Christen erhalten/ seind der Landtvogt von Edrenos/vnd der von Burusa/sampt dem Bitanos/durch die Flucht davon gestrichen: der von Casicion ward im Treffen erschlagen. Derselb hieß also vom Castelion/einem Schloß in Phrygia/dessen droben im ersten Buch meldung geschehen auß der Histori deß Symeonis Magistri Officiorum/eben an dem Ort/da vom Harone--Resid/der Saracener Chalipha/geredt worden. Andere nennens Castelle/ vnd wöllen/es sey in Paphlagonia gelegen/das ist/an den Grenitzen der Land Phrygia vnd Cappadocia. Solcher Nam Castelle/ist dem Türckischen Kestel/ so alhie wirdt gefunden/etwas ähnlicher. Der Landtvogt aber von Teke/so gerad in der Schlachtordnung wider den Osman war gestellt/ hat auch Versengelt geben/demnach er mit den seinigen vberwunden. Demselben hat der Osman nach geeylt/biß zum Wasser Blubad/von den Alten Rhyndacus genannt. Der von Teke machte sich in der Fluch vber die Brücken diß Wassers/vnd verfügte sich zum Herrn von Blubad. Osman hielt still/so bald er zur Brücken kommen/vnd schickt seiner Leut einen/dem Herren von Blubad (diß wort heist in Türckischer Spraach/ein grosser Windt. Jedoch kompts vom Griechischen Lopadio)in seinem Namen an zuzeigen: Er thet an jm begeren/wölt jhme seinen flüchtigen vnd geschlagenen Feind zustellen vnnd lieffern. Im fall ers nicht thun würd/wölt er vber die Brück deß Wassers ziehen/vnnd sein gantzes Gebiet mit Feuwer vnd Schwerdt verhergen. Hierauff ließ der von Blubad dem Osman wider zu empieten/ er wer bereyt/den flüchtigen vnd geschlagenen Landtherrn von Teke jm zu vbergeben/im fall er jm mit dem Eyd zusagen vñ versprechen wolt/daß weder er/ noch seine Nachkommen vnd Leibliche Erben/zu jmmerwehrenden Zeiten vber diese Brück mit würden ziehen. Als der Osman solches versprochen/ward jm der von Teke geliefert. Vnd haben die Osmanier von der zeit an/biß noch auff den heutigen Tag/ für vnd für diese deß Osmans Zusag gehalten/vnd seind niemals vber die Brücken zu Blubad gezogen: sonder als offt die noth erfordert/daß sie vbers Wasser müsten/seind sie im Schiff hinüber gefahren. Da der Herr von Teke dem Osman vberantwort
hat

Histori. Osman Chan. 93

hat er jhn für sein Schlosz geführt/vnd daselbst zu stücken lassen zerhawen. Darnach das Schlosz eingenommen/ein Türckisch Besatzung hinein gelegt/ die Landschafft herumb mit allen Innwohnern jm vnterthenig gemacht. Vnd seind zwar diese Schlachten/so der Osman zu dieser zeit wider die Christen erhalten/fast zu verwundern gewesen. Mittler weil hett sich der Teggiur von Burusa nach der Flucht in seine Statt Burusa begeben/vnd innerhalb der Stattmaurn/ausz forcht der Türcken/sich eingesperret. Als aber Osman alle Sachen im Land Teke nach seinem Wundsch verricht vnd bestellt/ ist er vnverzüglich mit dem Kriegszvolck von dannen gerückt/ dasselb auff Burusa geführt/in hoffnung die Statt zu erobern. Weil er aber sahe/ dasz sie nicht

10 mit Gewalt/sonder allein durch langwehrige Belägerung zu gewinnen: hat er jm fürgenommen / zwo Vestungen zu bauwen/ seine Leut darinn zu legen/vnnd hiemit alle Strassen zu sperren/ dasz nichts hinein gebracht noch geführt möcht werden. Das erste Castell hat er gegen der † Caplize (disz wort bedeut ein warmes Bad) gelegt/ vnd ein Besatzung auszerlesener Kriegszleut hinein verordnet / darüber seines Bruders Sohn Actemur gesetzt/ein groszmühtigen vnd fast dapffern Mann. Das ander hat er gegen dem Berg Olympo/welcher bisz an die Statt Burusa sich streckt/ gebauwt vnnd auffgeführt: vnd vber desselben Besatzung den Balabanzuc zum Obersten verordnet/ein streitbarn vnd gehertzten Mann/ von welchem er gar viel hielt: darumb die Vestung genannt worden Balaban--zuc--hisar/das ist/Balabanzuckoburg. Diese

20 beyde Castell hat man innerhalb Jarsfrist/mit fleissiger Arbeit vnd Geschicklichheit verfertigt. Als nun darauff alle Päsz/vnd der Statt zugehende Strassen versperret: ist denen von Burusa das Hertz empfallen/vn ein grosz schrecken beygebracht worden: dasz also zu letst/nach eroburing der Gegent vmb die Statt herumb/sampt der gantzen Landtschafft/nichts mehr einzunemmen vorhanden/dann allein die blose Statt Burusa: darauff die Osmanischen in jhren Vestungen ohn vnterlasz jhr Aug vnnd Auffachtung hatten/vnd endtlich die Belägerten in solche betrangnusz setzten: dasz der Statt Innwohner/die Christen/niergends sich durfften herausz begeben. Es melden der Türcken Historien/ dasz diese Belägerung nicht ein/ sonder mehr Jahr an einander gewehrt/vnd continuirt worden. Mittler weil pflegte der Osman sich zu seiner Porten/

30 oder zu seinem Hofläger/der Statt Genischeher zu verfügen: vnd kamen die Christen von allen Orten vnd Enden zu mehr vnd vnterschiedlichen mahln/denselben Feindtlich anzugreiffen/vnd ausz dem Land zu vertreiben/aber zogen allzeit mit spott vn schaden ab. Darumb dan zu letst die Türcken alle diese Länder in jren Gewalt bracht/ vnd durch ein mässigs/bescheydens/vn vernünfftig angestellts Regiment alle Sachen dahin gericht/dasz gemeldte Landtschafften an mening der Inwohner gar sehr zugenommen/vn in gutem Bauw erhalten worden: neben dem/dz gleichwol auch jre Kriegszleut grosz Gut vn Reichthum erlangten/vnd vom Osman ausz Königlicher miltigkeit mit Timarn/od Landtgütern ein jeglicher nach sein verhalt/begabt wurden/ vn versorgt.

Als aber jetztgedachte Osmanische Kriegszleut sahen/ dasz sie allenthalben ob-

40 siegten/ vnnd dasz jhnen all jhre Vorhaben vnd Anschleg glücklich theten gelingen/ wohin sie nur von jrem Fürsten geführt wurden/seind sie von jhnen selbst vnd gutwillig jn jhm gangen/ vnd haben demnach man sie für jhn gelassen/ auff folgende Meynung jhin zugesprochen: Dieweil / O Chan/ durch desz ewigen Gottes Gnad vnnd verleihung/welchem wir deszwegen vnauffhörlich dancksagen sollen / die Gaur durch so vielfältige Treffen vnnd Schlachten von vns erlegt/ vnnd schier all jhre Macht verloren: wil sichs hinführo nicht schicken/ dasz wir ein lange zeit ruhig vnd still sitzen / vnnd treffliche Gelegenheiten stattlicher verrichtung vergebens lassen fürüber passieren: sondern müssen wider die Feinde vnser Religion / vnnd vnsers Glaubens/für vnnd für streitten vnnd fechten. Vand seind wir bereyt vnd willig/

50 dir zu folgen/ wohin es dir gefallen wirdt/ vns zu führen. Ein solcher frischer vnverzagter Muth seiner Leut/war dem Osman wol sonders lieb vnnd angenehm: aber weil er zu der Meynung war/ man müst keins wegs etwas sich weit hinausz lassen/ vnnd fortschreiten / ehe dann er sich daheimb vnnd in seinem Landt nicht allein aller Forcht/ sondern auch Argwohns einiger Gefahr erlediget vnd versichert: hat

er jnen

Desz Herrn von Prusa Forcht.

Prusa durch zwey Castell belägert.
† Pandect. im 16. Cap.

Balaban zu hisar.

Die Prusisch Belägerung viel Jar gewehret.

Der alten Türcken Bescheydenheit.

Der Osmanischen Kriegszleut frischer Muth.

Osman wil seine Landt vnd Leut versichern.

Das dritte Buch Musulmanischer

Osmans Rath, wie man den Michael solt zum Musulmanischen Glauben bereden.

er jnen zu Antwort geben/ er hett an jhrem Mannlichen ritterlichen Wesen ein groß gefallen: hielt aber in allweg für rathsam/ daß man zuvor den Michael Cosse/ welchen sie bißher (vnangesehen/ er ein Landtherr Christliches Glaubens) geduldet hetten/ auch jhme zugelassen/ seiner Landtgüter in jhrem Gebiet zu geniessen/ solte berüffen vnd für fordern: vnd mit allem fleiß sich bemühen/ damit er den Christen Glauben verleugne/ vnd den Musulmanischen annehm: auch der massen auff der Türcken Seit trette/ daß mit kein Vrsach vbrig möcht bleiben/ einigs mißtrauwen in gemeldten Michael zusetzen. Im fall man nu diß in der güte kündt von jm erlangē/ wöllen wir (sprach er) vnseren Feldtzug anstellen/ an welches Ort jrs jmmer werdet für gut ansehen. Da er aber sich weygern würd/ solches zu thun: wöllen wir sein Herrschafft vnd Gebiet angreiffen/ vnd zu vnserm Gehorsam bringen/ vnd hiedurch vns selbst für schaden seyn/ damit wir vns für ein innerlichen Feindt nicht zu befahrn. Ward also von stundan einer an den Mi

Bottschafft an den Michael Cosse.

chael abgefertigt/ zu begeren/ er wölt ohn verzug sich auffmachen/ vnd zum Osman kommen: welcher schon fertig vnd bereyt/ einen Zug fürzunemmen/ daran viel gelegen: vñ wolt gern mit jn selbigen den Michael bey sich haben/ damit er jm mit Rath vnd That ein getrewen Beystand möcht leysten. Alle Sachen weren schon zugerüst/ vnnd manglete nichts anders/ denn deß Michaels Ankunfft. Als der Cosse diese Bottschafft bekommen/ rüst er sich ohn alle saumbnuß zum Krieg/ eylet zum Osman/ vnd da er die Vrsach verstanden/ darumb er fürnemlich dahin ward beruffen: küst er/ nach deren Völ

Michael Cosse wirdt ein Musulman.

cker Brauch/ dem Osman die Hand/ vñ zeigt jm an/ wie er in wolmeynender weiß von Hertzen thet bitten/ er wolt jm den Weg gnedig eröffnen/ zu der Musulmanischen Religion zu kommen. Dann er bey jm selbst entschlossen/ gemeldten Glauben alsbald anzunemmen. Demnach er nun vom Osman vnterwiesen vnd bericht/ was für wort dißfalls zu brauchen: hat er sich zu der Musulmanischen Religion/ mit sonderm Lust vnd wolgefallen der Osmanischen Bezirlar oder Räth/ vnd der andern Herrn/ begeben.

Michael wirdt deß Osmans Vasall vnd Lehenmann.

Dagegen hat Osman dem Michael mit eyguer Hand ein Fahnen gereycht/ durch welche Cerimonia die Türckischen Sultanlar jre Lehenleut pflegen in derselben Landen vñ Herrschafften ein zusetzen vñ zu bestätigen: auch daneben jm ein köstlichen Mente/ oder langen Türckischen Rock/ lassen anlegen. Folgends hat er gedachten Michael/ sampt dem Saltuc-Alp/ einem berühmbten Türcken/ seinem Sohn Vrchan zugeordnet/ vnd jnen befohlen/ auff Caratzchisar oder Schwartzburg zu ziehen: damit sie daßselb Schloß wider allen Gewalt vñ listig Anschleg deß Fürsten Germeanogli/ durch notturfftige verwachung schützten vnd schirmeten. Seinem andern Sohn Ala

Aladin/ Osmans ander Sohn.

din/ den Jüngern/ hat er auffs Schloß Bilezug/ sampt seiner Mutter verschickt. Er für sich hat im vertrauwen auff Gottes hülff/ darauff er sich verließ/ wie gemeiniglich er selbst pflegte zu sagen/ gestracks seine Leut auff das Schloß Lebeditzi-chisar genannt (auff Griechisch Lebedos. Wiewol man auch Leblebitzi geschrieben findt) zugeführt. Der Landtvogt oder Schloßherr daselbst/ hat der Belägerung nicht wöllen erwarten/ sonder ist alsbald dem Osman entgegen gangen/ vnnd angezeigt/ er wolt sich vnter seinen Gehorsam begeben. Hat derhalben leichtlich erlangt/ daß man jn als ein Vnterthanen vnd Lehenmann deß Osmans/ bey seiner Burg vnd Herrschafft gelassen. Es hett dieser einen Sohn/ welchen der Osman mit sich genommen/ vnd jhm aufferlegt/ in Kriegßzügen dem Läger zu folgen/ vnd jhme zu dienen. Darnach ruckt er fort auff Leuke/ (die Türcken schreibens vnd sprechens auß Leffke/ dem Griechischen Brauche nach) welche Statt sich ansehen läßt/ als hab sie diesen Griechischen Namen behalten/ der so viel bedeut als Weissestatt. Vnd gedencken die Griechischen Scribenten der Leuke/ so gelegē in Jonia/ einem theil deß Asierlands/ am Wasser Thermodon. Im fall aber jemandt vermeynt/ solche Ort vnd End seyen zu weit abgelegen/ dann daß zu glauben/ Osman hab sie zu dieser Zeit eingenommen: wöllen wir lieber sagen/

Leuke. Laodicea.

es schein/ als ob Leuke von Türcken corrumpirt vñ verkehrt auß Laodika/ welche Statt Keyser Leo für die Hauptstatt in Phrygia Pacatiana erkennt. Der Herr zu Leuke/ sampt dem Landtpfleger zu Tzadurilei/ welcher Nam verfälscht auß dem Namen der Statt in Phrygia Dorylæi/ haben nach gehabter zeitung von deß Osmans Ankunfft/ gleichßfalls sich auß jren Vestungen gemacht/ seind jm entgegen gezogen: daneben nit

allein

Histori. Osman Chan.

allein sich/sampt jren Stetten/Schlössern/vnd Herrschafften/jm ergeben vnd auffge=
tragen:sonder auch all jr Kriegsvolck zu seinem Hauffen gestossen. Es war damals
einer beym Osman im Läger/genannt Samsama Tzausch/dessen meldung auch
droben geschehen.Derselb hat dieser Herrn Gebiet vom Osman zu einem Geschenck
begert/an statt der Gefährlichkeiten/darinn er seinethalben sich bißhero gewagt/vnnd
wegen gehabter mühe vnd arbeyt/auch ritterlichs verhaltens in so manigfaltigen Krie
gen vnd Treffen. Aber Osman gab jm zu Antwort/er kündt auß etlichen erheblichen
wichtigen Vrsachen solches nicht thun. Dann er sprach/man solt keins wegs zulas=
10 sen/daß diese Leut/welche sich/jm hetten ergeben/jhrer Landtgüter beraubt/vnd also zu
verzweifflung getrungen würden/welche sie möcht endtlich treiben vnnd bewegen/sich
widerumb/den Musulmanlarn zu höchstem schimpff vn verkleinerung/auff der Chri=
sten Seiten zu begeben.Damit du aber/sagt Osman/dannoch von mir etwas erlangst/
vnnd kein Vrsach habest/vber meine Miltigkeit zu klagen: wil ich auch dir dein theil
schencken.Vnd daselbst ein Castell war/nicht weit von Leuca gelegen/im Eingang
eins Thals/an deß Wassers Vrsar/welches hart nebe der Statt Genischeher fürüber
laufft: hat Osman eben diß Castell dem Samsama Tzausch geschenckt/daher noch
heutigs Tags der Nam Tzauschdorff an denen Orten vorhanden.Darnach seind sie
fortgeruckt auffs Schloß Meketze/deß Herr gleichßfalls gutwillig Osmans Vn
terthan worden ist/vnd jhm mit seinem Volck zugezogen/das Gleyt geben biß zum
20 Schloß auff Türckisch Ac--hisar genannt/auff Griechisch Asprocastron/das ist
Weissenburg.Der Herr daselbst wolt keins wegs sein Schloß Ac-hisar dem Osman
auffgeben/sonder thet ein Volck versam̃len/vnd hat mit den Osmanischen ein ernstes
Fechten gehalten: in welchem er zu letst vberwunden vnd erlegt/vnd dermassen auff die
Flucht sich begeben/zu seiner rettung/daß er gleichwol nicht wider ins Schloß kehrt:
weil er all hoffnung/dasselb wider den Osman zu erhalten/gantz vnd gar lassen fahren.
Derhalben ward gedachtes Schloß vom Osmanischen Kriegsvolck erobert vnnd
preiß gemacht. Mittler weil hat der Landtherr/von dem gesagt/er sey davon geflo=
hen/in höchster eyl sich in das vberauß vest Schloß/Cara--hepes genannt/das ist
Schwartzenfelß/verfügt. Die Griechen hiessens Maurapetra. Ligt in einem
30 Thal/an einem fliessenden Wasser/den Türcken Sacari/den Griechen Sangaris
genannt: wiewol es auch bey jnen Sagaris geschriben wirdt/vnd daneben gemeldt/es
sey ein Wasser in Lydia vnd Phrygia. Osmans Kriegsleut haben jhm nachgeeylt/
vnnd seind doch nach/etlichen Tagen vnuerrichter Sachen wider zu ruck kommen.
Darnach ist man fortgeruckt auff Geiue/welches die Alten Gaiu--comin/oder deß
Gay Castell genannt/vnd ist in Phrygia gelegen. Die Christen/so diß Castells In
wohner/haben auß einem schrecken/wegen der Türcken Ankunfft/das Castell verlas=
sen/vnd mit der Flucht sich davon gepackt.Vnlangst hernach kam dem Osman kundt=
schafft/wie die Flüchtigen von Geiue/mit jrem Gut vnd Gesind sich an einem Ort/
Corideressi genannt/heimlich nidergelassen vnd versteckt: biß das Türckisch rauben/
40 plündern/vnd streyffen ein mal möcht auffhören. Da wir nuhn nicht zugeben wöl=
len/daß Corideressi bey den Alten Coresso genannt sey worden/welches ein Berg vnd
Statt/viertzig Wellisch Meiln von der Statt Ephefo gelegen: werden wir zum we=
nigsten zulassen/daß hiedurch Gordorisia zu versteen/als den newen Osmani=
schem Reich etwas näher gelegen: weil Keyser Leo der Weise/dieselb Statt erzelt ne=
ben andern Stetten/so vnter die Hauptstatt Synada im Land Phrygia Salutari
gehörig. Als der Osman diese Zeitung eingenommen/hat er von stundan seine
Leut an gedachtes Ort geführt/von welchem er vernommen/daß die Flüchtige Chri=
sten daselbst sich heimlich halten solten:vnnd da er sie gefunden/hat ers angriffen/ge=
schlagen/erlegt/vnd gefängklich angenommen: auch jhren Herrn selbst/neben ander
50 reicher Beut/in seinen Gewalt bracht. Folgends ist der Osman fast auff ein Mo=
nat/oder ein wenig lenger/in derselben Gegent verblieben: alle Sachen daselbst zu
stillen/vnnd wol zu richten. Hat daneben an denen Orten vnnd Enden Dörffer
vnnd Landtgüter vnter die Kriegsleut außgetheilt/derselben als jhnen zugehören=
der Timarn zu geniessen. Andere Sachen belangend/hat er kein newerung noch
ändrung

Deß Tzauschen begeren an Os=man.

Osman schlegt das vil jllt che begeren ab.

Osmãs erzeigte miltigkeit gegen dem Tzauschen.

Asprocastron/ Weissenburg.

Maurapetra/ Schwartzen= felß.

Corideressi.

Coresso. Gordorisi.

Die von Cori= deressi werden vberfallen.

Das dritte Buch Musulmanischer

Osman hat die Underthanen nict z gewungen/jr Religion zu ändern. Streyff deß Tzaudar Tatars.

änderung wöllen einführen:sonder zugelassen/daß die Inwohner beym vorigen Wesen möchten bleiben.

In dem aber Osman der Vatter diesen Zug auff Leuke verricht/hat ein Tatar/ mit Namen Tzaudar/ auß deß Germean Fürsten Landtschafft gegen der Statt/am Schloß Caratzechisar gelegen/ ein Streyff sampt einer Anzahl seiner Leut gethan/ und ist dem Osman in seine Grenitzen und Gebiet gefallen.Damals war Urchan daselbst nicht vorhanden/welchem der Vatter Caratzechisar zu bewahren befohlen. Dan er auff Eskichisar verreyset/das ist auff Altenburgk: vnd hett eben in derselben Stund/ da er die Zeitung bekommen/ wie der Tzaudar schaden gethan/die Ross lassen beschlagen.

Urchan geräth dem Vatter nach.

Derhalben er von stundan zu Ross gesessen/ den Feind auß seins Vattern Gebiet zu treiben. Solches theten auch die andern/ vnd verfügten sich ohn Auffzug zum Urchan. Folgends eylten sie auß aller Macht der weichenden Streyffrotte nach. An den Birgichten Orten war ein Stättlin/od zerfallens/od Castell/welches die Türcken Einas--chisar nennten/wegen deß alten Namen Eumenia/ dessen gedencke Keyser Leo als eins Stättlins in Phrygia. Da nu die Türcken hieher angelangt/vnd

Urchans Sieg.

die Tataru erreycht: haben sie alsbald dieselben angriffen/vnd nicht allein gezwungen/ die erlangte Beut gantz vnd gar fahren zu lassen: sonder auch jr viel erlegt/ vnd etliche Lebendig gefangen genommen : vnter denen auch der Tzaudaroglu war/ das ist deß Tzaudars Son/welchen sie in einer Custodi gehalten/biß auff deß Osmans Ankunfft. Als aber derselb nach verrichtem obgedachten Zug ankommen/ hat jhm der Urchan diese Gefangene Tataru vberantwort/nach seinem gutdüncken mit jhnen zu handlen. Ob wol diese streyffende Räuber/ muthwilliger vnd vnbilliecher weiß/deß Osmans Underthanen/da sie doch zuvor keins wegs beleydiget/solchen schaden zugefügt: so hat doch Osman/ demnach er die Sach bey jhm selbst gnugsam erwogen/darauff gesprochen: man köndt sie derhalben nit am Leben straffen/ insonderheit auß der Ursach/ daß

Osman verschont der Leut seiner Religion. Die Tataru beeydigt.

sie wegen der Musulmanischen Religion jnen verwandt. Hat hiemit jnen allen einen Eyd zu erstatten aufferlegt/dadurch anzuloben/daß sie hinführo nicht mehr wider die Osmanischen feindlich sich erzeigen wolten. Schenckt jnen also das Leben/erledigt sie der Gefängknuß/vnd ließ sie davon ziehen: welche zwar nach der zeit an/ biß zur Regierung deß Sultan Gilderun Baiasits/ die Osmanischen nicht mehr Feindtlich

Die Tzaudarler lang geweheret.

haben angriffen. Und seind noch heutigs Tags etliche deß Geschlechts vorhanden/ Tzaudarler genannt. Auch hat Osman dem Vatter Tzaudar seinen Son wider zugestellt. Jedoch hat er zuvor sich müssen in Vertrag verpflichten/ vnd mit dem Eyd zusagen/er wölt hinführo nichts Feindtlichs wider den Osman anfahen.

In dem nun Osman abermals wider die Benachbarten Christen sich auff zumachen vorhabens/wie er dañ nicht lang ruhen/noch müssig seyn kundt/hat er sein Bedencken vnd Rath dem Urchan eröffnet/vnd zu verstehen geben/ er wölt daheim bleiben/auff alle Sachen fleissig auffachtung haben/ vnnd seine Grenitzen schützen vnnd schirmen/damit die Tataru nit abermals schad theten.Dañ ob dieselben wol mit dem

Tatarn Friedbrüchig.

Eyd zugesagt Fried zu halten: so pflegten sie doch vnbeständige/ wanckelmüthige/vnd

Osman läßt den Son außziehen.

Friedbrüchige Leut zu seyn. Mittler weil solt der Urchan ausserhalb deß Lands mit dem Kriegsvolck herumb ziehen/die Christen mit Göttlicher Hülff oberwinden/ vnd fortfahren/sich als einen Sieghafften Helden zu erzeigen.Versprach hieneben/er wölt

Osman fürnemme Leut.

jhme fürnehme/tapffere/Ansehenliche Obersten zuordnen: als nemlich den Acce--cozza (welcher Nam so viel bedeut/ als ein alter weisser Mann) vnd den Cungur--Alp/ vnd den Abdurachman Gasi/das ist den Streittbarn/vnd den Michael Cosse/so newlich zum Musulman worden. Hat also den Sohn mit Außerwehltem Kriegsvolck

Urchans erster Feldeobersten Befelch.

versehen vnd außgerüst/vnd befohlen/ auff Cara--kepes vnd Caratekin zu ziehen/vnd die beyde Schlösser zu erobern. Diß war deß Urchans erster Zug/ dem er als ein Feldtoberster vorgestanden. Und als jm der Vatter viel Glück vnd Heyls gewünschet/hat er gestracks auff Cara--kepes das Kriegsvolck geführt: welches Ort auch Osman selbst vor dieser zeit/gleichwol vergeblich angesprengt.Der Nam bedeut soviel als Schwartzenfelß/auff Griechisch Mauropetra. In dem er nun fast auff ein Tagreyß zu gemeldtem Schloß kommen/ hat er sein Kriegsvolck in drey Hauffen abgetheilt.

Histori. Osman Chan. 97

theilt. Den erſten Hauffen führet er ſelbſt geſtracks dem Schloſß zu/ gleich als wolt
er daſſelb mit dieſem Volck belägern. Den andern hat er bey nächtlicher Weil hin-
derwerts/ oder auff der andern ſeiten deß Schloſſes verſteckt. Gleichßfalls den drit-
ten/ in einem finſtern Thal/ neben dem Schloſß/ dermaſſen verborgen: daß ſie
der Feindt weder ſehen noch ſpüren kundt. Vrchan lägerte ſich mit ſeinen Leu- *Vrchans ge-*
ten fürs Schloſß/ vnd gleichwol eine gute weite davon: hielt auff etliche *ſchwinder*
Tag mit dem Feindt Scharmützel/ vnd ſtellte ſich/ als hett er nicht Volcks genug bey ſich/ zu *Kriegßpoſſ.*
einer ſolchen Belägerung: dermaſſen/ daß er zu letſt vnterm ſchein einer Forcht/ das
Läger ſampt den Gezelten verließ/ vnd öffentlich davon thet fliehen. Da ſolches von
10 denen im Schloſß erſehen/ lieffen ſie von ſtundan hinauß/ eilten den verlaſſenen Gezelten zu/ funden daſelbſt einen Türcken/ führeten jhn hinweg/ vnd brachten jhn jrem
Herrn. Der fragt jhn/ was die Türcken vorhetten/ wa ſie weren/ vnd ob ſie etwa in der *Der Herr vom*
nähe ſich verhielten. Darauff ſprach der Türck mit frechem Muht: Fragſtu was die *Schwartzen-*
Türcken thun? Sie ſeind vrplützlich vnd verzagter weiß/ dermaſſen davon geſtrichen/ *einen Türcken*
daß man ſie nirgends mehr ſicht. Als der Landtherr diß gehört/ faſſet er jm einen groſ- *verführt.*
ſen Muht/ ſagt von ſtundan/ wie er gnugſam ſpüren kündt/ daß der Feindt mit ſchlechtem Volck verſehen. Man müßt jhnen ohn alle Saumnuß nacheilen/ vnd keins wegs
zulaſſen/ daß ſie ſolten vngeſtrafft alſo davon kommen: bevorab/ weil ſie durch einen
Thal ziehen müßten/ in welchem man ſie angreiffen/ vnnd leichtlich erlegen kündt.
20 Begab ſich hiemit/ ſampt dem meyſten Theil ſeiner Leut/ zum Schloſß hinauß/ vnd
jagt dem Vrchan im vollen rennen nach. Da aber die Türcken/ ſo der Vrchan neben dem Schloſß im Hinterhalt verſteckt/ den Landtherrn ſampt den ſeinen geſehen
davon ziehen: machten ſie ſich vnverzüglich auß denen verborgenen Orten herfür/ vnd
namen das Schloſßthor vnverſehener vnd vrplützlicher weiß ein. Darauff iſt auch *Das Schloß-*
der ander Hauff/ ſo hinterwerts ſich vnterm Schloſß gelägert/ auß denen verborge- *thor berennt.*
nen Strichen herfür kommen/ vnd hat ſich ſehen laſſen. In dem nun der Schloſßherr
geſpürt/ wie er betrieglich überliſtet/ vnd daß der Türcken Abzug vnd Flucht nur an-
genommener weiß beſchehen: hat er ſich gewendt/ dem Schloſß zugeeilt/ in Meinung/
wider hinein zukommen. Aber die Türckiſchen Kriegßleut hetten jm ſchon den Paſß *Der von*
30 verrennt/ von denen geſagt/ daß ſie vnterm Schloſß verſteckt geweſen. Darumb er *Schwartzen-*
dann/ es wer jhm lieb oder leyd/ ſich jhnen müſſen ergeben. Ward alſo das Schloſß *felß wirdt ge-*
von jhnen eingenommen vñ geplündert. Nicht weit von dieſem Schloſß/ etwas mehr *fangen.*
hinab/ lag ein anders Caſtell/ Vpſu von Türcken genannt/ welcher Nam auß dem
Griechiſchen * Hypſu gemacht/ ſo Keyſer Leo thut zehlen vnter andere Stett/ der * *Pandect. im*
Hauptſtatt Synada deß Phrygier Lands vnterworffen. Diß Caſtell hat ſich auch *50. Cap.*
durch einen Vertrag auffgeben/ weil die Einwohner daſelbſt/ wegen vnverſehener
Ankunfft der Türcken/ erſchrocken vnd verzagt. Vrchan hat beyde Schlöſſer wol be-
ſetzt/ vnd Cara-tzepes dem Cungur Alp/ das ander/ nemblich Vpſu oder Hypſu/ dem
Acce-cozza eingeben. Den Landtherrn von Caratzepes hat er ſambt ſeinen Iſpahi/ oder
40 Edelleuten/ auff das Schloſß Ac-hiſar/ das iſt/ Weiſſenburg/ hinweg geführt: den *Vrchan gegen*
Vnterthanen ſich gnedig vnd milt erzeigt/ auch vernemmen laſſen/ es wer jhm nichts *den Vberwun-*
liebers/ noch mehr angelegen/ dann daß ſie möchten in gutem Fried vnd Ruhe ſitzen. *denen gütig.*
Von dieſer Zeit an/ hat der Cungur Alp angefangen/ für vnnd für gegen Ac-iazi zu
ſtreyffen. Gleicher maſſen pflegte der Acce-cozza ſich auffzuhalten auff Bruckenburg/ *Fünff Brücken-*
bey Aian-Gioli/ (das letſt Wort bedeut einen See) vnd melden die Türcken eben an *burg.*
dieſem Ort jrer Hiſtori/ es ſeyen daſelbſt fünff Brücken. Darumb iſt Aian-gioli eben
der See/ welchem die Griechen den Namen Jwani oder Wani geben: das Schloſß
aber/ iſt eben die Burg Pendegephyros/ von den fünff Brücken übers Waſſer Sangaris alſo genennt/ wie droben auch ſo wol im Erſten/ als dieſem dritten Buch der
50 Hiſtori gedacht. Es ließ der Acce-cozza nicht nach/ auß dieſem Ort den anſtoſſenden
benachbarten Chriſten für vnd für zuſchaffen zu geben. Vrchan aber/ demnach er die- *Vrchan zeucht*
ſe Greniken alſo nach aller Notturfft wol beſetzt/ hat die gefangene Chriſten ſeinem *fort auff Cara-*
Vatter Oſman zugeſchickt: vnd iſt er ſelbſt mit dem Kriegßvolck zu verrichtung de- *tekin.*
ren Sachen/ ſo weiter fürzunemmen/ verruckt: hat nahend zum Schloſß Caratekin
i   ſein

Das dritte Buch Musulmanischer

Vrchans Begeren.

sein Volck geführt / vnnd dergleichen gethan / als wolt ers belägeren. Darnach einen Heralden zum Schloßherrn abgefertigt / jm anzuzeigen: Es wer deß Vrchans Begern an jhn / er wölt das Schloß auffgeben: so wer Vrchan dagegen vrbietig / jm die Herrschafft deß Schlosses mit eben denselben Vortheiln vn gedingen zu lassen / wie ers vor dieser zeit ingehabt / wenn er nur allein für seinen Lehenmann sich wölt halten vnd erkennen. Sey keines wegs bedacht / jetzes feindtlichs wider jhn fürzunemmen. Begere nur von der Seiten sich zu versichern / biß er Burusa die Statt möcht einnemmen: welche zu erobern / er alle seine Macht anzuwenden gentzlich entschlossen. Diß

Deß von Caratekin grobe Antwort.

Anbringen deß Heralden hat den Schloßherrn gar hoch verschmächt vnnd verdrossen. Darumb er jhm zu Antwort geben / er were gar nicht bedacht / mit gutem Willen das Schloß dem Vrchan auffzugeben / welcher dazu kein Recht noch Anspruch hett. Hierauff der Vrchan seinen Kriegßleuten zugesagt / er wölt jhnen das Schloß

Caratekin erobert.

preiß geben / im fall sie es würden mit stürmender Handt erobern. Einer so stattlichen Beut hoffnung hat dermassen den Kriegßleuten ein Muth gemacht / daß sie von allen Krächten / vnnd in einer Furia zum Schloßthor gelauffen / dasselb angefangen zu stürmen / vnnd nicht auffgehört / biß sie mit Gewalt hinein getrungen. Ward also der Schloßherr selbst von Türcken gefangen / kundt in keinem weg erhalten / daß man seiner am Leben hett verschont: sondern ward von Kriegßleuten erwürget. Auch ward gemeldts Schloßherrn Tochter gefangen / welche der Vrchan mit einem stattlichen Present / vnd etlichen sehr köstlichen Sachen / so er / als Feldtobersser in diesem Zug / für sein Person erlangt / seiner geliebten Fraw Mutter zu einem gebürlichen Beutpfenning / wie ein frommer Sohn zugeschickt. Hat darnach alle Ge-

Gnad den Gefangene erzeigt.

fangene den Kriegßleuten abkaufft / ledig gemacht / mit Eydßpflichten jhm huldigen lassen / vnd also zu Gnaden angenommen / auch wider ins Stättlin vnd jhre Güter eingesetzt. Hiemit dem Samsama Tzausch die Vestung befohlen / vn zu seinem Vatter Osman verfügt / welcher damals zu Genischeher / oder zu der Newstatt / mit seiner Porta sich thet verhalten.

Dennnach diese Sachen erzehlter massen verricht / giengen Vatter vnd Sohn nur allein mit denen Gedancken vmb / wie sie die Statt Burusa / welche biß daher ein

Prusa strenger belägert.

so lange zeit belägert gewesen durch zwey Castell / vor der Statt gelegt / erobern möchten. Haben derwegen etlichen jhren Hauptleuten vnd Obersten befohlen / alle Päß vnd Strassen der belägerten Statt embsig zu versperren / damit kein Proviant hinein möcht geführt werden: dadurch dann die Belägerten in die eusserist Angst / Noth vnnd Beschwernuß gesetzt worden. An andern Orten vnnd Enden hat der Cungur-Alp / Sanzacbeg zu Cara-hepes / in die Landschafft Ae-iazi seine Kriegßleut für vnnd für abgefertigt / vnnd daselbst streyffen lassen: vnd gleichßfalls hat auch der Acc-cozza weiter vmb sich zu greiffen angefangen / vnnd gegen den Greniten

Isnigimid / Isnimid / Isnid / Nicomidia.

Isni-gimid außzufallen / welche Statt vorzeiten Nicomidia ward genannt / jetzt schreibens die Türcken etwas kürtzer Isnimid / vnd der gemeine Mann pronunciert noch kürtzer Isnid. Hierauß ist erfolgt / daß dieselben Grenitzen kein Ruhe noch Rast gehaben kundten / weil ohne vnterlaß die Türcken jhnen zu schaffen gaben / so von Rossen schier nimmer kamen / weder Tag noch Nacht / wegen grosser Begierd / jhr Gebiet zu erstrecken / vnd die Christen vnter jhr Joch zu zwingen. Es hett der Cungur-Alp jm Landt Ae-iazi ein Stättlin eingenommen / in Türckischer Sol-

Halonæ / Saltzmarckt.

bazar in vnser Sprach Saltzmarckt genannt. Die Griechen habens Halonæ geheissen / welches in jhrer Sprach gleichßfalls vom Saltzkauff diesen Namen bekommen: vnd gedenckt diß Stättlins der Griechisch Historicus Nicetas / vnnd meldt / es sey gelegen am Wasser Mæandro / jetzt Madre genannt: darauß auch neben zu der Landtschafft Ae-iazi Gelegenheit mag abgenommen werden / welchen Namen der Verantzisch Dolmetsch ein weisse Schrifft außlegt / ich aber wil lieber glauben / es heiß ein weisse Breyte. Damit nun die Christen jhn hierauß möchten vertreiben / vnnd das Stättlin wider erobern: haben sie ein Volck auffbracht / vnnd seindt gestracks auff Sol-bazar gezogen. Denselben ist der Cungur-Alp in einem Thal / nicht fern von Sol-bazar begegnet / vnnd mit seinen Leuten Männlich jhnen vnter Augen getretten. Has

Histori. Osman Chan. 99

ten. Haben also zween Tag vnnd zwo Nacht aneinander auß allen Krässten gestritten vnd scharmützlet / vnnd hat zu letst der Cungur Alp den Sieg erhalten / die Christen gezwungen zu rück zu weichen: Vnd ist darauff er selbst / nach dem er die Feinde zerstreubert / mit seinen Kriegßleuten widerumb gen Sol-bazar kommen. Zu derselben zeit hett auch der Acecozza schon angefangen gegen der ebne / genannt Ac-oua / das ist / Weißfeldt / zu streyffen. Item ward der dapffer Manu / Abdurachman Gasi / das ist / der Streitbar / nicht weniger auß frischem Muth bewegt / auch den Vnterthanen der Christen / vnd der Ort vnd End Einwohnern ohn vnterlaß zu zusetzen / welche nahend auff Constantinopol zu / sich erstrecken / vnnd von derselben Statt nur durch   *Türcken streyf-*
deß Bospori Fluß / oder durch Sant Jörgen Arm / gescheyden werden. Vnd als offte   *fen biß gen*
Kriegßleut auß der Statt ober gemeldten Arm deß Bospori / diesen Christen in Asia   *Scutari.*
zu hülff geschickt: war alßbald Abdurachman vorhanden / griff sie mit seinen Leuten an / erschlug jhrer ein Theil / vnd ein Theil trieb er dermassen in die Flucht / daß sie mit Schaden vnd Spott wider dahin mussten ziehen / von dannen sie kommen waren. Also vertrieben die Osmanischen Rittersßleut jhr zeit / in Verrichtung erzehlter Sachen vnd Geschefft: liessen auch jhnen die Begierd vnd Lust / den Musulmanischen Glauben vnd Gewalt zu erweittern / vnd der Christen Gebiet zu jhrem Gehorsamb zu bringen / zu keiner zeit auß jhren Sinn kommen.

Zu letst kam dem Osman Zeittung / wie die von Burusa oder Prusa / durch ein   *Manhebt an*
so lange jar wehrende Beldägerung ermüdet / vñ wegen Mangels so wol an Proüiant /   *wegen Auffgebung Prusa zu*
als allen andern Sachen gar erschöpfft / anhuben etwa Gelegenheit zu suchen / zum   *handlen.*
wenigsten auff leidliche Condition vnd Articul sich zu ergeben. Jedoch theten sie sich schämen / den schlechten Osmanischen Hauptleuten / welche der Statt Belägerung nachzusetzen in obgedachten beyden Castellen waren verlassen / sich zu ergeben: woltens sonst nit vngern thun / im fall sie dem Fürsten selbst gegenwertig / die Statt auffgeben möchten. Derhalben Osman seinem Sohn Vrchan aufferlegt / ein Zug fürzunemmen / vnd fürs erst den Teggiur von Adranos (ist eben das obgedacht Edrenos)   *Der von Adranos bekriegt.*
im Durchzug anzugreiffen vñ zu bekriegen / seins Vetteren Aidogdi Todt dadurch zurechen. Denn daß in der Schlacht bey Dipotamo gemeldter Aidogdi / seins Bruders Jundus Sohn / vmbkommen vnd erschlagen: Daran wer sonst keiner schuldig gewe-   *Vrsach deß*
sen / dann eben deß von Adranos Vatter / so von den Osmanischen keins wegs beley-   *Kriegs.*
digt / nicht dest weniger viel Landtherrn mit einander verbunden / auch sein engne zu derselben macht gestossen hett / vnd also gar ein ernstes blutigs Streitten vnd Kämpffen erweckt / in welchem die Türcken vbel gelitten vnd beschädigt / vnnd neben andern auch der Aidogdi auffm Platz blieben / dessen Todt dem Vrchan in allweg zu rechen gebüren wolte. Wenn er nun diesen Landtherrn gestrafft / solt er das Kriegßvolck auff Burusa zuführen / vnd dieselb Statt einnemmen. Es hat auch der Vatter in diesem   *Obersie / so dem*
Zug dem Vrchan zugeordnet den Michael Cosse / sampt dem Durgut-Alp / außer-   *Sohn zugeben.*
lesene zween Kriegsobersten / vnd fast die berühmbtisten vnter den Türcken. Gleichsfalls war beym Osman ein andächtiger namhaffter Mann * Scheich Machmut   *Was Scheich / finde man*
genannt / vnd noch ein ander / nicht geringers Ansehens / mit Namen Akhi Chusein /   *im 81. Cap.*
deß Edebals / Osmans Schwehers / Brudern Sohn. Wegen dieser beyder hat Vr-   *Pandectis.*
chan den Vatter angesprochen / vnd begert / er wölt jhm auch dieselben in diesem Zug vergünnen / vnd hats von jm erlangt. Zu dieser zeit war der Osman am Zipperlin oder Podagra dermassen kranck / daß er auch deßwegen zu Beth lag. Darumb er selbst da-   *Osmans Po-*
heym blieb / vnnd dem Sohn sampt diesen beyden Obersten befahl / den von Adranos   *dagra.*
zu vberziehen: neben einer Zusag / daß auch selbst in der Person / wo er anderst mittler weil wider auffkommen würde / als er dann eigentlich verhoffte / nach verrichtem Zug wider den von Adranos ins Läger sich verfügen / vnd der Einnemmung Burusæ / vnd was daselbst zu handlen / wolte beywohnen. Hiemit zohe der Vrchan / sampt den zugeordneten Kriegßleuten wider den von Adranos: welcher nach gehabter Kundtschafft von der Türcken Ankunfft / alßbald sein Schloß verlassen / vnnd auff den Berg Elte-Dage gestiegen / auch sich in den Wäldern vnd Wildnussen desselben / mit   *Elte Dage der*
den   *Berg.*

i ij

Das dritte Buch Musulmannischer

den seinen versteckt. Als der Vrchan gesehen/ daß die Feind davon geflohen/ vnnd ins Gebirg gewichen/ dahin man mit den Rossen nicht kommen kundt: hat er seinen Leuten den Rath geben/ sie solten von jren Pferden absitzen/ vnd dem Feindt zu Fuß nacheilen. In dem nun die Christen sahen/ wie sie durch jhre Flucht den Türcken nicht *Die Christen ergeben sich.* würden entlauffen/ noch sich saluieren vnnd retten können/ haben sie sich eins andern bedacht/ vnnd jhnen fürgenommen/ sich zu ergeben. Darauff von stundan sich gewendt/ den Türcken entgegen gezogen/ vnd gütwillig sich erbotten/ jhnen zu gehorsamen. Der Landtherr aber von Adranos hat in verzweiflung/ er möcht sein Leben nicht können erretten/ allein auff die Flucht all sein Zuversicht gestellt: vnnd weil er *Der von Adranos jämmerlich vmbkommen.* an gähen vnd hohen Orten davon zu streichen vnd zu eilen vermeynt/ ist er vnfürsichtiger weiß von einem hohen Felsen herab gestürtzt/ in viel Stück an allen Gliedern zerfallen/ vnd also eins erbärmlichen Todts hingefahren/ vnd gestorben. Die Türcken seind zum Schloß Adranos widerkehrt/ habens zerstört/ alle Landleut huldigen lassen/ vnd jhnen dagegen vergünnt vnd erlaubt/ jhrer Haab vnd Güter frey zu geniessen. Demnach diese Sachen also verricht/ ist der Vrchan mit dem Kriegsvolck auff Burusa fortgeruckt: vnd wirdt von etlichen gemeldt/ es sey auch Osman selbst ins Läger dahin kommen/ vnd sollen beyde/ Vatter vnnd Sohn/ an einem Ort jhr Quartier eingenommen haben/ so Bingar-basi von einem Brunnen genennet. *Der von Burusa ermahnt/ sich zu ergeben.* Folgends haben sie beyde vnverzüglich den Michael Cosse zum Herrn der Statt Burusa/ welcher vom Verankischen Dolmetschen Bersee/ vom Murat Drágoman Beres wirdt genannt/ abgefertigt: denselben in jhrer beyder Namen zu erinnern/ so fer jhm sein eigen/ vnd seiner Leut Heyl/ Leib/ Leben/ vnd Wolfahrt lieb wer/ solt er ohn weitern Auffzug die Statt jhnen ergeben/ dero sie dißfalls zu verschonen bedacht: vnd insonderheit solt er sich hüten/ vnd nicht gelüsten lassen/ daß er lieber deß Osmans Macht vnd Gewalt/ dann Gnad vnd Güte/ wolt erfahren vnd versuchen. Als derselb diß angehört/ gab er zu Antwort/ er wölt die Statt auffgeben/ da man anderst zuvor wegen eines Stillstands sich vntereinander verglichen: damit man/ in dem derselb wehren würd/ von Articuln der Auffgebung frey möcht handlen. Michael kam wider zum Vrchan/ vnd referiert zurück/ was deß Teggiurs Begehrn wer. Da solches der Vrchan bewilligt/ ist der Cosse wider zum Herrn von Burusa gezogen/ *Capitulation mit den Türcken.* hat zu vorderst angezeigt/ wie der Vrchan auff ansuchen der Belägerten/ einen Stillstandt eingangen vnd passiert. Daneben gefrägt/ auff welche Geding oder Articul sie zu capitulieren/ vnnd die Statt auffzugeben bedacht. Hierauff der Beres geantwort: Wir wöllen vns vorbehalten haben/ so wol vnser/ als vnser Weib vnnd Kinder Personen/ sampt vnser Freyheit: vnd gleichßfalls vnser Haab vnnd Gut/ so viel wir dessen mit vns werden können hinweg tragen. Daneben begeren wir/ man wölle vns ein gnugsame Anzahl euwer Kriegßleut zugeben: damit sie vns/ wann wir auß der Statt abziehen werden/ nicht allein begleyten/ sonder auch vor euwren vbrigen Leuten schützen/ schirmen/ vnnd handthaben/ biß wir sichere Ort/ vnnd vnsere Gewarsamb erreycht. Michael sprach/ er were der Meynung/ Vrchan würde diese Articul annemmen: im fall die von Burusa/ wann sie die Statt verlassen/ vnd an sichere Ort gefährt vnnd geliefert würden seyn/ wegen deß Gleyts solchen Türckischen Gleytsleuten etwas zu erlegen vrpietig. Beres antwort/ er wölt dißfalls so viel erlegen vnd zahlen/ als der Michael selbst erkennen/ vñ für gut ansehen würd. Verglichen sich *† Pandect. im 18. Cap.* hiemit/ daß man wegen deß Gleyts den Türcken 30.tausendt† Byzantiner geben solt: *Prusa ergeben.* vnd hat der Beres versprochen/ er wölt dieselb Summa Gelts jnen schicken/ vnd zustellen lassen/ wie ers dann auch gehalten. Als nun hierauff die Bürger vñ Inwohner der Statt sampt jrem Teggiur abgezogē/ hat man alßbaldt Musulmanlar dagegen hinein lassen ziehen/ vñ insonderheit einem befohlen/ Achki Hasan genant/ die Türckisch Besatzung auff die Stattmaurn vñ Thürn zu führen vñ zu ordnen. Auch hat man denen von Burusa Türckische Kriegßleut zugebē/ damit sie durch jr Gleyt sicher in die Gegent vñ Statt Geinleick kommen möchten. In dem sie nun diß Ort erreycht/ seind sie zu Schiff gangen/ vñ vbers Meer auff Constantinopel gefahren. Es schreiben zwar die

Türcken/

Histori. Osman Chan.

Türcken/ man hab damals mit den Christen/die sich ergeben/ so auffrichtig/trewlich/ **Capitulation wol gehalten.**
ohn alle gefährd/ vnd bescheidenlich gehandelt: daß auch nicht gestattet worden / einigem Menschen eins Manguri / oder Hellers werth / oder auch ein Splitter zu nemmen. Daneben wirdt gemeldt/ man hab in der Statt gar herzliche Schätz gefunden/ **Grösse Beut.**
so theils der Teggiur Beres /theils andere Bürger hinter jnen verlassen. Dieselb hat der Vrchan vnter seine Kriegßleut außgetheilet/welche dadurch groß Gut vnd Reichthumb erlangt. Vnter andern vertrawten Leuten/ hett der Buruß Teggiur einen geheymen Rath/ mit Namen Saros. Dieser hett insonderheit gerahten / man solt die **Saros/ deß Beres Rath.**
Statt auffgeben : vnd kundt doch nicht beredt werden/ als andere darauß wichen/daß
20 er auch mit denselben hinweg wer gezogen/sonder hat jm fürgenommen/bey den Türcken zu bleiben. Er war vber die massen vermöglich an Reichthumb/vnd grosser Barschafft/die er von gutem willen theils dem Vrchan angetragt/ theils vnter die Kriegßleut spendiert/ Gunst dadurch zu erlangen. Weil man aber in der Statt gar viel todte **Vrchans Gespräch mit dem Saros.**
Cörper der Christen hin vnd her thet finden / hat Vrchan befohlen/ man solt den Saros fordern. Als derselb vorhanden/ hub er mit jhm ein Gespräch an/ vnd fragte fürs erst/was für Vrsachen gewesen/dadurch denen von Burusa dermassen jr Stärck vnd Gemühter empfallen/daß sie endlich den Türcken gewichen. Hierauff gab Saros zu Antwort/ sie hetten vielerley Vrsachen gehabt/ die Statt auffzugeben. Vnd erstlich **Die erst Vrsach/ darumb**
diese/ daß sie gesehen/ wie der Türckisch Gewalt/ auff einen so glücklichen Anfang ge- **die Statt auffgeben.**
20 gründet / auch derselben schleunige Wolfahrt in allen dingen/ von tag zu tag / jhe lenger jhe mehr gewachsen : vnd dagegen jre Macht täglichs abgenommen / auch all jhre Sachen für vnd für schmäler geworden. Zum andern / sprach er/ hat vns deins Vaters mercklicher Geschwindigkeit ein schrecken eingejagt/welcher an zweyen gar beque- **Die ander Vrsach.**
men Orten/die Päß/ vnd so wol in die Statt/ als hinauß gehende Strassen zu sperren / zwey Castell erbawt/ vnd durch starcke Besatzung dermassen befestigt / daß vns gantz vnd gar nichts von einiger notturfft zugeführt kundt werden. Hat darnach sein vbrig Kriegßvolck von der Statt hinweg geführt/ alle Gegend vmb vnser Statt/ sampt vnsern Bawrn/ vns abgestrickt/ vnd jhm vnterthänig gemacht. Nun kan aber keine Statt weder jrer Äcker / noch der Ackerleut manglen. Darumb wir / nach dem
30 die vnsern in ewren Gewalt kommen/ derselben gar nit genossen/ sonder haben zu letst hungers müssen sterben. So hat auch vnsere Gemühter/sich mit euch zu vergleichen/ **Die dritt.**
vnd die Statt auffzugeben/ nicht wenig beweget/ daß wir sahen/ wie alle die in guter Ruhe sässen/ welche sich vnter ewren Gehorsamb begeben/ vnnd haben derhalben gewündscht/ daß wir auch einer solchen Wolfarth theilhafftig möchten werden. Zu die- **Die vierd.**
sen Vrsachen ist auch die kommen/ daß vnser Teggiur vnd Herr/ jhme die verschienen Jar nichts mehr noch höher lassen angelegen seyn / dann wie er än Golt / vnd andern Reichthumb/ grosse Schätz hauffenweiß möcht versamblen: auch daneben vermeynt/ er müßt dieselben für vnd für sparen/ damit sie nit auff gemeine Notturfft angewendt **Schätze ohne zurüstung aller Kriegßnotturfft**
würden / vnd solches auß einem so vermaledeyten vnnd verfluchten Geiz : daß er mit **nichts nütz.**
40 keim Geschütz / keinen Wafen noch Rüstungen/ keiner Hülff noch Vorrath / zu Abtreibung deß Feinds / vnd Handthabung deß Vatterlands / noch mit einiger anderen Notturfft bey zeiten sich gefaßt gemacht. Daher dañ erfolgt/daß er durch deß Feinds vnversehene Ankunfft vberfallen/ seiner Schätz vnd Barschafft wol nit mehr begert zu verschonen/ aber dannoch viel zu spat rew vnd leyd empfunden / nach dem alle Gelegenheit gemeldter Sachen zu bekommen/ jhm auß den Händen entrunnen/daß er nit zeitlicher deß gemeinen Vatterlands Notturfft betracht/vnd Fürsehung gethan. Be- **Die fünfft.**
schließlich ist all vnsere Hoffnung verschwunden durch die vnglückhaffte Versperrung einer so grossen mening Volcks innerhalb der Stattmauren/ als in eim Gefängnuß : dadurch vnsern Augen der grawsam abschewlich Todt/ auß hungers noth zu
50 sterben/ vnauffhörlich fürgestellt ward. Haben derhalben in so grossem Elend zu Gemüth geführt/ wie täglich alle ding veränderlich: vnd darauff bey vns entschlossen/im fall wir etwa ein so glückliche Gelegenheit erhaschen kündten / wolten wir euch zuvor die Statt auffgeben/ vnd durch einen guttwilligen Vertrag vnser Leben erhalten / ehe dann die Statt mit stürmender Handt gewaltiglich erobert/vnd wir durch ewre Sä-

I iij   bel hinge-

Das dritte Buch Musulmanischer

bel hingericht würden. Als der Saros erzehlte Vrsachen angezeigt/ hat Vrchan darauff gefragt/ was die todten Cörper bedeuten/ so man in der Statt allenthalben fünde?. Sie zeigen an/ sprach Saros/ die betrübliche hungers Noth/dadurch so viel Leut vnter vns vmbkommen. Also ist Burusa/die sonders edle Statt der Griechen in Asia/ den Türcken in die Hånd gerahten: welches geschehen sol seyn/ als sie selbst melden/ nach dem Todt jhres Propheten Muhamets im 726. Jar. Vnnd daß eben diß Jar mit dem 1327. Jar nach Christi Geburt vberein stimme/ wirdt von mir an einem andern Ort beständig erwiesen. Ich soll aber allhie nicht vnterlassen/ auch in andern bericht anzuzeigen/ wie Burusa durch der Türcken List soll eingenommen seyn/ als der im Verantzischen Buch gefunden wirdt: wiewol ich deß Lesers Vrtheil heimstellen wil/ ob derselb der Warheit åhnlich/ oder ertichtt sey. Da Burusa/ spricht der Autor/ (gleichwol ein Türck) von den Osmanischen beldgert: hat Vrchan befohlen/ man solt viel zerstossenen Kalchs ins Låger führen/ vnd auff einen Hauffen schütten/ gleich vor der Statt/ da es die Beldgerten sehen kündten. Als dieselben diß sahen/ vermeynten sie/ es were Meel/ so der Feindt dahin lassen führen/damit er die Beldgerung den Winter vber möcht continuiern vnd beharren. Haben derhalben jhr Gefahr zu Gemüth geführt/ weil sie ohn alles mittel der Türcken zu theil müßten werden/ im fall sie vom Keyser zu Constantinopol kein Hülff noch Entsatzung erlangten: vnd rathsamer vermeynt zu seyn/ sie kåmen der antrauwenden Gefahr bey zeiten zuvor/ weil jhre Sachen noch etwas auffrecht/ vnd theten sich selbst/ sampt Haab vnd Gut/ erretten. Hierauff haben sie einen Vertrag vnd Vergleichung mit dem Feindt getroffen/ dadurch sie jm die Statt vbergaben/vnd für sich ein freyen Abzug mit Weib vnd Kindt/ mit Haab vnd Gut/ vnd mit jhren Rüstungen vnnd Wehren/ außdingten: dagegen jhnen der Vrchan versprach bey seinem Haupt/wie der Türcken Brauch ist zu schweren/ er wölt jhnen festiglich halten/ was er jhnen/ sie an Leib vnd Gut zu schützen vnd zu schirmen/ zugesagt. Ward also die Statt den Türcken auffgeben/ vnd huben sie Christen an mit Weib vnd Kindt abzuziehen. In dem wendt sich der Vrchan zu den Christen/ vnnd sprach: Es schickt sich baß/ jhr lasset mir diese Kinder/ dann daß jhrs hinweg auff Constantinopol führet. Ich wil sie gar schön vñ gütlich halten. Die Christen antworten/ solches würde wider die Capitulation seyn/ die man in allweg halten vnd handthaben sol. Vrchan sagt dagegen: Euch ist ein freyer Abzug erlaubt/ dabey ichs noch laß beruhen. Wie kan ich aber wissen/ obs auch diesen Kindern gefållig hinweg zuziehen? Lasset sie allhie bey vns bleiben/ biß sie erwachsen/ vnd jr Meynung vns können offenbaren: vnd da sie alßdann vns verlassen/ vnd zu euch sich begeben wöllen/ sol jhnen solchs gantz frey stehen. Hat hiemit befohlen/ man solt jnen auch wider jhren Willen die Kinder nemmen: darnach widerumb sich zun Christen gewendt/ vnnd gesprochen: Es gebürt auch jnen etwas von diesen Gütern/ so jr mit euch hinweg neme. Darumb es fast billich/ jhr lasset jhnen jhr Theil allhie. Dann keins wegs zu dulden/ noch zu gestatten/ daß jr frembde Güter mit euch hinweg führet. Hat jhnen also nemmen lassen/ was jhm gefallen. Vnd seind die arme Leut von Burusa/demnach sie jrer Kinder vnnd aller Haab beraubt/ zu letst meist theils der Meynung worden/ daselbst auß verzweiflung zu bleiben: nur etlich wenig außgenommen/ die vom Osmanischen Kriegsvolck grossen Muthwillen müssen leiden/ all jhr Haab vnd Gut verlorn/ vnd darnach gen Constantinopol gefahren. Hiemit hat der Leser ein arglistigs Türckisch Pößlin/ so der Warheit sehr åhnlicher scheinet zu seyn/ wil erfahrne Leut wissen/ daß auff Erden keine Barbarische Leut den Türcken mit List vñ Meineyd vberlegen:wiewol jhr andere Scribenten deß Vrchans Bescheydenheit in dieser Auffgebung der Statt Burusa/ sampt seiner Redlicheit vnnd Auffrichtigkeit in haltung dessen/ so er zugesagt/ fast loben. Daß nun im obgemeldten Jahr Burusa eingenommen worden/ daran ist kein zweiffel: aber ob damals Osman noch bey Leben gewest/ da sie den Türcken worden/ ist noch bey den Türcken selbst zweiffelhafftig: gleich wie auch das bey jhren Historicis strittig/ ob die Statt in abwesen deß Osmans auffgeben/ wie etliche schreiben: oder ob der andern Meynung mehr der Warheit gemåß/ so das Widerspiel thun melden. Dann sie berichten/ Osman sey bey seinen Leuten im Låger gegenwertig

genwertig geweſt/ auch zu der zeit/ da die Belägerung der Statt noch gewehrt: aber zu letſt hab ſein obgedachte Kranckheit/ das Zipperlin/ ſo hefftig die Vberhandt genommen/ daß er auß Gottes Befelch (wie die Türcken pflegen zu reden) von dieſer Welt geſchieden. Darumb/ ſagen ſie weiter/ ſeindt die Türcken bey nächtlicher Weil mit dem Läger auffgebrochen/ haben die Belägerung fahren laſſen/ vnd anderſtwo hin angefangen zu ziehen. In dem flohe ein Gefangener auß dem Läger in die Statt/ vnd bracht dem Herrn von Buruſa Zeitung: wie der Türcken Fürſt geſtorben/ vnnd die Türcken ſelbſt die Flucht geben. Alßbaldt er ſolches vernommen/ iſt er von ſtundan mit ſeinen Leuten auß der Statt hinauß gewiſcht/ vnnd hat den abziehenden Muſulmanern/ wie Kriegß Brauch erfordert/ nachgeſetzt/ ihnen ein Abbruch zu thun. Mittlerweil ließ der Vrchan ſeines Vatters Leich etwas weiter fortführen/ vnnd hat er ſein Kriegßvolck an einem ſehr bequemen Ort zum Hinterhalt/ verborgen vnnd verſteckt: vnd alſo die Chriſten/ welche keine Acht auff jhre Sachen hatten/ ſonder in groſſer Sicherheit fortzohen/ vnverſehens vmbgeben/ vberfallen/ geſchlagen vnnd erlegt/ jhren Herren ſelbſt gefangen bekommen/ vnd iſt hiemit auch der Statt Buruſa mächtig worden. Darnach ließ er die Leich wider zuruck führen/ vnnd erwehlt jhm einen Ort in einem Cloſter zu Buruſa/ da er ſeinen Vatter zur Erden thet beſtatten. Dieſer Bericht von Einnemmung Buruſa der Statt/ ſtimmet auch mit dem nicht vberein/ ſo droben geſetzt: Andere ſchreiben/ Osman ſey ohn allen zweiffel noch bey Leben geweſt/ als die Statt ward erobert: weil auß ſeinem Rath vnnd Befelch der Sohn Vrchan mit dem Kriegßvolck auff Buruſa zugeruckt/ die Statt einzunemmen. Daß aber der Vatter ſelbſt dieſem Zug nicht fürgeſtanden/ noch beygewohnt/ ſey auß etlichen Vrſachen geſchehen. Dann erſtlich/ ſprechen ſie/ ward er durch das Zipperlin an Füſſen verhindert/ daß zu Verrichtung der Kriegßſachen nicht kundt ins Feldt trucken. Zum andern/ wolt er/ daß ſein Sohn Vrchan/ auſſerhalb deß Lands/ bey deß Vatters Lebzeiten/ alle Kriegßſachen führen/ vnnd etwas verrichten ſolt: damit er einen Rhum/ Preiß/ Lob/ vnnd guten Namen/ wegen ritterlicher Verhaltung erlangen möcht: vnd derhalben den Osmaniſchen Oberſten/ Befelchs vnd Ritterßleuten/ deſt lieber ſeye: auch bey den Oguziſchen Volck in deſt mehr Anſehen vnd Würden gerahten/ ſein Reputation vnnd gebürlichen Gehorſam zu erhalten. Inn Summa/ dieſer Scribenten Meynung iſt/ es ſey der Sultaniſch Gewalt vnd Würde/ vom Vatter Osman/ da derſelb noch bey Leben/ ſeinem Sohn Vrchan vbergeben worden: weil der Vatter ein hohes Alter erreyche/ vnnd wegen nottürfftiger Ruhe daheym blieb. Melden daneben/ es hab gleichsfalls hernach Murat Chan ſeinem Sohn/ Sultan Muhamet dem andern/ das Regiment vnd Reich gutwillig auffgetragen vnnd gelieffert: ſey gen Maniſſa gezogen/ vnnd hab jhm fürgenommen/ daſelbſt die vbrige zeit ſeins Lebens im rühigen Alter zu verzehren. Allein ſey diß vnter den beyden der Vnterſcheid/ daß Osman in ſeinem Vorhaben beſtendig verharret: der Murat aber auß rew ſeinen Rath vnnd Vornemen geändert/ vnd wider zu der Regierung getretten/ vnnd derſelben ſich angenommen. Von deß Osmans Todt wirdt auch das in der Türcken Hiſtorien gefunden/ däß nemblich zum erſten ſein Schwäher Edebali geſtorben: vnd daß deſſelben Tochter Malichon/ Osmans Gemahel/ Vrchans Mutter/ jhrem Vatter geſtracks/ innerhalb eines Monats friſt gefolget. Osman ſol beyder Leich im Schloſſ Bilezug beſtattet haben/ vnnd hernach im dritten Monat verſchieden ſeyn. Denſelben ſollen auch ſeine Leut in groſſer Klag/ im Stättlin Sugut/ mit Fürſtlichen Ceremonien verſenckt haben.

Melden auch daneben/ es ſey damals Vrchan/ wegen der Buruſiſchen Beldägerung/ nicht anheymiſch geweſen: vnd hab nach entpfangener Zeitung/ wie der Vatter mit Todt abgangen/ ſich nach Hauſe verfüget: auch nach eingenommenen bericht von deß Vatters letzten Willen vñ Teſtament/ an welchs Ort er wöllen begrabē ſeyn/ auff Buruſa die Leich führen laſſen/ vnd in daſelbſt vnter der runden Cuba/ das iſt/ vntern runden Dach/ oder runden Gewelb einer Capellen/ begraben laſſen. Vñ hat das

Das dritte Buch Musul. Histori. ꝛc.

selb Gewelb oder Dach/ vnangesehen es bleiben war/ dannoch deß gemeinen Manns Meynung nach/ bey jedermeniglich den Namen bekommen/ daß mans die silberin Cuba/ oder den silberin Knopff genennt. Gleichwol seind etliche der Meynung/ Osman sey zu Sugut begraben worden/ welche sie auch Suguzick nennen. Zwar ist beweißlich/ daß zu Suguzick ein Monument vnd Grab deß Osmans noch verhanden.

Osmans Alter/ vnd Jahr der Regierung.

Osman hat 69. Jar gelebt/ vnd 29. Muhametisch Jar regiert: welche nach der Christen Raitung / 28. Jar machen / wie anderstwo erklärt. ¶ Die Türcken melden/ es sey neben andern Sachen in seinem Testament vnd letzten Willen/ auch ein Erinnerung vnd Vermahnung an seinen Sohn Vrchan gefunden worden/ darinn er jhm gerahten/ wann jemandt jhm wölt einbilden/ daß er solt einer Sachen sich vnterwinden/ so von Gott selbst nicht befohlen: solt er wissen/ daß er in allweg eins solchen Vorhabens sich zu enthalten vnd zu hüten/ noch einem solchen Rath zu folgen. Vnnd in Summa/ solt er jm nichts fürnemmen/ noch vnterstehen/ das er spüret/ dem Göttlichen Befelch nicht gemäß zu seyn. Im fall aber etwas fürfallen würd/ (wie dann in dieser Blindheit der Leut in Menschlichen Sachen/ vns vielfältig pflegt zu widerfahren) solt er dasselb/ daran er zweiffel hett/ oder nicht wüßte/ was jhm zu thun/ an deß Göttlichen Gesatzes erfahrne gelangen lassen/ vnd jhre Meynung vnd Vrtheil vernünfftig erforschen/ auch mit dem fleiß: daß er nimmermehr nichts anfieng/ ehe dann er etwas gewisses derselben Sach halben eingenommen: vnnd was für ein Außgang dieselb würd gewinnen / scharffsinnig erwogen vnnd betracht. Daneben solte er seine Diener vnd Vnterthanen/ so er willig vnd gehorsamb spüret/ nicht allein gnedig/ sonder auch in Ehren vnd Würden halten. Den Kriegßleuten solt er sich freygebig vnd mildt erzeigen/ vnd nicht vnterlassen/ dieselben jhm durch darreychung jrer Besoldung zu gebürender zeit/ vnd durch Gnadengelt geneigt vnd willig zu machen. Dann der Menschen Art sey also beschaffen/ daß gar gern die Lehenleut jhren Lehenherrn/ die Diener jren Herrn/ vnd die Schlauen denen/ so sie erkaufft/ sich verpflicht erkennen: wann sie derselben mitleiden/ nachdencken/ vnd sorg jret wegen mercken/ vnd jre Gnad vnd Miltigkeit spüren. Diese Lehr vnd Erinnerungen sol Osman im Testament seinem Sohn Vrchan verlassen haben/ so zwar nicht von einem Barbarischem groben Kopff herkommen/ sonder wol eins so grossen Reichs Anfäher würdig. Von seinen Sitten/ auch Mitleiden vnnd Barmhertzigkeit gegen dürfftigen Leuten/ melden die Türckischen Historien/ insonderheit deß von Haniwald: er hab täglichs viel Speisen kochen lassen/ die Armen damit gespeiset/ zerrissene nackete Leut vom seinen bekleydet: auch Wittwen insonderheit reichlich mit Allmusen begabt.

Osmans Rath dem Sohn gebn im Testament.

Nichts zu thun ausser Gottes Befelch.

Gute Vnterthanen vñ Diener hoch zu halten.

Die Kriegßleut reichlich zu bezahlen.

Osman Armen vnd Wittwen gnedig.

End deß dritten Buchs Musulmanischer Histori.

Register

Register der fürnemesten Händel dieses Buchs.

A.
Aboesi/ein Türckische reynigung. 57.
Aia Nicola/Hertz zu Nacolia. 69.
Aidogdi erschlagen. 92.
Aladin/der erst König zu Jconio. 39.
Aladin fährt den Osman vbel an. 67.
Aladin schenckt dem Osman ein Statt. 71.
Aladins vertrag mit dem Osman. 68.
Aladin wirdt milder gegen dem Osman. 67.
Ali wirdt erschlagen. 10.
Anfang der Histori. 7.
Anfang einer geringen Herrschafft. 63.
Anzahl der Christen in der Statt. 82.
Auffnemmen der Oguzier. 3.
Auß deß H. Verantÿ Türckischen Histori noch ein ander Bericht. 14.
Außgang ö Türckischë hülff vñ Bündnüssen 40.
Außlegung deß Traums. 58.
Außschliessung deß Abubala vom Chaliphat. 30.
Axan/Tagrolipix Sohn. 34.
Azadin/der ander König zu Jconio. 39.

B.
Bai Hozsa erschlagen. 70.
Bainzar fellt dem Aladin in s Land. 55.
Bapso/sonst Baydo/der Tatarn Oberst. ibid.
Bedeutung der Neubet. 87.
Befreyhung deß Marckts zu Eßkisar. 73.
Belägerung der Statt Isnic. 80.
Belägerung deß Carachisar. 54.
Beweiß/daß der Suleiman Schach ein Sohn deß Cutlumusis gewest. 38.
Bey deß Fürsten Haupt schweren. 102.
Bilezug von den Osmanischen eingenommen. 79.
Bilezug von Türckë mit betrug eingenommen. 66.
Blindtheit deß von Bilezug. 79.
Bottschafft an den Michael Cosse. 94.
Bottschafft an Sultan Aladin. 81.

C.
Cala heißt ein Schloß. 51.
Capitulation durch Arglist brochen. 102.
Capitulation mit den Türcken. 100.
Capitulation wol gehalten. 101.
Carachisar Begin die Acht gethan. 71.
Carachisar vom Ertogrul eingenommen. 55.
Carachisar zweymal erobert. 56.
Caratek in erobert. 98.
Castelion/ein Schloß in Phrygia. 92.
Catalogus der rechten Chaliphen. 26.
Christen förchten sich vorm Osman. 74.
Christen vnuersehenlich vbereylt. 81.
Christen von Türcken vbereylt. 83.
Colze das Schloß zerstöret. 70.
Constantinopol gestürmet. 13.
Corrumpirte Namen verbessert. 44.
Cosse verwarnet den Osman. 77.
Cosse zum Osman geschickt. ibid.
Cuprichisar vom Osman eingenommen. 90.
Cursum Schach von Tatarn vertrieben. 49.
Cutlumuses sampt seinen Söhnen bekriegt den Sultan. 37.

D.
Alß die Genealogia nicht gar auff den Noah sich erstreckt. 47.
Das fünffte theil der Beut dem Sultan zugeschickt. 87.
Das heilig Feuwer in Persia verloschen. 8.
Das vierdt vnd letst Musulmanisch Reich. 46.
Daß Ulid kein Chalipha gewesen. 28.
Dem Osman wirdt nachgestellt. 77.
Dem von Bilezug die Execution befohlen. 76.
Der Abbasiler Vrsprung. 12.
Der Aladinier Macht abgenommen. 55.
Der alten Türcken bescheidenheit. 93.
Der Autor hat Persönlich das Türckisch Wesen besichtiget. 7.
Der Belägerten Bottschafft an ihren Keyser zu Constantinopol. 82.
Der Belägerten Christen Bottschafft an die Feinde. 14.
Der Chalipha ein Schiedmañ ö Musulmaner. 37.
Der Christen heimliche Anschläg wider den Osman. 76.
Der Christen Königreich/von Türcken eingenommen. 4.
Der Christen Niderlag. 83.
Der Christen sicherheit. 81.
Der Christen vnglückhaffte Zwytracht. 75.
Der erst Musulmanisch Bapst. 9.
Der Griechen vnfürsichtigkeit. 25.
Der Griechen vntergang durch innerliche Trennung. 4.
Der Herr von Schwartzenfelß wirdt durch einen Türcken verführt. 97.
Der Hunnen vnd Jurchen vmbziehen. 48.
Der Keyser gibt Tribut für seine/vnnd seines Sohns Person. 25.
Der Landtschafft Osmanidis gelegenheit. 3.
Der Luliufer Gebäuw. 80.
Der Musulmanisch Chalipha von Tatarn bekrieget. 41.
Der Oguzier Art vnd Sitten. 50.
Der Oguzier Hüttlin. ibid.
Der Oguzier Königreich zu Machan. 48.
Der Osmanier Genealogia. 47.
Der Osmanier Spitzfündigkeit. 92.
Der Osmanischen Kriegßleut frischer Muth. 93.
Der Saracener vnwahrer Bericht. 14.
Der Schweher wider den Tochtermann. 39.
See Juane. 24.
Der Selzuckier Expedition in Persien. 49.
Der Selzuckier Geschlecht. 34.
Der Sohn dem Vatter vngleich. 41.
Der Sultan gibt den Tatarn Tribut. 43.
Der Türcken Gewalt. 1.
Der Türcken gewisses herkoffien von den Ogusiern vnd Alpen. 47.
Der Türcken Hamaili. 10.
Der Türcken Herkommen. 2.
Der Türcken Höflichkeit. 53.
Der Türcken Sultan in Persien. 34.
Der Türcken verweynte Antiquiteten. 47.
Der Türcken vhralte Vatterland. 48.
Der Osmanischen vnd Griechen Kundtschaffter. 70.
Der von Abranos bekriegt. 99.
Der von Abranos jämmerlich vmbkommen. 100.
Der von Bilezug erschlagen. 79.
Der von Eßkisar wirdt Osmans Feindt. 60.
Der von Teke vmbracht. 92.
Deß Abdulla/Sarcha Sohn Mannlichs verhalten. 13.
Deß Ali Sulficar. 10.
Deß Einsiedlers Höltzin Wehr. 86.
Deß Giassadins zween Nachfahrer. 43.
Deß Griechischen Keysers fürsichtigkeit. 41.
Deß Herrn von Preusa forcht. 93.
Deß Jconier Sultanats theilung. 43.
Deß Irthumbs Aythoni vrsprung. 35.
Deß Jundus gäher Rath. 72.

Deß

Register.

Deß Keysers Lascaris geschwindigkeit. 40
Deß Keysers Tochter kompt wider zu jhrer gesundtheit. 85
Deß Keysers vnd Sultans zusammenkunfft. 42
Deß Madi Sohn Musa wirt außgeschlossen. 31
Deß Michaels Tochter Hochzeit. 76
Deß Suleiman Schach thaten wider die Christen. 51
Deß Sultan Bottschafft an den Griechischen Keyser. 41
Deß Sultans verzagter Muth. 43
Deß Tagrolipir Anschlag. 33
Deß Tagrolipir Bruder vn nechste Vettern. 34
Deß Tzauschen begeren an Osman. 95
Deß von Bilesug Hochmuth nach dem Sieg. 75
Deß von Caratekin grobe Antwort. 98
Deß warmen Wassers krafft offenbaret. 85
Die Abbasiler von Tatarn vnterdruckt. 49
Die acht Expedition. 23
Die ander Ernewerung deß Tributs. 22
Die ander Expedition auff Constantinopol. 12
Die ander Expedition auß Griechischen Scribenten. 24
Die Babylonier von Türcken vberwunden. 34
Die Belägerten halten rath. 83
Die Belägerten betrogen. 102
Die Christē tretten zusammen wid'n den Osman. 91
Die Clausen im Orimenio den Reysenden gefährlich. 65
Die dritt Ernewerung deß Tributs. 25
Die dritt Expedition der Saracener, sampt der Statt Belägerung. 18
Die dritt Expedition deß Aarons. 24
Die erst Expedition der Saracener wider Constantinopol. 11
Die erst Expedition deß Aarons, auß den Griechischen Historien. 23
Die fünfft Expedition, sampt der Statt Belägerung. 21
Die Iberes kommen vom Thubal. 48
Die Kriegßleut reichlich zu bezahlen. 104
Die Lulufer wirdt dem Urchan geben. 80
Die Muhametischen Vicarien oder Statthalter auff Erden. 9
Die Occidentischen wider die Orientischen. 32
Die Oguzier halten gemein. 61
Die Oguzier weichen auch den Tatarn. 50
Die Osmanier wider die Musulmanlar. 4
Die Prusisch Belägerung vil Jar gewehret. 93
Die Saracenisch Armata durch Feuwerwerck verbrennt. 20
Die sechst Expedition. 22
Die sibend Expedition, sampt der Statt belägerung. 22
Die Tatarn beeydigt. 96
Die Türcken leichtlich zum Musulmanischen Glauben bracht. 48
Die Traudarler lang gewehret. 96
Die vierdte Ernewerung deß Tributs. 25
Die vierdt Expedition, sampt der Statt belägerung. 18
Die von Carachisar halten sich vnnachtbarlich gegen dem Ertogrul. 54
Die von Corideressi werden vberfallen. 95
Die von Isnic endtlich abgemattet. 81
Die von Sorcon ergeben sich dem Osman. 74
Dunder befördert den Osman. 62
Dunder einer andern meynung dann Osman. 75
Dunders eingezogene Wiz. 62

E.

Edebal 120. Jar gelebt. 64
Ein ander Bericht auß den Griechischen Historien. 20
Ein blutiges Treffen. 92
Ein frommer Fürst sol Audienz geben. 17
Ein merckicher Bericht deß Cedrini. 36
Ein rechte Musulmanische Antwort. 68
Ein Saracenisch Fabul. 22
Ein Schwein sucht hölffim warme Wasser. 85
Ein subteler Fundt deß Osmans. 77
Ein Türckisch Mählin. 84
Emir vnd Chalipha zweyerley. 26
Erfindung eines warmen Bads. 84
Ernewerung deß Tributs. 21
Eroberung Carachisar. 71
Ertogrul bricht dem German sein muth. 54
Ertogrul im Alter geehret. 57
Ertoguls ansehen. 54
Ertoguls Bottschafft an den Sultan. 52
Ertoguls drey Söhne. 52
Ertogrul spricht den seinen zu, dem Aladin zu helffen. 51
Ertoguls todt. 61
Ertoguls trauru. 57
Ertoguls Tugenden. 57
Ertoguls weise einzogenheit. 55

F.

Fall der Kron Ungarn. 5
Falsche Namen eins Chaliphe. 27
Faustus Verantius. 8
Fortschreittung von den Aladiniern auff die Osmanischen. 44
Fortschreitung von den Togranischen auff die Aladinier. 36
Freundschafft mit dem Cosse da er noch ein Christ. 72
Fried mit den Saracenern. 12
50. tausendt Ducaten Tribut dem Keyser zu Constantinopol aufferlegt. 19

G.

Galata witterbawt, vñ Medina genandt. 19
Gefangene dörffen nicht wider heim. 6
Geladeddin der Musulmaner Doctor. 49
Geni:cheher die erst Osmanisch Porta. 90
Geschwinde außlegung eins Traums. 12
Giafaddin der dritt König zu Iconio. 39
Gnad den Gefangenen erzeigt. 98
Griechisch Feuwer. 12
Großsinnigkeit Keysers Theodori. 40
Grosse Beut. 101
Gute vnderthanen vñ Diener hoch zu halten. 104

H.

Herkommen deß Suleiman Schach. 36
Herr Antonius Verantius Ertzbischoff, &c. 8
Hyces der ander vermeynter Chalipha. 30

I.

Jezid hat deß Muhamets Enickel vmbbracht. 11
Imanier Sect, der Sophiner. 10
Isnic auffgeben. 84
Inchrit den Ungrisch. 48

K.

Kei Cubadis Reich. 57
Keyser Copronymus. 21
Keyser Heraclius ein Musulman. 9
Keyser Leon, auff Türckisch Ilian. 19
Klag vber den Osman. 70
König Chosrois Bildnuß. 8
Krafft Göttlicher hülffe. 41
Kundtschaffter gefangen. 81

L.

Laodicea vom Sultan dem Keyser geschenckt. 43

Mager

Register.

M.
Magor der Hunnen König. 46.
Malhatun Osmans Bulschaffe. 59.
Malichon deß Osmans Weib. 63.
Man hebt an wegen auffgebung Prusa zuhandeln. 99.
Maurophori vnd Melancheni/Tatarn. 24.
Meineyde in zweyẽ fällen den Türckẽ erlaubt. 6.
Merckliche verschlagenheit deß Osmans. 78.
Michael Cosse gefangen. 60.
Michael Cosse wirdt ein Musulman. 94.
Michaels paleologi Mannheit. 42.
Michaels rath. 73.
Michael wirdt dem Osman gar getrew. 61.
Michael wirdt deß Osmans Vasall vnd Lehenmann. 94.
Muhamets geburt. 8.
Muhametischer Heiligen Wunderzeichen. 14.
Mußlim Werti/Türckischen herkomens. 48.

N.
Nach einnemung Niceæ tracht Osman höher. 38.
Nacolia eröbert. 80.
Nad trifft sich selbst. 3.
Neuwer Baw beym warmen Wasser. 85.
Nichts zu thun ausser Gottes Befelch. 104.
Nota/daß Osman auch nach sein todt wöllen die Vestẽ Burusa einnemmen. 103.
Nuz diß Wercks. 1.

O.
Ob Aladin der erst/ein Sohn deß Selzuchischen Suleiman Schach. 36.
Ob der Hocem vom Ali/als von dem die Sophi herkommen. 30.
Ob die Türcken vom Subal herkommen. 47.
Ob Niceæa vom Osman eingenommen. 81.
Offene Feindtschafft mit dem Germeanogli. 2.
Oguzier Türcken. 2.
Orientischen wider die Occidentalischen. 31.
Osman anfengklich den andern Türcken verhasst. 3.
Osman Armen vnd Wittwen gnedig. 104.
Osman auff Türckisch Ritter worden. 68.
Osman bekompt ein Korb. 59.
Osman berathschaget sich mit den seinen. 80.
Osman bringt seinen Vetter vmb. 75.
Osman den seinen lieb. 62.
Osman deß Vatters Statthalter. 58.
Osman disputiert võ der Gerechtigkeit vnd Zoll. 39.
Osman durch falsches angeben verhindert. 59.
Osman ein Ackermann. 64.
Osman ein Herz der Oguzier erklärt. 62.
Osman ein Jäger vnd Weydmann. 56.
Osman erlegt die Strassenräuber. 65.
Osman folgt des Michaels rath. 74.
Osman fürnehme Leut. 96.
Osman greifft wider zum Waffen. 73.
Osman hat acht auff die gelegenheit. 76.
Osman hat die vnderthanen nit gezwungen/jr Religion zu ändern. 96.
Osman kan sich meisterlich stellen. 77.
Osman kompt dem von Eßkisar zuvor. 59.
Osman lesst den Sohn auffziehen. 96.
Osman nimpt sich deß Fürstenstandts an. 88.
Osman sahe die Personen nicht an. 73.
Osmans alter/vnd Jar der regierung. 104.
Osmans ander Gesatz/von Timarn. 90.
Osmans angenommene Flucht. 79.
Osmans art. 56.
Osmans auffrichtigkeit. 73.
Osmans brauch die seinigen zu versamlen. 64.
Osmans danckbarkeit gegen denen von Bileszug. 75.

Osmans eingezogenheit. 87.
Osmans ermahnung an die seinigen. 65.
Osmans erst Gesatz/von der Maut. 89.
Osmans erzeigte mileigkeit gegen dem Türckischen. 95.
Osmans Gerechtigkeit im Regiment. 80.
Osmans Geschlecht von denselben verfolgt. 3.
Osmans geschwinder list. 74.
Osmans gute Freunde. 59.
Osmans hohe Fürsichtigkeit. 72.
Osmans Keckerhat. 60.
Osmans Kriegßpoß. 76.
Osmans kunst/dem von Bileszug ein Nasen zu drehen. 78.
Osmans listiger Anschlag. 69.
Osmans Mandat von den Christen zu Bileszug. 73.
Osmans neuwer Anschlag. 79.
Osmans podagra. 99.
Osmans Rath dem Sohn geben im Testament. 104.
Osmans Rath/wie man den Michael sole zum Musulmanischen Glauben bereden. 94.
Osmans scharpffsinnigkeit. 65.
Osman schlegt das vnbillich begeren ab. 95.
Osmans Schweher vnd Weib gestorben. 103.
Osmans stattliche Geschenck. 76.
Osman steilet dem von Einegiol nach. 70.
Osmans Testament/ehe denn er zum Aladin zeucht. 67.
Osmans tieffsinnigkeite. 59.
Osmans todt. 103.
Osmans Traum. 63.
Osmans verantwortung. 67.
Osman vbersiehet den von Bileszug. 65.
Osman verkaufft seine Stättelein. 73.
Osman verkaufft dem von Bileszug ein Fuchsschwantz. 77.
Osman verschonet die Leut seiner Religion. 96.
Osman von Aladin citiert. 67.
Osman vom Secretari gerühmt. 68.
Osman von Christen verklagt. 66.
Osman wil seine Land vnnd Leut versichern. 93.
Osman zeucht den Feinden vnter Augen. 91.

P.
Parisisch Hochzeit/aber vngleiches Außgangs. 77.
Pentegephyros/ein Schloß bey Fünffbrücken. 24.
Philips Hanimald von Eckersdorff. 8.
Pracht vnd einsperrung deß Chalipha. 37.
Pracht vnd Hochmut. 1.
Prusa durch zwey Castell belagert. 93.
Prusa ergeben. 100.
Prusa strenger belägert. 98.

R.
Romania vom Gazan eröbert. 56.

S.
Sahib/deß Saladins Nachfahr. 88.
Sahib folgt auff den letsten Aladin. 3.
Samsama denen von Sorcon fürgesetzt. 74.
Sanzacat zu Caratzedusar. 90.
Sarugatin kompt im Treffen vmb. 71.
Schätze ohne zurüstung aller Kriegßnottwerfst nichts nütz. 101.
Schiedspruch vnd vertrag deß Chaliphe. 37.
Schlacht zwischen dem Tegrolipz. 33.
Schwartzwald in Asia. 52.
Sergius/deß Mahumets Præceptor. 9.
Sibenjärige Belägerung der Statt. 21.

Sieg

Register.

Sieg durch Türcken hülff erlangt. 32.
Straff deß Hochmuths. 41.
Streit unter den Türckischen Scribenten. 102.
Streit zu Wasser. 13.
Streyff deß Tsaudar Tatars. 96.
Suguta den Oguziern geschenckt. 54.
Sultan Aladin begabt den Osman. 87.
Sultan Aladin erlegt die Tatarn. 55.
Sultan Aladins todt. ibid.
Sultan Aladin weicht inß kleiner Asia. 49.
Suleiman Schach der Oguzier weicht dem Gewalt der Tatarn. 50.
Suleiman Schach zeucht auß Asia minori. 51.
Suleimans vier Söhne. 52.
Suleimans todt. 51.
Sultan Aladins Feinde/ die Tatarn. 53.

T.

Tagrolipir wirdt König in Persien. 34.
Tatarn friedbrüchig. 96.
Teg der der Musulmanlar. 20.
Theil der Beut für den Sultan. 71.
Theodorus Lascaris/ Keyser in eim theil Asiæ. 39.
Thor der Statt Constantinopol. 17.
Togra der Türcken Oberst. 2.
Treffen zwischen dem Keyser Lascari und dem Sultan. 40.
Tugendt bey den Türcken belohnt. 5.
Türcken bassen kurtz ab. 53.
Türcken deß Siegs ursach. 53.
Türcken erhalten das Musulmanisch Wesen/ bey der Christen uneinigkeit. 32.
Türcken fallen vom Persier ab. 33.
Türcken Geschenckgierig. 57.
Türcken glauben die Fürsehung Gottes. 51.
Türcken haben kein Sultanat in Asia minori auff ein zeitlang. 38.
Türcken hülff den Christen schädlich. 75.
Türcken kommen auff die Araber. 32.
Türcken nemmen Persien und Asiam ein. 2.
Türcken nennen sich Islami. 5.
Türcken schämen sich nicht einer Unwarheit. 21.
Türcken schreiten fort. 84.
Türcken streyffen biß ghen Sontari. 99.
Türcken vom Keyser Heraclio bestellt. 2.
Türcken von den Hunnen. 46.
Türcken werden von Persischen König gefordert und bestellt. 34.
Türcken ziehen in Persien. 2.
Türcken zugenommen durch Meineydt. 6.
Türckinen erlaubt in Bilezug zu kommen. 69.
Türckische Deruißlar. 63.
Türckisch Fabel von einem ihrem Einsiedel. 85.
Türckisch Herrn von Osmaniern hingericht. 21.
Türckisch Kundschafft. 83.
Türckisch Miracul. 86.
Türckisch Reich durch Mordt bestetigt. 6.

V.

Verschickung eins Fahnen. 81.
Verehrung der Kleyder bey den Orientische gemein. 13.
Vergleichung der Jarzahl. 49.
Versamlung deß Divans. 87.
Verträg sol man halten. 6.
Vertrag zwischen Osman und dem von Ulubad. 92.
Vertrawen auff eigne Krafft hat kein glück. 40.
Verwandtnuß der Cutlumusischen mit dem Sultan. 37.
Verweiß der Friedbrüchigen Händel. 67.
Ulema der Türcken. 18.
Ungleiche Bericht der Historien. 81.
Untergäg der gantz Agarenischen Armata. 20.
Untergang deß Saracenischen Reichs. 31.

Unversehene Belägerung deß Schlosses Macolia. 79.
Vom Cutlumuse kurtzer Bericht. 37.
Vom Ertogrul/ oder ursprung d' Osmanier. 46.
Vom Magog alle Scythier. ibid.
Von Türckischen Genealogien. ibid.
Von zweyen errichten Chaliphen. 29.
Urchan bey Leben deß Vatters/ im Regiment succedirt. 103.
Urchan gegen den Uberwundenen gütig. 97.
Urchan gerath dem Vatter nach. 96.
Urchans begeren. 98.
Urchans erster Feldtobersten Befelch. 96.
Urchans geschwinder Kriegsposst. 97.
Urchans Gespräch mit dem Saroh. 101.
Urchans Sieg. 96.
Ursach deß falls ungehorsam. 31.
Ursach deß Titels Historiæ Musulmanæ. 7.
Ursach Türckischer Wolfahrt. 4.
Ursprung der Seltzncker. 49.

W.

Waher der Nam pogonatus komme. 14.
Wahrer Anbegin deß Osmanische Reichs. 45.
Wann Suleiman der Oguzier gestorben. ibid.
Wann Suleiman der Seltzuckier die Christen bekriegt. 45.
Warumb es schwer/ von diesen sachen zu schreiben.1
Warumb von etlichen zuviel Chaliphen geschehen. 26.
Was Abu oder Ebu. 11.
Was Coß bedeutet. 60.
Was Frank bey den Türcken. 11.
Was Seid heisse. 9.
Was Subassa. 90.
Was Türck oder Nam bedeut. 46.
Welche Thracæsier und Anatolische genannt. 23.
Welche Türcken zum ersten Romaniam angriffen. 38.
Wenn Tagrolipix in Persien gezogen. 34.
Wie die Geschicht recht auff einander gefolgt 86.
Wie die Musulmanischen Reich auff einander gefolge. 8.
Wie lang das Agarenisch Chaliphat glücklich bestanden. 31.
Wie lang das Aladinier Reich gewehret. 44.
Wie lang deß Tagrolipicis und Aranis Regierung gewehrt. 36.
Wie lang die Abbasiler das Chalephat behalten. 49.
Wie Muchumet umbkommen. 33.
Woher Arze Rum genannt. 51.
Wo Osman begraben. 103.
Wunderzeichen der Türckischen Sehid/ wie unser Märtyrer. 92.

Z.

Zagheit gestrafft. 6.
Zehen Talenta den Griechen aufferlegt. 25.
Zeitung vom todt deß Aladins. 87.
Zertheilung deß Aladinier Reichs. 3.
Ziel der Histori. 1.
Ziel deß Autors. 7.
Zonaras unvollkommen. 37.
Zug wider die Türcken durch zehen Obersten. 33.
Zupli vom Osman eingenommen. 67.
Zurüstung die Statt Iſnic zu entsetzen. 83.
Zween Brüder kehren zu rück in Persien. 52.
Zween Sultan der Tatarn Tributarij. 57.
Zween Sultan zugleich in Romania. 56.
Zween unterschiedliche Suleiman Schach. 44.
Zwey Paradoxa. 6.
Zwispalt in Religions sachen. 5.

Ende deß Registers.